首都青少年工作和共青团工作研究系列丛书

集合在星星火炬旗帜下

北京市优秀少先队活动课
案 例 集

（2023）

本书编委会◎编

北 京 出 版 集 团
北京少年儿童出版社

图书在版编目（CIP）数据

集合在星星火炬旗帜下：北京市优秀少先队活动课案例集：2023 / 本书编委会编 . — 北京：北京少年儿童出版社，2024.4

（首都青少年工作和共青团工作研究系列丛书）

ISBN 978-7-5301-6672-7

Ⅰ．①集⋯ Ⅱ．①本⋯ Ⅲ．①中国少年先锋队—少年先锋队活动—案例—北京—2023 Ⅳ．①D432.51

中国国家版本馆CIP数据核字(2024)第003725号

图书策划：刘卫弘　穆怀黎
责任编辑：王　津
责任印制：于春卉

首都青少年工作和共青团工作研究系列丛书

集合在星星火炬旗帜下

北京市优秀少先队活动课案例集（2023）

JIHE ZAI XINGXING HUOJU QIZHI XIA

本书编委会 编

*

北 京 出 版 集 团
北京少年儿童出版社　出版

（北京北三环中路6号）

邮政编码：100120

网址：ｗｗｗ.ｂｐｈ.ｃｏｍ.ｃｎ

北京少年儿童出版社总发行

新 华 书 店 经 销

北京时尚印佳彩色印刷有限公司印刷

*

787毫米×1092毫米　16开本　19印张　500千字

2024年4月第1版　2024年4月第1次印刷

ISBN 978-7-5301-6672-7

定价：48.00元

如有印装质量问题，由本社负责调换

质量监督电话：010-58572171

主编单位

共青团北京市委员会

少先队北京市工作委员会

北京市团校

编委会名单

主   任：郑晓博

常务副主任：王泰鹏 杨   斌

副 主 任：郑   雄 苗少敬 王   昕 陈   斐 韦平伟

主   编：郑   雄

副 主 编：李   静 高振亚

编   委：（以姓氏笔画为序）

              王   颢 王海燕 代恒猛 曲   斌 吕艳杰

              刘开江 刘英杰 张   林 张大勇 郝   钢

              崔青慧 韩   硕 董春阳

编   辑：吴文清 杜中文 申亚萌

　　少先队活动课程是少先队突出组织属性，以实践教育为基本形式，对少年儿童进行政治启蒙和价值观塑造的跨学科实践性课程。《中共中央关于全面加强新时代少先队工作的意见》印发以来，北京市少工委落实全国少工委工作要求，将少先队活动课实施作为关键任务抓牢抓实，联合市委教育工委、市教委等有关单位，开展成果展示、课题研究等活动，各区少工委也积极组织少先队活动课案例征集、现场观摩、名师工作室等活动，为少先队辅导员强化活动课实效搭建平台，极大提升了少先队辅导员的政治素养和专业能力。为了给广大少先队辅导员提供切实的指导，在广泛征集各区优秀课例的基础上，本书编写组将荣获2023年"全国少先队辅导员专业技能大赛"一等奖的活动方案以及北京市在其他全国大赛中的一等奖活动方案选入其中，并邀请专家对少先队活动课的策划、组织与实施进行专题指导，对每一节少先队活动课进行点评，形成本案例集。本案例集一方面展示了少先队活动课优秀成果，另一方面也希望对广大少先队辅导员在少先队活动课策划、队情分析、实操和评估中起到参考和启发作用。

　　根据《少先队活动课程指导纲要（2021年版）》的要求，本书中的活动课案例突出政治性、组织性、实践性、儿童性，分学段展开内容，聚焦少年儿童政治启蒙和价值观塑造，坚持组织教育、自主教育和实践教育相统一，体现了课堂内外、学校内外、线上线下相结合，课程的表现性评价与阶梯式激励相衔接的理念。考虑到少先队员的年龄跨度和成长特点，本书重点选取小学四至五年级的活动课案例，四至五年级的少先队员开始出现自主思考、审美情趣、价值判断，这个阶段是政治启蒙的关键期。如何在这期间做好少先队员的政治启蒙和价值引领，引导他们铭记党的关怀，赓续红色传统，传承红色基因，从小听党话、跟党走、立志为党成才、为国奉献，是所有少先队工作者应该认真思考、努力实践的首要课题。为了让少先队辅导员们最新的实践成果理论化、体系化，我们邀请了吴云清、柯英、张志坤、杨一鸣等少先队工作专家对部分案例进行点评；宣飞霞研究员、陆士桢教授从党的百年少年儿童运动的价值追求和时代使命对少先队工作作理论引领；吴云清教授在本书中讲授了少先队活动课的撰写要领，从专业的角度为广大少先队辅导员做好活动课的总结提供了思路。

　　本书的出版是团北京市委切实履行全团带队的政治职责，在思想上、组织上、队伍上、工作上带好少先队，为少先队辅导员的工作交流对接资源、搭建平台，也是北京市少工委组织基层少先队辅导员特别是中队辅导员开展学习、提升履职能力的一个缩影。除此之外，各级少工委组织也有责任、有义务用好少先队辅导员网络集体备课平台，组织好少先队辅导员专业技能大赛等活动，通过各种方式为少先队辅导员搭建展示提升的平台，提升少先队活动课程实施质量，为团结、教育、引领广大少年儿童努力成长为堪当民族复兴重任的时代新人作出应有贡献。

序

少年儿童是祖国的未来、中华民族的希望，也是党的未来。中国共产党始终高度重视少年儿童、亲切关心少年儿童，始终把培养好少年儿童作为一项关系红色江山永不变色的战略性、基础性工作。党的十八大以来，以习近平同志为核心的党中央高度重视少年儿童和少先队工作，全面加强党的领导，全面强化政治引领，全面优化成长环境。

习近平总书记多次深切寄望少年儿童健康成长，亲自指导制定党中央关于加强少先队工作的文件，对少先队工作作出一系列重要指示批示。习近平总书记关于少年儿童和少先队工作的重要论述，深刻回答了新时代培养什么样的少年儿童、怎样培养少年儿童，建设什么样的少先队、怎样建设少先队等战略性、根本性问题，为新时代少年儿童和少先队事业发展指明了前进方向、提供了根本遵循，推动党的少年儿童事业取得历史性成就、发生历史性变革。

《中共中央关于全面加强新时代少先队工作的意见》是新中国历史上第一个以党中央名义下发的专门加强少先队工作的文件，对新时代少先队工作作出全面部署，对推动党的少年儿童事业高质量发展，团结引领广大少先队员为全面建设社会主义现代化国家、实现中华民族伟大复兴的中国梦时刻准备着，确保党和人民事业薪火相传、后继有人，具有重大而深远的意义。

全团带队是党交给共青团的政治职责。团北京市委历来高度重视首都少年儿童和少先队工作，以落实《中共中央关于全面加强新时代少先队工作的意见》《关于全面加强新时代首都少先队工作的若干措施》（以下简称《若干措施》）为统领，将少先队工作纳入首都共青团整体工作格局，围绕首都"四个中心"功能定位，在重大活动、基层治理、对口支援等各项工作中，团结、教育、引领少先队员发挥少年先锋队作用，做共产主义事业接班人。

团北京市委坚决从思想上、组织上、队伍上、工作上带好少先队。发挥共青团新媒体矩阵和红领巾宣传文化阵地作用，抓好习近平总书记重要讲话精神和党的二十大精神的儿童化阐释和组织化学习；将落实《若干措施》纳入市青年工作联席会议年度工作要点；以事业单位改革为契机，在北京青少年服务中心设立少年发展部，极大补充少先队工作力量；将少先队工作融入共青团重要品牌项目一体设计、一体谋划、一体推进；积极与财政部门沟通，增加少先队工作经费；联合市教委、市民政局等11家部门单位印发《关于进一步加强首都少先队校内建设和校外实践的实施方案》，把首都红色资源丰富、国际视野开阔、科教资源密集等优势，积极转化为少先队工作优势。

2023年，结合全国少先队辅导员专业技能大赛工作，团北京市委、北京市少工委联合市团校结集出版《集合在星星火炬旗帜下：北京市优秀少先队活动课案例集（2023）》，展示基层少先队活动优秀案例，为少先队辅导员专业发展提供支持。

下一步，我们将认真学习贯彻习近平新时代中国特色社会主义思想，以落实《少先队辅导员管理办法》为重点，坚决履行好全团带队政治责任，全面加强少先队辅导员的选配、培训、培养工作，努力为党的少年儿童事业作出新的更大贡献。

郑晓博

团北京市委书记、北京市少工委主任

2024年1月

目录

★ 小学学段(四、五、六年级)/71

★ 初中学段（七、八年级）/241

★ 后记 /275

中国共产党百年少年儿童运动的价值追求和时代使命

共青团中央中国特色社会主义理论体系研究中心研究员、
中国少年先锋队工作学会副秘书长　宣飞霞

中央团校（中国青年政治学院）原党委书记、教授　陆士桢

　　1922年7月，在上海召开的中国共产党第二次全国代表大会通过《关于少年运动问题的决议案》，强调组织少年儿童运动的紧迫性和极端重要性，指明了我国少年儿童运动的方向。会议还对1922年5月5日中国社会主义青年团第一次全国代表大会通过的纲领和决议案中关于改善童工生活状况等内容给予了充分肯定。这是中国共产党历史上第一个关于少年运动的纲领性文件，也是中国共产党领导少年儿童运动历史的开端。2022年10月，中国共产党召开第二十次全国代表大会，对于包括少年儿童工作在内的中国特色社会主义事业作出了全面部署。团结引领广大少年儿童树立理想信念、坚定不移跟党走，为实现第二个百年奋斗目标和实现中华民族伟大复兴的中国梦而时刻准备着，成为全体少年儿童工作者的重要任务。从1922年到2022年，中国少年儿童运动在中国共产党的领导下走过了100年的光辉历程，在这个重要的历史节点，回顾党领导下的百年少年儿童运动的价值追求和目标，探求新时代新征程上中国少年儿童运动的历史使命和发展趋势，不仅对党的儿童组织——中国少年先锋队自身的发展创新具有重要的指导意义，而且对党领导下的少年儿童运动的继往开来也具有重要意义。

新民主主义革命时期——积极投身革命

　　这一时期党的少年儿童工作的成就与历史价值主要体现在以下三个方面。

　　＊确立了中国少年儿童运动的基本政策体系和指导思想。

　　中国共产党制定的关于少年儿童运动的最早的文件，是1922年中共二大上通过的《关于少年运动问题的决议案》。该文件指出，"中国少年运动的先锋，他不但要在共产主义与少年国际领导之下为了少年劳动者经济和文化利益而奋斗，将他们组成了无产阶级革命的少年军旅，他同时要联络中国一切被压迫的少年们的革命势力在一条民主革命的联合战线上，引导他们做打倒帝国主义和封建势力的奋斗"。该决议案对于少年运动在党的事业中的极端重要性和开展党领导下的少年儿童运动的紧迫性都作了明确的说明，指明了党领导下的少年儿童运动的发展方向。1931年10月，苏区中央儿童局制定的儿童团组织法和编制法，明确了党领导的少年儿童运动的重要模式就是发展巩固党领导下的儿童组织。为了发挥儿童在革命当中的重要作用、促进儿童的全面健康成长，必须保证共产儿童团的巩固与发展。抗日战争时期，许多根据地都制定了《儿童团团章》，如1938年的《西北抗日儿童团组织章程》、1940年的《晋西抗日儿童团组织简章》等。这一时期，党领导下的行政体系对儿童团工作给予了高度重视，如1945年4月盐阜行署作出《关于爱护儿童扶植儿童团的决定》，明确提出村政府应尽一切可能帮助儿童团开展儿童工作，县区政府应在各方面给予儿童以有力的指导与扶助，使儿童团发展巩固。

　　*建立起少年儿童运动的运行体系和儿童工作的基本模式。

　　1921年，中国共产党的成立彻底改变了中国儿童的命运。在大革命时期、土地革命时期、抗日战争时期、解放战争时期，党领导下的中国少年儿童运动蓬勃发展，留下了宝贵的政治遗产和精神财富。例如，在土地革命时期，鄂豫皖苏区共产儿童团是直属共青团儿童局领导的儿童群众团体，活动内容主要是军事斗争、思想文化教育、移风易俗、宣传鼓动、生产劳动等，在入团年龄、阶级属性、活动经费、儿童团标识、组织体系等方面都极具时代特色。当年在孩子们中间流行的《儿童团歌》一直传唱到现在，其中的"时刻准备着"作为党的少年儿童工作的呼号代代相传，充分体现了党的儿童工作从儿童特点出发、紧密围绕党的工作大局的基本原则。在1922年"五一"国际劳动节大罢工中，儿童团员们系着红领带，手持木棍维持秩序，到井下、工棚、街头发表演讲和演出节目，宣传罢工的意义，在斗争中儿童团组织不断发展和壮大。1949年，北平和平解放后，上海地下少先队在党的领导下投入到迎接解放上海的战斗中，参与寄送传单，宣传党的政策，组织宣传队、歌咏队、秧歌队、戏剧队等迎接解放。在不同的历史背景下，面对不同的革命任务，这一时期党领导下的少年儿童运动始终坚持紧紧围绕党的根本任务和战略部署，引导少年儿童在儿童组织的领导下积极投身革命运动，在斗争实践中茁壮成长；同时特别注重从儿童特点出发，采取孩子们力所能及的形式宣传革命思想和党的政策，恰当有效地发挥孩子们的能动性；此外，在目标追求上始终坚持将为革命事业作出力所能及的贡献和促进少年儿童自身的健康成长相统一，凸显了儿童群体基础性、未来性的本质特性，也坚守了以儿童发展为本的科学儿童观。发端于革命战争时期的，以活动为载体引领少年儿童投身人民革命，在实践中对广大劳动儿童进行革命思想的熏陶和启蒙的工作模式，已成为独具中国特色的儿童工作模式，培养造就了一代又一代党和社会主义事业的接班人。

*始终坚持以"从少年儿童出发、引导少年儿童健康成长"为宗旨。

1922年，中国共产党在江西安源创建第一个少年儿童革命组织——儿童团，明确这是一个接受党的工会组织领导、发挥儿童本能、训练儿童能力的公开组织，训练的对象是工人阶级的子弟。儿童团有自己的编制和制服，主要活动是教育与训练，在教育方面分为正课和补充课两种，在训练方面定期举行操练。1930年，毛泽东同志对共产儿童团作出指示：学校可以扩大些，要提倡学文化。那时根据地差不多每个村子都有列宁小学，这些小学免费入学，开设国语、算术、珠算、音乐、形工（小手工劳动）、生理卫生、自然、园艺、社会进化史、政治等课程。总之，中国共产党的儿童工作从一开始就将儿童的成长发展作为根本追求，紧紧围绕中国共产党的奋斗目标和中国人民解放事业，结合党在各个时期的战略部署及中心工作，在实践中实现少年儿童事业的科学发展。

社会主义革命和建设时期——参与社会主义建设

进入社会主义革命和建设时期，中国儿童的命运和全国人民一起发生了巨大的变化，党的儿童工作也进入了一个崭新的发展阶段。

*进一步明确了党的少年儿童工作的方向和领导机制。

一方面，明确培养目标，将儿童定位为新中国的儿童，将儿童工作的目标确定为培育共产主义事业接班人。1949年10月13日，中国新民主主义青年团中央委员会发布了《关于建立中国少年儿童队的决议》和《中国少年儿童队章程草案》，明确提出中国共产党建立少年儿童队的目的是团结教育少年儿童听党的话，爱祖国，爱人民，爱劳动，爱科学，爱护公共财物，努力学习，锻炼身体，培养能力……做共产主义事业接班人。1949年12月，中央人民政府政务院发出通令，废除旧的"4·4"儿童节，将6月1日作为我国的儿童节，与"六一"国际儿童节统一起来。1950年6月1日是中华人民共和国第一个儿童节，在当天的《人民日报》上，毛泽东、朱德、刘少奇、宋庆龄、李济深、张澜、周恩来、邓颖超八位领导人写下寄语与贺词。毛泽东同志题词"庆祝儿童节"。培育中华人民共和国的"新儿童""新主人"，培育共产主义事业接班人成为中华人民共和国成立后党的儿童工作的重要方向。另一方面，确立团带队的领导体制，明确"全团带队"的工作方针。早在中华人民共和国成立之前的1949年1月，党中央在《关于建立中国新民主主义青年团的决议》中，就把建立少年儿童组织作为团的第四项任务确定下来。1958年6月，共青团三届三中全会决议提出"带领好少先队是党交给共青团的一项崇高的任务"。团带队由此成为中国共产党领导儿童工作的最重要的机制和体系，这是事业的链接，也是政治的传承。

＊引导少年儿童紧紧围绕党的中心工作开展活动，进一步完善独具特色的儿童工作模式。

在这一阶段，具有时代特色的丰富多彩的少先队活动，不仅为成千上万的少年儿童提供了正确的成长引导，而且为共和国造就了一代又一代有理想信念、有责任感、爱祖国、爱人民、有能力的优秀人才。中华人民共和国的儿童在努力奋斗中、在互帮互助中为国家发展和人民幸福作出了贡献，也时刻体验着成长的快乐。1953年，我国开始实施第一个五年计划。11月2日，团中央召开第二次全国少年儿童工作会议，根据国家第一个五年计划确定少年儿童工作的方针和任务，提出开展"小五年计划"活动。1955年11月，团中央和教育部联合发出《关于支持全国少年儿童开展"小五年计划"活动的联合指示》，号召9周岁以上的小朋友都参加这项活动。广大少年儿童积极响应，开展种植、养殖、收集废钢铁、做扫除文盲"小先生"等活动。"小五年计划"活动不仅影响了一代少年儿童的成长，而且成为具有中国特色的儿童工作典范，影响了后来相当一个时期的儿童工作。1958年2月，团中央根据党的工作大局，作出关于在全国少年儿童中开展种植等三项活动的决定，号召全国少年儿童支援社会主义建设，孩子们欢天喜地地投入到活动当中。紧跟大局的高起点拓展了少年儿童的政治视野和社会责任，贴近儿童现实生活的丰富多彩的具体形式受到少年儿童的广泛欢迎。

＊坚持引领少年儿童在中华人民共和国的阳光下健康成长。这一时期党中央领导集体高度重视儿童工作。

1951年5月，毛泽东同志题词"好好学习，天天向上"，这一题词成为全国少年儿童成长的精神旗帜，激励了一代又一代人。1959年10月，北京召开有近2万名少先队员参加的庆祝建队10周年大会，北京市市长彭真同志讲话，号召孩子们要当社会主义建设的红旗手、当共产主义的红旗手。团中央第一书记胡耀邦同志发表题为《预备队的任务》的讲话，指出少年儿童的现实任务就是响应党和毛主席的号召，好好学习，天天向上。1963年3月5日，毛泽东同志发出"向雷锋同志学习"的号召，在这场以道德文明建设为重心、弘扬中华民族优秀传统文化、彰显党的为人民服务的宗旨的社会运动当中，儿童成为一支有特色的重要力量，活跃在社会有需要的地方和人群当中。"做雷锋叔叔那样的人"成为那个时代少年儿童心目中崇高的理想和追求，全国各地涌现出无数的雷锋班、雷锋中队。学雷锋成为榜样学习的重要载体，在少年儿童理想信念教育和价值观塑造中发挥了重要作用。

改革开放和社会主义现代化建设新时期——在改革开放中健康成长

1978年，中国进入改革开放新时期，少年儿童成长和儿童工作与祖国发展同步，与改革开放同步。无论是少年儿童呈现出的精神面貌，还是少年儿童工作的改革创新，都迈上了一个新的台阶。借着改革开放的东风，遵循党把亿万儿童的健康成长当作国家根本大计的宗旨，少年儿童事业的发展为少年儿童的成长提供了坚强的组织后盾、有力的制度保障和良好的环境。同时少先队组织积极应对改革开放和经济飞速发展带来的新形势新任务新情况，坚持党的领导，坚持党的少年儿童工作的正确方向。

﹡进一步加强共青团带队的工作。

1978年10月，共青团十大召开，正式宣布了党中央关于恢复中国少年先锋队的决定，并在随后修改的《中国共产主义青年团章程》中明确了共青团政治带队、思想带队的指导思想，指明了少先队的培养目标和团组织维护少年儿童正当权益的责任。全团带队，强调政治带队、思想带队，事关党的事业和民族复兴。共青团要履行好全团带队政治责任，规范和加强少先队推优入团、共青团推优入党工作机制。这种党、团、队育人链条相衔接、相贯通的重要部署，体现了党的事业的代际传承逻辑和政治传承逻辑。

﹡组织一系列教育活动，培养少年儿童对党和国家的热爱之情。

少先队通过组织孩子们喜闻乐见的活动，不断增强少年儿童对党和国家的热爱之情，如"可爱的祖国"远足、种蓖麻支援四化、红领巾为"六五"作贡献、学赖宁等。这些活动内容丰富多彩，形式多种多样，主旨都是增进少年儿童对党和社会主义祖国的朴素情感。

﹡少先队教育活动的主题和内容日益丰富和全面，形式灵活多样。

经济和社会的快速发展不仅给少年儿童的成长带来挑战，也提供了更加充足的条件。这一阶段的少先队活动无论在内容上还是在活动形式上，都有了巨大的拓展，在中国儿童工作史上留下了重要的痕迹。在1984年7月的全国少代会上，党中央发出"树立创造的志向""培养创造的才干""开展创造性的活动"的号召，少先队组织开展了"全国万名'创造杯'少先队活动竞赛"。从"我给小鸟搭个窝"到"我是小小市场协管员"，活动内容涉及少年儿童生活的方方面面，遍布社会各个领域；从"我和市长谈环保"到"帮你和家长对话的同伴联盟"，活动主题深入少年儿童的普通生活，创新创造的特色展现得淋漓尽致。1986年，《中国少年先锋队教育纲要》开始试行。20世纪90年代初，少先队员在多个领域开展"手拉手"活动，一方面为社会文明作贡献，另一方面激励更多的少年儿童讲道德、讲文明。"手拉手"也因其在精神文明建设中的重要作用和巨大影响力而被写入中央相关文件。在基本工作指导思想上，1990年明确提出要坚持以"五爱"为起点的基础的共产主义教育，培养社会主义事业的合格接班人；明确提出少先队"五爱"教育的系统化规范化，以体验教育、雏鹰争章等为活动载体，实施全面的素质教育，促进少年儿童认知、情感、意志和行为等的全面发展，提高少先队员的综合素质。

此外，这一时期少先队组织进一步改革创新，进入发展的新阶段，展现出空前的活力。在组织建设方面，这一阶段最重要的事件是全国少工委的成立，这是以共青团中央和教育部两个部门为主，联合国务院相关部门以及群团组织等组成的全国少先队工作的领导机构，团中央分管书记任主任，教育部分管副书记任副主任，办公室设在团中央少年部。这一举措进一步加强了党对少先队的领导，目前作为基层教育机构的中小学已普遍建立少工委，由学校党组织领导任学校少工委主任，实现了教育系统基层党组织对少先队工作的全面领导。全国少工委系统的健全，凸显了儿童工作坚持党的领导的立身之本，强调了全党全国各条战线都要把亿万儿童的健康成长当作国家根本大计的基本要求。除此之外，另一个重要的工作推进是少先队以及儿童工作的社会化发展。少先队教育一方面以全社会为背景拓展教育内容、丰富教育形式，另一方面通过建立社会实践基地拓展社会教育资源，采取在校外教育机构和社区建立基地等措施，全面推动少先队教育社会化的创新发展。在这一过程中，少先队教育在组织形式和内容上不断创新，社区小队等组织形式焕发出新的活力。

中国特色社会主义新时代——传承红色基因，赓续红色血脉

党的十八大以后，党的儿童工作进入新时代。习近平总书记指出，实现中华民族伟大复兴，坚持和发展中国特色社会主义，关键在党，关键在人，归根到底在培养造就一代又一代可靠接班人。习近平总书记在庆祝共青团成立100周年大会上语重心长地指出，在实现中华民族伟大复兴的征程上，中国共产党是先锋队，共青团是突击队，少先队是预备队。入队、入团、入党，是青年追求政治进步的"人生三部曲"。

*以习近平同志为核心的党中央多次对新时代少年儿童工作作出重要部署，党的少年儿童工作呈现出指导思想明确、目标清晰、全党全社会高度重视的新态势。

一是进一步明确少年儿童工作在党和人民事业中的战略地位。习近平总书记明确指出，少年儿童是祖国的未来，是中华民族的希望，培养好少年儿童是一项战略任务，事关长远。二是进一步明确中国少年儿童运动的时代主题。习近平总书记对党的少年儿童运动的时代主题以及在实现"两个一百年"奋斗目标、建设社会主义现代化强国进程中少年儿童的特殊作用作了深刻阐述，即当代中国少年儿童既是实现第一个百年奋斗目标的经历者、见证者，更是实现第二个百年奋斗目标、建设社会主义现代化强国的生力军。三是明确新时代少年儿童事业发展的政治方向。习近平总书记明确指出，少年儿童事业是"党的少年儿童事业"，

要引领少年儿童"听党的话、跟党走"。2021年1月31日，中共中央印发《关于全面加强新时代少先队工作的意见》，凸显少先队政治学校的属性，对政治引领、组织建设、辅导员队伍建设等作出明确部署。这是一份在新的历史阶段对党的少年儿童事业和中国的少年儿童运动发展具有重大意义的文献，把传承红色基因作为少先队工作的指导思想，对党的事业发展和中华民族伟大复兴都具有非常重要的政治意义。意见所阐明的对新时代儿童工作的要求，进一步明确少年儿童工作要提高政治站位，坚持传承红色基因，把少先队真正建设成为少年儿童学习中国特色社会主义和共产主义的学校。

＊开展一系列具有新时代特征的少先队活动。

在全国广泛开展的红领巾心向党、争做新时代好少年活动，紧紧围绕红色基因传承的主题，通过开展追寻红色足迹、走进田间地头、感受传统文化、寻访先锋榜样人物等形式多样的活动，引领广大少先队员传承红色基因，在感受新时代伟大成就中立志成长为堪当民族复兴重任的时代新人。共青团中央、全国少工委还举行主题"云队课"，以少年儿童视角充分展现、生动讲述新时代伟大成就，引领广大少先队员从小坚定听党话、跟党走的决心，以昂扬奋进的精神风貌为实现中华民族伟大复兴的中国梦时刻准备着。新时代的教育活动始终坚持传承红色基因的主题；始终不忘坚定不移跟党走的初心，牢记为党培养共产主义接班人的使命；始终坚持增强新时代少先队员的光荣感、责任感与使命感，引导少先队员听党话、跟党走，争做新时代好队员的教育方向和目标；始终通过丰富多彩的活动，基于少年儿童的亲身体验和社会实践，充分发挥少先队组织教育、自主教育和实践教育相统一的优势。可以说，新时代的少先队教育活动在继承少先队光荣历史的基础上，结合新时代的特点，牢牢把握传承红色基因的主题，在教育内容、教育方式等多方面实现了持续创新。这些活动秉承正确的指导思想和基本原则，充分展现了极具时代特征和中国特色的少年儿童工作的独有优势。

＊立足党和社会主义事业的持续发展，指明当代少年儿童健康成长的正确道路。

以习近平同志为核心的党中央对少年儿童成长发展提出了一系列新的期望，这些期望涉及人的素质的全面提升，特别是对少年儿童的政治引领和价值观塑造。"从小学习做人，从小学习立志，从小学习创造"的要求，既回应了时代和社会发展对下一代的要求，又从儿童个体发展的角度提出了科学的指引；少年儿童要立志向、修品行、练本领，从小培养热爱党、热爱祖国、热爱人民的深厚情怀和精神风貌的教诲，则展现出中国少年儿童成长必须坚守的政治方向和党的少年儿童工作布局中理想信念教育的基础定位，明确了新时代少先队应该成为培养"红孩子"的红色摇篮；少年儿童既要"锻炼强健体魄"又要"砥砺品格，增长本领"，做到"德智体美劳全面发展"的希望，则进一步明确党领导下的少年儿童工作必须始终坚持立德树人的根本任务，不断适应时代发展，自觉增强工作实效，切实提高下一代的思想道德水平。

百年历史的价值追求——从党的事业出发，以儿童为本

党领导下百年来的少年儿童运动和少年儿童工作凝练了宝贵的历史经验，凸显出中国少年儿童运动的重大时代使命。

* 始终坚持党对少年儿童运动的领导，以党的根本宗旨对少年儿童实施政治引领，引导少年儿童树立理想信念，听党话、跟党走。

百年来，中国共产党始终坚持用党的政治信仰、政治纲领和政治主张组织、动员、引领少年儿童。在新民主主义革命时期，用党的先进思想和奋斗目标引领少年儿童投身革命、在斗争中成长；在社会主义革命和建设时期，教育引导少年儿童参与建设，做社会主义事业的接班人；在改革开放和社会主义现代化建设新时期，把亿万儿童健康成长当作党和国家的根本大计；进入新时代，引领少年儿童传承红色基因、准备担当民族复兴重任。不同历史时期对少年儿童的政治引领有不同的内容和方式，但内核和本质始终如一。实施积极的政治引领是百年中国少年儿童运动凝练的重要历史经验，也是新时代少年儿童工作必须恪守的基本原则。这源于儿童组织是政党政治的重要命题之一，维护政党制度后继有人是政党价值和追求传承延续的基础，也是一个政党持续发展的基础；也源于中国共产党是先进生产力的代表，其先进性属性和强大的生命力与儿童群体面向未来的社会本质具有高度的一致性，中国共产党对少年儿童具有强烈的政治吸引力、感召力；更源于青少年一代的政治社会化直接关乎执政党的执政基础，同时也是少年儿童从自身出发，立足所在生态系统，适应社会发展的关键环节，是少年儿童个体从一个自然人转变成为一个具有一定政治认知、政治情感、政治态度和政治倾向的社会人、政治人的过程，因为实施积极的政治引领不仅是维护政党政治和社会稳定的需要，也是少年儿童自身发展的内在需要。

* 始终坚持马克思主义儿童观，坚持以儿童为本、服务和保护儿童，把握少年儿童成长发展的正确道路。

百年来，党始终高度重视对下一代的培养，将其视为发展无产阶级事业并取得最后胜利的重要命题，同时以儿童为本也是共产党全心全意为人民服务宗旨的具体体现。分析百年来的历史，我们可以看到，这种科学的儿童观体现在儿童和社会关系的方方面面：始终尊重儿童、尊重儿童发展的权利、尊重儿童发展的客观规律，高度重视、充分发挥儿童的主体性；坚持儿童的主体性与社会性的高度统一，推动少年儿童积极参与社会生活，实现社会性发展；把少年儿童权益保护列入奋斗纲领，从资金物质供给、福利服务和困境儿童救助等方面全面保障儿童健康成长，

在法律法规和政策规划制定、公共资源配置等方面优先考虑儿童的利益和需求，坚持对儿童发展的优先保障；坚持立德树人，引领少年儿童德智体美劳全面、自由、充分、健康发展。从科学儿童观、人的发展和生命历程的视角来看，理想信念是人生的精神支柱和精神动力，是世界观、人生观和价值观的集中体现。引导少年儿童把自己的发展与祖国和人民连接在一起，以其为具体志向的底盘和人生的脊梁，是从儿童出发、正确把握少年儿童成长发展规律的必然要求。也正因为如此，长期以来，少先队的理想教育把远大理想和具体目标的实现紧密结合，引导少年儿童从自己做起，从点滴小事做起，把爱国之情、报国之志融入到日常的学习生活中去，融入到自己的人生奋斗之中。同时，遵循理想是由信而行的生成逻辑，重视引导少年儿童树立与践行"四个自信"和社会主义核心价值观，由此从个体的自主性和社会性出发，实现个人价值和社会价值的辩证统一。

* 全面统筹推进儿童事业，建立党的儿童事业全面发展的运行保障机制。

一是根据党在不同时期的发展需要和儿童自身发展的时代特点，不断建构和健全多领域、多层级的儿童政策体系。二是全社会全面统筹，推动形成"党委领导、政府主导、多部门合作、全社会参与"的工作机制。三是高度重视儿童发展的社会建设，在意识形态、社会文明等各方面为儿童的健康成长提供良好的社会环境。四是高度重视作为党的儿童组织的少先队的建设，赋予其重要使命，发挥其组织优势，促进其不断创新发展，包括充分发挥共青团带领少先队的政治链接作用，积极推进团带队的政治传承体系建设，保证党对少年儿童工作的领导；发挥少先队组织教育、自主教育和实践教育相统一的特殊教育优势，鼓励让少年儿童做主人；不断创新，建设独具特色的少先队教育与活动模式和体系，使之成为一代又一代中国儿童健康成长的最重要的社会摇篮。党领导下的少年儿童事业的全面发展是以对儿童本质的科学认识为基础的。从历史社会学视角看，少年儿童是一个非常特殊的群体，具有独特发展特点和生命力的他们往往是"代"与"社会代"的主要组成部分。因此可以说，少年儿童的成长不仅指个体的成长和发展，而且在一定意义上体现历史发展的本质。也正因为如此，中国共产党领导下的百年来的少年儿童工作的基本出发点包括两个方面：一是服务少年儿童，即科学认识少年儿童的本质，坚持服务少年儿童的根本方向，实现少年儿童健康、自由地发展；二是服务社会，即重视作为重要社会群体的少年儿童的未来性、基础性，引导儿童成长为党和人民事业的先锋和骨干，成为在时代大潮中建功立业并实现自己人生价值的积极力量。从百年少年儿童运动史看中国特色少年儿童工作的本土化模式，可以发现，一百年来我国的少年儿童运动一直具有不同于国际少年儿童运动的特点，即鲜明的爱国主义主题。当代中国少年儿童积极向上，对中国共产党的领导和国家制度有高度的认同感，表现出来的独立意识和理性批判意识越来越强，同时呈现出"理性国际人"的良好形象。这一切充分表明百年中国少年儿童工作的科学性与有效性，凸显了中国共产党领导下的中国特色少年儿童工作模式的本土化。这一模式包括以下几个方面：一是中国少年儿童工作的核心价值是少年儿童工作从来都属于中国共产党事业的重要组成部分，中国的少年儿童发展和少年儿童工作始终坚持党的坚强领导，坚持引领少年儿童听党话、跟党走；始终把少年儿童发展和少年儿童工作放在社会和历史发展进程中来考量，从更高的政治站位、更宽阔的视野来分析、认识和看待少年儿童。二是坚定指导思想和基本原则，坚守中国特色和本土化的灵魂，即坚持党的领导这一立身之本；坚守理想信念的政治之魂；坚持引领少年儿童紧跟时代，投身社会，实现成长；推动少年儿童积极参与社会建设与发展，强化少年儿童对党和人民事业的责任感、使命感等。三是坚持独具中国特色的少年儿童工作运行模式，即自觉将少年儿童工作融入国家治理现代化的思想体系和运行结构中，充分发挥我国的制度优势、发展优势和文化优势；发挥整体环境对少年儿童政治引领和价值观塑造的基础性作用，奠定中国特色少年儿童工作本土化模式的扎实社会基础；开展具有时代特点的较大规模的群众性少年儿童教育活动，全国性的组织领导、大规模的人员参与使组织优势和动员优势得以充分发挥。

回顾百年历史，中国共产党领导下的少年儿童运动在新民主主义革命时期、社会主义革命和建设时期、改革开放和社会主义现代化建设新时期，以及中国特色社会主义新时代等各个历史时期都有着积极的作为，是党和人民事业的重要组成部分，也彰显了一代又一代中国少年儿童在历史进程中的成长与发展。当代少年儿童是"担当民族复兴大任的时代新人"，是"强国一代"，是中国当代发展史上的重要代群。

培育一代"有理想、有本领、有担当"的时代新人是坚持中国特色社会主义道路的基础性工程，全面提升红色基因传承和价值观塑造的水平是全体少年儿童工作者，特别是少先队工作者面临的时代性挑战。我们需要在党的二十大精神的指引下，继承传统，守正创新，创造中国少年儿童工作的新辉煌。

原载于《少年儿童研究》（2023年第2期），中国人民大学书报复印资料中心（全文转载2023年第7期）

少先队活动案例的撰写要领

北京青年政治学院教授　吴云清

案例，一般指人们所经历的富有多种意义的事件陈述，是对已发生的教育过程的反映。少先队活动案例是活动过程发生的事情、情景及解决实际问题时具有某些规律的结果。活动案例不同于设计方案，是活动实施后以叙述的形式对少先队活动及其结果进行的记录、总结与反思；当然，也同教育个案的描述有所区别，表现出少先队集体活动的环节、步骤和方法。它不是简单的活动实录，包含着许多方面的分析、说明及其成效评估。

少先队活动案例的基本要素

每个活动案例表现着少先队不同侧面的活动，内容、情景并重，形式、方法并行。构成了绚丽多彩的活动画面，体现了少先队活动的重要作用。

＊鲜明的主题

注重小而实，具有大视野、小角度；大主题、小切入；大环境、小行动。围绕主题深入挖掘活动内容，呈现少先队教育活动案例的特色。

＊活动的环节

每个活动过程由几个相互联结、层层递进的活动环节组成。与此同时，按照一定内容进行实施，凸显活动运行的细化步骤和队员即时互动的情形。

＊活动的结果

活动案例表达爱党、爱国和少先队组织教育的寓意或帮助解决一些现实问题，彰显队员们在认识、情感、行为诸方面受到的影响和得到的提高。

＊活动的评析

活动案例在自我总结的基础上需要进行短小的情况概括和说明，对其利弊得失发表一定的看法和分析，肯定成效，寻找不足，以利步步提升活动的质量。

少先队活动案例的撰写要求

"探索真理比占有真理更为可贵"。我们撰写案例实质上是结合某一项活动进行描述和探讨，是运用理论对实践中发生的事实进行总结、反思与思考，这是一个应用理论指导实践并不断探求真理的过程。

＊阐明活动背景与目的

时代背景：要写明党和时代的需要，说明活动重要的理论依据及意义。可根据少先队活动特定的主题，列出一些具体目标。队情背景：要表明少先队组织在某一方面的发展状况，体现出活动的具体要求。队员背景：要针对少先队员目前的表现，提出明确要解决的问题，以及需要提高的内容、层次和程度。

活动目的则要写明本项活动要提高队员哪些认识，列出认知目标；明晰队员的情感发展需要，确定培养和滋长的情感目标；在行为上结合队员情况，写明行为提升的行动目标。就是说要具体写出通过什么样的活动，达到哪些认知、情感、行为的目的。

*写清各种活动准备

包括：在辅导员指导下，大队或中队委员会策划活动的主要思路，活动前物质和思想方面的准备活动，以及各小队队员活动的分工，形式载体需要的用具和一些材料的备用。要求思路清晰，准备充足，活动某些前期学习或调查，活动中采用的红领巾争章评价标准及一些预想可能出现的问题与建议也需写得完整。

*详述活动内容和运行过程

这是少先队活动案例的核心，需要详细地进行诠释，以充分展示活动过程的可信度和可行性。

1.分层细化活动内容，写明各个活动环节的细目，注重层层递进。如"'红领巾'遇上'红军装'"中队活动：划分为倾听英雄谱、最美英雄画、立志强国梦和神圣军人声四个活动环节，联系实际步步深入，才能获得较好效果。

2.分别结合活动内容，细致列举各种形式和载体的使用。如"微善启航"的大队活动：实施寻找善良踪迹、微善中队在行动、与人为善出奇迹三项活动，现场通过中队板报展示、日行一善汇报和向善队员的奖励，激励全体队员培养良好的道德行为，从而表现活动形式的实际作用和影响力度。

3.写清活动过程的整体安排和细化措施。例如"我和我的祖国"少先队活动课中，各小队下载有关我国政治、经济、文化、科技发展的图片张贴在色泽鲜艳的海报上，表明对光辉成就的赞颂；勤奋学习、爱心奉献和强健体魄的感恩行动，以不同的现场展示形式再现；《祝福祖国》《红领巾心向未来》《我爱你中国》三首歌曲在不同时段的出现，使活动每一步骤的操作细节十分明晰，具体、生动、切实可行，给每个队员留下深刻的印象。

4.写清队员们在各环节活动中的表现，夹叙夹议地诠释活动产生的引导力、凝聚力和影响力。例如，"快乐建队标"中队活动，在标识设计我学习、中队标识我来定、中队标识我设计、标识成品我展示四个环节中，经民主讨论、自主设计、相互鼓励和认真评选，队员们纷纷积极参与，想象力和创造力得到充分提升。

＊展现活动的效果

清楚记载队员在活动中的表现及变化，充分体现活动的实效性。体现为少先队骨干和队员自主策划、自主实践、自主评价和创造性的发挥，良好的教育影响及结果。集中反映队员活动的体验性、参与度、获得感和满意度，写明他们的具体感受和进步的程度，说清他们在认知、情感和行为方面的提高。如有可能，用数据表明活动前后的变化。

＊活动的拓展与延伸

因为活动意义的未尽性和活动范围的相对性，全面把持活动必然有进一步拓展和延伸活动的可能，需要不断地得到发展，从而将活动延伸到其他课余时间，拓展到家庭和社会，同时产生一定的连锁反应和行动反馈。例如"志愿服务爱心扬"活动，将活动课程创造出的志愿服务户口簿，扩展为经常性评价。

＊活动的总结与反思

少先队活动案例记录了队员们行动、思想、新价值产生的教育结果，而且包含着一定的总结提炼和理论升华，具有鲜活的保存和研究价值。

在活动总结中，一要深入进行案例剖析，归纳和概括某项活动的中心思想、活动带来的影响程度，以及取得的规律性探索。阐明少先队通过活动应该做什么、如何做、为什么这样做，为实践提供理论支持。二要总结一些不足和需要改进的方面，对案例所涉及的事实与方法自觉进行反思，通过说明活动中产生的新问题，为少先队工作提供一些参照和新的工作思路。

撰写活动案例要解决的问题

在活动目的上，存在一些大而空及不切实际的目标，出现理论脱离实际的"两层皮"现象；在撰写内容上，有闻必录，记载活动全过程，甚至连主持人的串词及每个队员的发言都和盘托出，缺少筛选，从而影响到案例写作的本意；在案例的总结部分，常常就事论事，缺乏理论概括，由于站位不高难以体现启发与指导应用的意义。

因此，需要注意以下四点：

＊选定一个好的标题

可从主题中选择，也可以活动内容为主，提取新颖别致、具有活动特色与亮点的活动名称，使之富有吸引力。

＊注重活动的细节

活动实施需用精巧的小标题呈现活动的步骤；同时，具体描述应突出活动重点，详细说明活动的主要内容及解决问题的途径、载体和方法。

★重视客观准确叙述

活动案例采取第三人称演绎少先队活动过程，按照"六个要求"进行撰写，结构需完整，用语要得当。需要写明活动时间、地点，大、中队名称和整个活动过程，切忌班队不分。一般而言，案例字数以3500字左右为宜。

★努力创新少先队活动

这是少先队充满生机活力和保证持续发展的动力。因而要从活动设计、准备及实施几个方面入手，体现新理念、融入新内容、采用新媒体、表达新话语，不断进行活动内容的创新和活动方式、方法的创新。

最后，活动案例写作要掌握好三个度：一为客观尺度。案例是少先队员亲身经历的活动，应尊重事实而非主观杜撰。二为适切程度。内容适宜，总结适度，切忌生硬拔高。三为提升效度。案例要彰显实效，杜绝大话、空话、套话。

中国少先队

全国获奖案例

足迹
——暖印初心

湖南省长沙市天心区少先队总辅导员　吴海芸

【活动背景】

习近平总书记在纪念红军长征胜利80周年大会上深情讲述了"半条被子"的故事。这个故事的发生地——沙洲瑶族村，就在我们湖南郴州。初中的少先队员虽然对这个故事耳熟能详，但对其背后的深刻内涵却不甚理解，还提出了"为什么说'半条被子'温暖整个中国？"等疑问。为了帮助队员们理解中国共产党人的初心和使命，辅导员充分挖掘湖南本土红色资源，与八年级队员共同策划利用周末时间到沙洲瑶族村实地开展"暖印初心"少先队主题实践活动。这个"印"字既有验证、符合的意思，又有留下痕迹的意思。

【活动目标】

1.了解"半条被子"的暖人故事和习近平总书记在湖南考察，走进沙洲村，参观"半条被子的温暖"专题陈列馆时的嘱托。

2.体悟中国共产党的人民情怀和为人民服务的宗旨。

3.引导少先队员践行队礼精神，用实际行动热爱共产党、向往共青团。

全国获奖案例

【活动准备】

1.出发前，辅导员根据初中生实践能力较强的特点，指导队员分小队召开研学先导会，围绕"研什么？怎么研？"进行讨论，并在查资料、订方案后，设计制作研学任务单和"向阳章"争章任务卡。

2.辅导员提前联系沙洲村相关场馆，并做好安全预案。

【队情分析】

初中生有强烈的求知欲和探索精神，思维活跃，主动性强，此活动将遵循初中生的年龄特点和认知水平，以"暖心故事"为线索，在"被子里寻'暖'""习总书记送'暖'""少先队员续'暖'"三个环节中，通过寻、探、研、思、辨等方式，引导队员感悟中国共产党人的初心和使命。

【活动过程】

环节一：被子里寻"暖"

"为什么说'半条被子'温暖整个中国？"以队员们的问题为切入点。在"半条被子的温暖"专题陈列馆里，队员们可以通过寻一个物件、挖一个故事展开研学活动。

各小队可分别根据研学任务单，探寻"半条被子"的故事，理解"共产党就是自己有一条被子，也要剪下半条给老百姓的人"的内涵。

通过展柜里邓颖超等老同志托人送给徐解秀的印花被子，感受"共产党人时刻把人民装在心里"的真情实感。

队员们还可以从陈列馆里展出的一个山楂片、一条裤子、一张借据、一盏马灯等历史物件中，感悟共产党人是怎样以真心暖人心，以初心赢民心的。

环节二：习总书记送"暖"

在展馆里，队员们找到革命战争年代共产党人暖什么、怎么暖的答案后，辅导员可以提出"在新时代，又有怎样的温暖呢？"等新的问题激励他们去深入探究。

2020年9月16日，习近平总书记来到沙洲村，走进徐解秀的孙子朱小红家中，亲切地拉家常，并关切地询问"被子暖不暖""生活好不好"等，他把老百姓的冷暖时刻放在心上。他的到来让沙洲村的村民倍感温暖。

初中少先队员具有较强的自主发现和解决问题的能力。辅导员可以引导队员们沿着习近平总书记在沙洲村的足迹，走进沙洲村百姓家、村服务中心、村卫生室，开展系列小调查，了解新时代沙洲村的变化、人民群众的幸福感以及新时代的暖心故事，进一步感悟习近平总书记的人民情怀和中国共产党人的奋斗精神。

辅导员可以带领队员们在研中学、学中思，倡导他们通过实地走访、资料收集、数据分析等方式，了解革命老区沙洲村从当年接过红军"半条被子"，到如今脱贫攻坚走上"幸福路"，发生翻天覆地变化的原因，并进一步体悟百年来中国共产党正是坚持"人民至上"，才赢得了人民的支持与拥护，党爱民、民爱党的暖心故事才在中国大地上持续发生。

环节三：少先队员续"暖"

"江山就是人民，人民就是江山。"习近平总书记在党的二十大报告中强调，治国有常，利民为本。他是这么说的，也是这么做的。在队员们完成前两个环节后，辅导员根据初中生勇于探究和乐于表达的特点，引领队员们探索新的问题："新时代的少先队员该如何践行队礼精神呢？"

辅导员首先要帮助队员们理解"人民的利益高于一切"的队礼精神，它与中国共产党人的初心和使命——"为中国人民谋幸福，为中华民族谋复兴"一脉相承。

辅导员可以带领队员们前往习近平总书记曾经到过的汝城县文明瑶族乡第一片小学，开展手拉手活动，亲自送去"温暖"，并分享自己的研学收获。队员们还可以围绕"如何践行队礼精神"展开讨论，明确少先队员、共青团员和共产党员都将"人民"放在至高位置的原因，激励队员们以实际行动向团组织靠拢，走好入队、入团、入党追求政治进步的"人生三部曲"。

辅导员鼓励队员们共同开展"我为初心代言"活动，通过宣讲、拍摄短视频的形式，讲述共产党员的初心故事；开展"志愿服务传初心"行动，主动参与家乡、社区建设，参加"布置最美楼道"公益劳动，等等。

全国获奖案例

【活动拓展】

此次在沙洲村开展的活动结束后，辅导员还可以继续引导队员们开展"沿着习爷爷的足迹访初心"等实践活动，共同绘制"习爷爷的调研地图"，开展相关的小课题研究，等等。

另外，活动评价有助于提升队员们参与活动的积极性。因此，辅导员要鼓励队员们将"向阳章"的争章过程与活动过程相结合，发挥"红领巾奖章"的激励作用。在评价时，辅导员既要关注对队员个人的评价，也要关注对小队的评价。

【辅导点拨】

辅导员围绕"暖印初心"的活动主题，通过三个环节，将不同的活动地点相串联，实现教育空间的拓展和教育内容的深化。本次活动注重初中少先队员的思辨性强的特点，引导他们从小故事中悟大道理，以身边事引发自觉性，在全景沉浸式的情感体验中，展开深度研究。在情感共鸣的基础上，本次活动有助于提升队员对党的初心和使命的认知与理解，让少先队实践活动在政治引领上有宽度、有温度、有深度。

专家点评

陆士桢：中央团校（中国青年政治学院）原党委书记、教授
柯英：《辅导员》杂志社原社长兼总编辑

这个活动设计取名为"暖印初心"，寓意深刻。辅导员充分挖掘并利用本地红色资源，带领队员实地追寻和探访，让队员体会什么是"暖"，理解"半条被子"的暖人故事和习近平总书记在沙洲村的暖心行动。一个"印"字，突出了精神传承的主题，也彰显了整个活动设计在思想内涵的层层递进、步步深入。此实践活动从少先队队礼精神到党团队政治链接等，多视角引导队员学习和理解中国共产党人的初心和使命。整个活动主题明确，思路清晰，形式载体的每一步设计都是为内容服务，紧扣主题，开掘深入，没有为活动而活动的简单堆砌。辅导员的政治判断力、政治领悟力和政治执行力值得称赞。

考古科技之镜　照亮何以中国

河南省洛阳市考古研究院汉魏研究室工作人员、
少先队校外辅导员　郝君涛

【活动背景】

文物映耀伟大征程，考古常志国史丹心。

新时代以来，以习近平同志为核心的党中央高度重视文物考古领域科技创新工作。编制《"十四五"文物保护和科技创新规划》，实现了文物领域五年规划第一次上升为国家级专项规划。2023年7月，习近平总书记走进三星堆博物馆。

泱泱中华，万古江河，习近平总书记的目光所及，是我国百万年的人类史、一万年的文化史、五千多年的文明史。习近平总书记多次对考古工作作出重要指示："考古工作是一项重要文化事业，也是一项具有重大社会政治意义的工作。""要教育引导群众特别是青少年更好认识和认同中华文明，增强做中国人的志气、骨气、底气。"

本次少先队校外实践活动对应《少先队活动课程指导纲要（2021年版）》中全面发展课程模块要求。面向由不同年龄段的河南当地中小学少先队员和新疆哈密地区少先队员组建的临时中队，本次活动以混龄教育和协同教育为主要教育方式，与校方和家委会共同开展。

【活动目标】

1.活用特色项目资源，通过寻访活动、沉浸式田野劳动体验等，引导队员们初步了

解现代科技手段在田野考古和文物保护工作中的应用，初步了解重大考古成果所讲述的中国故事。

2.通过参观游览考古遗址公园、全景式体验等方式，引导队员们初步了解现代科技手段在考古成果传播利用中的应用，加深对中华文明起源和发展的历史脉络的认识，认识中华文明取得的灿烂成就。

3.引导队员们更好认识和认同中华文明，不断增强历史自觉、文化自信和民族自豪，以史为鉴察往知来，将个人梦想和国家发展结合起来，赓续文明血脉，争做新时代好队员，努力成长为堪当民族复兴重任的时代新人。

【活动准备】

辅导员准备：

我院少工委会同院考古学家团队、考古遗址公园，与合作中小学少工委和合作大学的"三下乡"社会实践团队联系，商定人员、场地、行程、装备等相关事宜，特别注意做好行前安全教育和活动安排。

少先队员准备：

队员们分小队在学校辅导员和家长的引导下，在网上初步搜集待体验的考古项目资料，了解应用于考古的科技手段，了解考古遗址公园中的"国宝重器"和自己感兴趣的文物。

引导队员思考：

1.我们生活在现代，向着未来实现中国式现代化前进，为什么还需要坚持回望历史长河呢？

2.如果请你来做一天"小小朋辈辅导员"，你会如何引导身边的队员认识"考古钥匙"，如何传承弘扬伟大民族精神和中华优秀传统文化呢？

【活动过程】

环节一：显微镜下装慧眼

考古现场初认识：带领少先队小队员们和大学"三下乡"社会实践团队的党员、团员、青年大队员们一同乘车前往位于郊区田野的考古发掘现场，寻访考古学家，聆听田野考古科学技术应用的科普讲解。

考古科技趣体验：在辅导员引导下，小队员们和青年大队员们"小手拉大手"，使用我院研发的"微缩考古现场"，沉浸式体验考古发掘的乐趣；学习操控无人机和使用相机完成发掘现场数字建模；了解碳-14、古地磁、遥感技术等在考古中的广泛应用。

科技让残缺文物复原：在文物修复师手把手教导下，小队员们使用现代科技材料和手段使残存文物重获新生。

辅导员点拨：考古，是连接古文明与新时代的桥梁，透过历史，我们得以窥见漫长岁月里，符号如何演化成文字，部落如何壮大为国家。由科技与历史的关系，引出科技和考古工作者的艰辛付出。

环节二：广角镜中亲探访

百年考古科技范：引导队员们来到"百年考古成果展"，全面了解"中国现代考古学"百余年来的发展历程，特别是新时代以来重大考古成就中的科学技术应用与发展。

文物活化科技新：引导队员们在考古遗址公园中全景式体验虚拟现实考古，参观全新光电科技文物展览陈列，探索现代化国风文创的奥妙，发现现代科技实现文物活化、历史复原的神奇奥秘。

红色考古学家讲初心：带领队员寻访当地著名的党员考古学家，聆听先生们筚路蓝缕干事业、知行合一重田野、实事求是讲物证、持之以恒探文明、坚守初心谋创新的事业经历，引导队员们思考这与中国共产党人的初心和使命的关系。

环节三：望远镜里创未来

带领参加活动的全体党员、团员、队员，齐聚考古博物馆的"青年之家·红领巾讲堂"研学堂，组织一次"知所从来　方明去处"模拟学术发表会。

大学生党员、团员发表"三下乡"宣传工作的体会和思考；小队员们展示微缩考古

全国获奖案例

现场发掘成果和三彩艺术文创作品，发表心得体会。

小队员们共同自主讨论探究：

怎样理解习爷爷指出的"在历史长河中，中华民族形成了伟大民族精神和优秀传统文化，这是中华民族生生不息、长盛不衰的文化基因，也是实现中华民族伟大复兴的精神力量，要结合新的实际发扬光大"？

谈谈我们在"考古"中还可以找到哪些神奇的复兴"钥匙"呢？

如果自己做一天"小小朋辈辅导员"，可以怎样影响身边朋友跟随习爷爷脚步，敲开"历史之门"，争做"考古代言人"，感悟灿烂文明曾经的模样呢？

讲讲梦想，长大了可以为赓续文明做些什么贡献？

【辅导点拨】

从古代到当代，从地下到云端，科技赋能历史文物以"赛博永生"，在古今对话中寻找"何以中国"的时代答案。传承中华文脉，用科技守护文明之光，我们能照见多远的过去，就能预见多远的未来。

专家点评

柯英：《辅导员》杂志社原社长兼总编辑

本次活动设计立意深远，主线清晰，内容丰富，地域特色浓，突出了少先队政治启蒙、提高认知与实践导行相统一。此活动设计的最大亮点是围绕如何传承中华优秀传统文化这一主题，彰显科技赋能的助推作用，表现科技之光守护着中华文脉，增强少先队员的文化自信和民族自豪。少先队活动只有将"传承"放进心里，将"弘扬"落到实处，才能让文化自信的种子根植于幼小心灵。此活动方案从一个全新的视角，为我们开启了新思路，具有启示作用。

小扣子 大志向

甘肃省酒泉市酒泉师范学校附属小学德育主任兼大队辅导员 程琴

【活动背景】

党的二十大报告提出，要广泛践行社会主义核心价值观，深入开展社会主义核心价值观宣传教育。

辅导员不仅要坚持政治引领，还要引导队员从小听党话、跟党走，更要帮助他们崇德修身，扣好人生第一粒扣子，争做共产主义接班人。基于以上思考，设计"小扣子 大志向"实践活动。

【活动目标】

1.引导队员熟记社会主义核心价值观。让队员们明白：道和德是辩证的统一关系。作为共产主义接班人，要有道，即坚定的理想信念，懂得为伟大事业而奋斗。同时，要有高尚的品德，坚守社会主义核心价值观。

2.引导队员学习习近平总书记的金句，懂得"崇德修身"的含义和道理，学习身边优秀道德榜样。

3.引导队员从小事做起，用立大志、做好人的实际行动扣好人生第一粒扣子。

全国获奖案例

【活动准备】

收集习近平总书记关于社会主义核心价值观的金句，以及关于"崇德修身"的榜样故事；红领巾寻访小队采访敦煌研究院樊锦诗。

【活动过程】

环节一："立志与立德"——习爷爷教导记心间

帮助队员深刻理解信仰与道德之间的关系。

召开"敦煌女儿故事会"，红领巾讲解员以图文并茂的形式，讲述"全国道德模范""改革先锋"樊锦诗奶奶"舍半生，给茫茫大漠""一腔爱，一洞画，一场文化苦旅，从青春到白发"保护研究莫高窟的感人故事和奉献精神。各小队还可分享"全国助人为乐模范"张桂梅，"全国敬业奉献模范"祁发宝、陈红军等先进模范人物的故事。引导队员认识几位忠诚于党的品德高尚的人。

以"红领巾小讲堂"的形式，带领队员学习习近平总书记关于社会主义核心价值观的金句，讲解"崇德修身"的含义，引导队员知道崇德"崇"的是为人民服务的大德，"修身"是为实现中国梦做准备，崇德修身是中华文化中的重要价值观念。

辅导员可顺势点拨：有道德的人一定是有理想信念的人，是坚定不移听党话、跟党走的人，而社会主义核心价值观的树立也需要理想信念的支撑。樊锦诗奶奶爱党爱国，把自己的人生同祖国的命运联系在一起，扎根大漠奉献一生，是践行社会主义核心价值观的模范，值得我们好好学习！

环节二："做个好人"——身边的榜样我学习

习近平总书记曾对青年人说，做人做事第一位的是崇德修身；还曾对少先队员说，要做一个好人。

习爷爷心中的好人是谁？少先队员眼中的好人又是谁？各小队讲述习爷爷眼中的"好人"故事，编写好人事迹绘本；带领队员参观酒泉"肃州好人馆"，认识身边的好人。好人馆内有赵金泽、常兴平等60位"酒泉好人"，他们"助人为乐""见义勇为""诚实守信""敬业奉献""孝老爱亲"的感人事迹，生动地体现了社会主义核心价值观深刻内涵。

队员们到酒泉市公安局采访"全国优秀人民警察""全国爱民模范"晁亚玲阿姨，聆听她立足本职，为群众办小事、做好事、解难事的事迹。队员们给"好人"画像，各小队谈论"好人"的共同点是什么（是为了国家和人民的利益不惜牺牲自己的利益）。辅导员要引导队员进一步理解社会主义核心价值观的内涵。

开展"身边好事随手拍"活动，引导队员用相机记录好人故事，举行"小小辩论会"，展开讨论，学会价值判断，明辨是非，懂得做人的准则，让社会主义核心价值观真正入心入脑。

习近平总书记说，要做一个好人，就要有品德、有知识、有责任，要坚持品德为先。我们要做个好人，做有道德的人，做坚守社会主义核心价值观的人。

环节三："扣好扣子"——第一粒扣子要扣好

习近平总书记说："如果第一粒扣子扣错了，剩余的扣子都会扣错。人生的扣子从一开始就要扣好。"在队会上，辅导员给队员讲述习爷爷用"穿衣服、扣扣子"来形容价值观养成的重要性。让队员们现场演示扣扣子，从中真切体会习爷爷讲话的含义。志向是人生的航标，人生的第一步就是立大志，明大德。引导队员畅谈志向，书写梦想卡，制订"梦想小计划"。

鼓励队员们按照习爷爷说的"记住要求，心有榜样，从小做起，接受帮助"，在中队开辟"道德模范宣传"栏，学习榜样事迹；设立善行小岗位，争做"日行一善"小雷锋；创建"诚信小银行"，争做诚信好少年。

辅导员顺势点拨：每个人做到爱国、敬业、诚信、友善，做好自己的事，为他人着想，国家才能富强、民主、文明、和谐，社会才能实现自由、平等、公正、法治。

【辅导点拨】

培育和践行社会主义核心价值观是一个长期任务。习近平总书记强调，做人做事第一位的是崇德修身。少年儿童价值观教育既要立意高远，又要立足平时。引导队员立志报效祖国，服务人民，这是大德，养大德者方可成大业。同时，还要帮助他们从小事

全国获奖案例

做起，从点滴开始，学会感恩，学会助人，接受帮助，只有不断修身立德，打牢道德根基，才能让人生的道路走得更正，走得更远。

【活动拓展】

利用假期，带领队员体验不同职业，在社会实践岗位上，践行乐奉献、讲诚信、爱岗敬业的好品德。

依据此活动，完成"立德章"争章。

专家点评

陆士桢：中央团校（中国青年政治学院）原党委书记、教授
柯英：《辅导员》杂志社原社长兼总编辑

这个活动设计，让队员们明白：作为共产主义接班人，既要有"道"，坚定的理想信念，懂得为伟大事业而奋斗；也要有"德"，高尚的品德，坚守社会主义核心价值观。道和德是辩证的统一。在内容设计上，辅导员引导队员学习习近平总书记的金句和对少年儿童的殷切希望，从中理解"崇德修身"的含义；学习优秀道德模范事迹，从榜样身上汲取向上向善的力量；从小事做起，用立大志、做好人的实际行动，扣好人生第一粒扣子。

此活动在环节安排上清晰有序，"立志与立德""做个好人""扣好扣子"三个环节，层层递进，内在逻辑清晰。辅导员善用身边资源，榜样人物选择得当，寓意深刻，有代表性，如学习"全国道德模范"、家乡的"改革先锋"、共和国勋章获得者樊锦诗事迹，了解"习爷爷心中的好人"，参观"肃州好人馆"，采访"酒泉好人"等，丰富的实践活动，由远及近，贴近队员生活，有吸引力，接地气，使社会主义核心价值观内化于心。

刺在精神上的"精忠报国"

北京市文汇中学团委书记、大队辅导员　江梓涛

【活动背景】

"精忠报国、岳母刺字"的故事，诠释的是为了国家和民族的利益不惜牺牲个人一切的爱国精神，是家国天下的豪迈情怀，是中国几千年来一以贯之的中华优秀文化传统，也深入每一个中华儿女的灵魂深处。

在习近平总书记年幼时，母亲就给他讲"精忠报国、岳母刺字"的故事。精忠报国成了他一生的目标。

如今的和平年代不再有那种风云激荡的处境，那习总书记讲述"精忠报国、岳母刺字"的故事，究竟想教导我们什么呢？围绕这个思考，本节队课将以我国航天事业作为切入点，引导队员们探寻当今社会的"刺字"故事。

载人航天是用生命去探险的神圣事业，一代代航天人早早地将"精忠报国"四个字"刺"在了自己的精神上，他们甘愿为当代中国科技和国防领域奉献自己的青春甚至生命。本节队课，对比古今，讲述不同时代"精忠报国"的故事；到校外探访"精忠报国"的航天事业；思近望远，总结凝练"刺字"背后的真正含义。

全国获奖案例

【活动准备】

辅导员准备：

1.联络北京航天城，带领队员们实际体验航天员日常训练，体验超重耐力与适应性训练、前庭功能训练等。

2.提前策划安排好队员对航天员（或技术人员）的采访工作，邀请他们为队员们讲述航天人"精忠报国"的故事。

3.辅导队干部准备少先队课，提前辅导队员做好多媒体、文稿等相关准备。

4.结合活动内容，发布"红领巾奖章"基础章中"立志章"的争夺条件，引导队员争章。

少先队员准备：

1.自主温习"岳母刺字"的故事，学习"精忠报国"的精神。

2.进行分队实践。采访小队提前准备好问题，实践体验小队提前了解一些航天知识和我国航天事业的相关成就。

3.准备少先队课需要的多媒体和文稿。

引导队员思考：

1.通过自主学习"精忠报国、岳母刺字"的故事，思考这种爱国情怀现在是否存在。

2.通过实践体验，进一步了解祖国航天事业的历程和成就，感受航天英雄为祖国航天事业的付出，思考这些与"精忠报国"的联系。

3.通过讨论分享，引导队员思考从航天事业、航天精神中获得的启发有哪些，如何将"精忠报国""刺"在精神上。

【活动目标】

本节队课以七年级政治启蒙课程模块为设计依据，目的在于培养队员热爱党、热爱祖国、热爱人民的深厚情感，树立"听党话、感党恩、跟党走"的坚定信念。

【队情分析】

本次队课由学校的大队委员会组织开展，参与的队员是我校南、北校区各中队的优秀中队长。七年级是少先队员们形成世界观、人生观和价值观的重要时期，这一阶段的认知对于他们的成长具有决定性的影响。在这个阶段，少先队员开始对自我认知、社会认知以及人生目标等方面产生浓厚的兴趣和思考。因此，本次队课的目的就是帮助这些年轻的少先队员更好地理解习总书记讲述"精忠报国、岳母刺字"故事的意义，更好定位自己的角色和责任，明确自己的目标，并为实现这些目标而努力奋斗。

【活动过程】

环节一：从古到今的时空碰撞（前期队课教育）

以习近平总书记讲述"精忠报国、岳母刺字"故事为引导，带领队员分组讨论：岳母为什么要给岳飞"刺字"？总书记为什么在当下给我们讲述这个故事？

辅导员点拨：

岳母将"精忠报国"四个字刺在岳飞的后背上，她告诉岳飞爱国是大义，要在民族危亡之际从戎报国，赤诚尽忠。如今也有一批人，他们也将"刺"上"精忠报国"，不过这四个字不是"刺"在身上，而是"刺"在精神上，他们就是航天员。

环节二：从天到地的切身体会（中期实践活动）

以"天宫课堂"为衔接，组织队员以小队为单位分为三组，分别前往中国航天一院、北京航天城以及采访航天员王亚平老师的约定地点，通过实践操作、实际训练、采访寻访的形式进一步了解我国航天事业的发展历程，聆听航天英雄"精忠报国"的故事，探寻一代代航天人的家国情怀。

辅导员点拨：

我国航天事业与国防安全密不可分，航天技术的不断发展，提高了国家在国防军事领域的实力，这与航天工作者的付出密不可分。航天员正是用日复一日的刻苦训练，将"精忠报国"深深地"刺"在了精神思想上。此环节结合红领巾争章活动，队员完成上述实践活动，可以获得"立志章"。

环节三：从远到近的信念凝练（后期凝练总结）

实践活动结束后，队员们通过中队会分享实践的一天，并在组织引导下探讨以下问题：当代"精忠报国"精神还有哪些体现？总书记为我们讲述"精忠报国、岳母刺字"的故事，对于我们的嘱托和期望是什么？作为少先队员，我们应该如何做？通过交流引导，在队员心中种下理想的种子，系好爱国情怀第一粒扣子。

【辅导点拨】

习近平总书记因为"精忠报国、岳母刺字"的故事，获得启迪，树立远大志向，在心中扣好了"人生第一粒扣子"。在本节实践活动课上，我们看到航天工作者通过自身的不断努力，将家国天下的豪迈情怀"刺"在精神之上。队员们，我们也应该有志向、有梦想，为强国建设、民族复兴而读书，不负家长的期望，不负党和人民的期待！

【延伸活动设计】

组织开展"小小演说家"演讲比赛，讲述当代"精忠报国"的故事，分享自己对"精忠报国、岳母刺字"故事的认识理解，说一说自己未来的规划。

专家点评

陆士桢：中央团校（中国青年政治学院）原党委书记、教授
柯英：《辅导员》杂志社原社长兼总编辑

辅导员首先抓住了"精忠报国"的核心思想——爱国、报国的家国情怀，确定活动设计的思路，既讲"精忠报国、岳母刺字"的故事，讲习爷爷把"精忠报国"作为一生追求的经历，又联系当代实际，带领队员走进北京航天城，了解航天科技成果，聆听航天英雄们"精忠报国"的故事，探寻当今社会的"刺字"故事，从而引导他们深刻认识"精忠报国"的时代意义和现实价值。辅导员重视引导队员深层思考，带领队员从古到今、从天到地、从远到近，以问题为导向，深入体悟，让爱国之情铭刻队员心中。

沿着习爷爷的足迹
寻访家乡绿色发展成就
——朝阳区红领巾通讯社小记者绿色行动

北京市朝阳区青少年活动中心活动部部长、少先队总辅导员　苏丹青

【设计思路】

2023年8月15日，是首个全国生态日。2005年，习近平同志在浙江省工作期间，到安吉县考察时，首次提出"绿水青山就是金山银山"的发展理念。这是习近平生态文明思想的核心理念。为了祖国天更蓝、地更绿、水更清，党的十八大以来，习近平总书记推动生态文明建设的足迹遍及神州大地。

习近平总书记曾来到北京市朝阳区东坝中心公园植树点，身体力行，同朝阳区少先队员一起参加了义务植树活动。习近平总书记发出新的号召："让我们积极行动起来，从种树开始，种出属于大家的绿水青山和金山银山，绘出美丽中国的更新画卷。"习近平总书记在东坝中心公园种下了新苗，也种下了祖国的未来与希望，在队员心中播撒下绿色文明的种子。朝阳区青少年活动中心少工委将通过开展红领巾通讯社小记者寻访活动，带领队员们走进社会大课堂，了解家乡生态环境的绿色发展成就。

1.认知目标：通过余村故事、塞罕坝故事，引导队员们了解党的十八大以来，生态环境的改善和生态文明建设成就，理解习近平总书记的绿色发展理念并将其根植于队员心中。

2.情感目标：通过查找资料和寻访实践活动，带领队员们以红领巾通讯社小记者视角，探寻生态环境变化背后的原因。让队员们初步认识到：生态环境的改善归根结底在

全国获奖案例

19

于党的正确领导，并由此激发队员们爱祖国、爱家乡、爱校园的思想感情。

3.行为目标：通过小记者寻访实践活动，队员们牢记习近平总书记的教导，将"人与自然和谐共生"的理念落实到建设祖国和家乡的实际行动中，从小树立保护环境、爱绿护绿的意识，用自己的双手为祖国播撒绿色，美化我们共同生活的世界。

【活动准备】

辅导员准备：

1.搜集、整理党的十八大以来习近平总书记参加义务植树活动的相关新闻和勉励少先队员参与美丽中国建设的相关讲话及视频。

2.查找余村、塞罕坝建设资料及相关采访视频。

3.联系习近平总书记在北京植树的各地点的相关社会资源，并走访对接。

4.指导队员寻访、采访，收集老照片。

5.设计绿色行动计划延展活动。

少先队员准备：

1.组建红领巾通讯社小记者绿色行动中队，分三个小队，制订任务计划书，少先队员根据自己的兴趣爱好和特长自主选择小队，并做好分工。

2.搜集习近平总书记在参加义务植树活动期间发表的金句；绘制习近平总书记植树线路图；了解自己家乡生态环境的变化。

3.确定寻访目标，撰写采访提纲、新闻稿，录制采访视频。

4.红领巾通讯社小站长们与辅导员共同设计活动方案、设计"植树章"图案及评价标准。

引导队员思考：

1.在绿色发展理念指导下，首都生态环境发生了哪些变化？

2.为了实现人与自然和谐共生，我们该做些什么？

3.红领巾通讯社小记者在绿色行动中该发挥哪些作用？

【活动过程】

以红领巾通讯社各校小记者为主体，充分发挥少先队员自主性和大带小"混龄教育"优势，从队员兴趣爱好出发，计划分三个小队——小记者小队、小镜头小队、小话筒小队，以学习、寻访、分享、传播、实践的方式，开展校外实践活动。

环节一：了解美丽中国新画卷

观看三个短视频：习近平总书记植树视频，余村故事视频，塞罕坝故事视频。

观看视频《余村的"绿色变奏"》。20世纪八九十年代，余村是全县有名的工业村、污染严重村。2005年以来，在"绿水青山就是金山银山"的理念指引下，余村扎实推进"千村示范 万村整治"工程，淘汰重污染企业，开展村庄整治工程。近20年来，这一理念指引着余村蝶变，转型发展为"中国最美山村"。

观看塞罕坝《一棵树到一片海》视频，了解生态文明建设的故事，了解三代人代代坚守，在黄沙漫天、没有一棵树的塞罕坝创造出荒原变林海的奇迹，铸就了"塞罕坝精神"。引导队员们理解"人与自然和谐共生"的重要意义。

回顾习近平总书记多年来践行绿色发展理念所留下的足迹，重温习近平总书记在义务植树活动现场发表的讲话，为队员们寻访家乡生态环境的变化打下基础。

环节二：寻访美丽首都展新颜

第一小队和第二小队队员：沿着习近平总书记的足迹走进11年来总书记在北京植树的地点，与当地长辈交谈，寻访社区党员、工作者，了解当地周边变化，收集记录这些年变化的资料。

第三小队队员：到家乡朝阳区走访了解社区、学校、家庭近年来的变化，寻找距今近10年、20年、30年的老照片，了解朝阳区多年来在生态环境方面的变迁；搜集与整理自身家庭在践行绿色发展方面的信息和资料。

队员们充分发挥自主性，设计寻访活动，自主确定寻访地，撰写采访提纲，收集寻访素材。

通过分享会的形式，队员们分享美丽家乡新变化，将三个小队各自寻访的成果分享交流；通过对比家乡生态变化的图片，队员们了解到美丽首都、美丽家乡正在不断建设中，请队员们表达自己的感受。帮助少先队员进一步体会"人与自然和谐共生"的理念，牢固树立绿色发展理念，再转化成自己日常的实践行动。

环节三：小手拉大手——共植绿色新苗

队员们与父母一起参与植树行动，前往东坝中心公园植树点，在这里种下绿色希望，制作心愿牌，写下自己的愿望和绿色承诺并挂在树上，以这种特殊的方式践行国家绿色发展理念。

队员们自主设计绿色发展宣传视频、访谈节目，积极向队报、队刊投稿，将红领巾通讯社小记者的绿色心声传递给更多的人；通过队会分享、发布视频、公众号推文等形式，传播正能量，带动更多人参与绿色行动，传播新一代绿色心声。

环节四：植树争章——青山行动

活动的最后，结合队员们的整体表现，通过队员们自主设计校外活动特色章争章标准，完成"植树章"的激励评价。"绿水青山就是金山银山"这场深刻的绿色变革，为美丽中国的建设，为人与自然和谐共生，为中华民族永续发展夯基垒台、指明方向。

【活动拓展】

1.朝阳区青少年活动中心少工委与学校少先队联合成立"红领巾环保局"，并设立多个红领巾岗位，持续开展绿色争章活动，鼓励队员们轮流上岗，宣传、践行生态文明理念，增强服务意识和责任意识。

2.队员们与父母一同制订绿色行动计划并实施，如：写下绿色生活小妙招；签署绿色承诺，从每年植树计划到垃圾分类行动，将绿色行动践行到底。

【活动资源】

1.视频资源：习近平总书记植树节的相关讲话、余村故事、塞罕坝故事。

2.社会资源：习近平总书记11年来在北京地区植树的场所，包括东坝中心公园植树点。

【辅导点拨】

1.思想性到实践性的转化：以习近平总书记与少先队员一起植树为切入点，通过一系列寻访活动，队员们牢固树立绿色发展理念，最终转化到实践行动中去。

2.注重家、校、社协同共育作用的发挥。倡导简约适度、绿色低碳的生活方式，反对奢侈浪费和不合理消费。小手拉大手为祖国播种绿色，美化我们共同生活的世界。

专家点评

柯英：《辅导员》杂志社原社长兼总编辑

　　这是一个校外实践活动方案。活动选题新颖、目标明确、视角独特、内容丰富、立意高、导向性强。辅导员围绕"新时代伟大成就"这一命题，敏锐抓住身边的教育契机，善用资源，以习近平总书记在北京市东坝中心公园参加义务植树活动为切入点，引导队员沿着习爷爷的足迹，学习绿色发展思想；了解在习近平生态文明思想的指引下，家乡乃至全国生态环境发生的巨大变化；感受家乡处处皆景观的现实；深刻理解"绿水青山就是金山银山"的道理，并将"大道理"转化为践行绿色文明的"小行动"。活动设计依托校外"红通社"资源和阵地，凸显了地域特色；活动内容设计上，强化思想政治引领。辅导员巧抓契机，引导队员了解"中国最美山村"——浙江安吉余村的蝶变、《一棵树到一片海》的塞罕坝精神，探寻习近平总书记每年在北京参加义务植树活动的地点、场景，向队员讲述习近平生态文明思想，在潜移默化中加深队员对该思想的理解。队员们采用多种载体，使一个个实践行动环环相扣，充分体现了内容的递进和内在的逻辑。本方案脉络清晰，层次分明，思想深刻，知行合一，是一个优秀的活动课设计方案。

全国获奖案例

"火箭娃"坚定理想再出发

北京市海淀区实验小学少先队大队辅导员　刘爱娇

【活动背景】

党的十八大以来，习近平总书记多次寄语广大少年儿童，要从小立志，树立远大理想。2023年5月31日，习近平总书记来到北京育英学校看望慰问师生时，又提出新时代中国儿童要有志向、有梦想。从小树立远大理想，肩负起时代的责任，始终是习近平总书记对少年儿童健康成长的重要要求。

我校"火箭中队"是一支有着光荣传统的英雄中队。二年级举行授旗仪式后，少先队员们多次走进火箭军军营，聆听榜样事迹，感受火箭军精神，萌发了做火箭军的志向。如今，队员们即将升入六年级，他们面对着诸多挑战和压力，思想上也出现了波动。本着开展少先队活动要"问需于童"，政治启蒙教育更要强调针对性的理念，我结合工作实际，设计了"'火箭娃'坚定理想再出发"实践活动。

【活动目标】

1.引导队员明确"理想是基石"，懂得树立远大理想是党对少先队员提出的要求，更是少年儿童得以全面发展的重要基础。

2.激励队员将"小梦想"与"大未来"紧密相连，树立为祖国的建设发展贡献力量的决心。

3.引导队员牢记习近平总书记的教导，明白在推进中国式现代化道路上，需要脚踏实地，从现在做起。

【活动设计思路】

结合《少先队活动课程指导纲要（2021年版）》，聚焦政治启蒙课程模块，旨在强化政治认同，教育和引导队员将个人理想与祖国发展联系起来。从认知、情感到行为，层层深入，帮助队员树立理想信念，引导他们从小做起、从自己做起，强化奋斗与拼搏的行动自觉。

【活动准备】

查找习爷爷关于理想信念的金句以及时代先锋楷模和身边榜样的立志故事。

辅导员提前与航天员桂海潮所在单位北京航空航天大学、火箭军部队营地联系沟通，拟订参观计划，设计采访提纲。

此活动设计，主要引导队员思考三个问题：一是习爷爷说的"树立远大理想"的含义是什么？二是个人的梦想与祖国现代化建设有什么关系？三是我们的理想志向该怎么去实现？

【活动过程】

环节一：讲领袖故事，树远大理想

观看献词视频。带领队员观看庆祝中国共产党成立100周年大会团员、队员代表集体致献词的视频。同时，作为献词撰稿人之一的我，讲述参加写作过程的心路历程，引导队员理解团员、队员向党献词，彰显的是"红色基因，革命薪火相传"，向党表达的是"请党放心，强国有我"接力奋斗的决心。

召开故事分享会。引导队员讲述习爷爷"在黄土地立下做人民勤务员志向"的故事。让队员明白，为群众做实事的理想信念是引导青年习近平不断奋进的力量源泉，从而懂得树立远大志向对一个人成长的重要意义。

全国获奖案例

环节二：寻立志榜样，悟追梦精神

充分利用海淀区科技创新资源优势，带领队员走进北京航空航天大学，采访桂海潮教授的科研团队，了解学习中国空间站首位载荷专家桂海潮从小立志，二十年如一日坚定信念，用燃烧的火焰送自己去宇宙"摘星星"，最终实现人生理想，为航天科技事业作出贡献的故事。

寻访小队还走进队员父母工作地——火箭军军营，参观火箭军成就展，了解导弹发展史，听父辈们讲述从小立下报国志，在国防科技路上追求理想、奋力拼搏的感人经历。

环节三：议时代使命，明肩上责任

"请党放心，强国有我"是铮铮誓言，更是使命责任。在"红领巾议事厅"环节，引导队员学习立志榜样，播下理想种子，让队员懂得理想始于足下。引导队员畅谈自己的理想，启发他们讨论：个人的理想与祖国和人民有什么关系？实现理想需要做好哪些准备？

适时引导队员认识到，我国已进入第二个百年奋斗征程，少先队员是生力军和建设者。个人理想要同祖国、人民息息相关，同中国式现代化紧密联系在一起，我们的责任就是立志向、修品行、练本领。

环节四：畅美好未来，笃强国之行

引导即将升入六年级的队员结合习爷爷提出的要求，制订实现梦想的小目标、小计划；将收集的励志故事制作成绘本，留给学弟学妹，传递火箭中队精神；发布《火箭中队倡议书》，绘制火箭中队图标，倡议大家用实际行动践行"请党放心，强国有我"的铮铮誓言。

此活动结合红领巾奖章"立志章"开展争章活动。

【活动拓展】

结合"'火箭娃'坚定理想再出发"活动，持续开展主题活动，为红领巾添光彩；中队成立学习互助小队、科技特色社团、健身俱乐部等，聘请桂海潮教授团队成员担任校外辅导员，持续了解航天科技成就。

【辅导点拨】

理想教育是与时俱进的；要紧跟时代的发展和变化，用现代化建设取得的新成就激发队员不断奋进；要巧用身边的资源，讲好榜样故事，激发队员的报国之志。

专家点评

陆士桢：中央团校（中国青年政治学院）原党委书记、教授
柯英：《辅导员》杂志社原社长兼总编辑

辅导员以"理想信念"为核心，从认知、情感、行为三个维度确立教育目标，内容层次清楚，教育视角独特，方式方法适宜。首先，活动针对性强，针对队员存在的现实问题，较好地体现了队活动课设计要"问需于童"的原则。其次，在内容设计上，辅导员着力讲好习爷爷青少年时期立志成才的故事，讲述奋斗者追梦、圆梦的事迹，引用的素材丰富生动，极具说服力，让队员真正懂得了树立理想是党提出的要求，对人的成长起着奠基作用。再次，辅导员坚持"实践育人"，在形式载体上，设计了故事分享会，参观火箭军军营，寻访航天科技团队，绘制故事绘本，争戴"立志章"等。这些实践环节帮助队员埋下理想的种子，明确肩负的责任，为推进中国式现代化做好全面准备，用行动践行"请党放心，强国有我"的铮铮誓言。最后，活动拓展和辅导员建议也是点睛之笔，如：理想教育要与时俱进，紧跟时代的发展变化，以祖国建设发展的新成就激发队员不断奋进；巧用身边的资源，讲好榜样故事，从而激发队员的报国之志；找到实践的好载体，帮助队员把小梦想落到实际行动中。这些做法都带给我们很有益的启示。

全国获奖案例

小学学段

（一、二、三年级）

我和红领巾有个约定

北京小学中队辅导员　张莹

【活动目标】

1.通过回忆入队情景，重温红领巾的历史，唤起队员的自豪感和归属感。

2.通过发现并总结中队里存在的红领巾佩戴及爱护问题，引起队员们对日常对待红领巾的态度的反思。

3.通过真实情景展示，让队员们意识到爱护、尊重、珍惜红领巾的重要性。

4.通过制订行为目标，激励队员用实际行动为红领巾增添光彩，明确少先队员的使命与责任。

【背景分析】

理论背景：《少先队活动课程指导纲要（2021年版）》中明确，要对少年儿童进行政治启蒙和价值观塑造。《中国少年先锋队标志礼仪基本规范》规定：少先队员要爱护红领巾，按照要求规范佩戴红领巾。学校少先队大队在每年建队日期间，都要举行隆重的入队建队仪式。二年级正是需要被引导规范佩戴红领巾、热爱党、心向党的关键时期。

队情分析：队员刚刚入队，在红领巾的尊重、佩戴、爱护方面意识比较薄弱。因此，辅导员要引领队员重温队前教育，进一步激发他们对红领巾、对少先队的热爱，并激励他们用实际行动做更好的自己，为红领巾增添光彩。

【活动准备】

辅导员准备：

1.准备队课的课件：准备有关红领巾历史的视频，录制送给队员们的寄语视频，对入队仪式的视频进行剪辑。整理照片、音频和视频，制作课件。

2.准备队课的道具：准备红领巾小奖章，设计"红领巾承诺卡"活动单及展板。

少先队员准备：

1.队课前准备：熟悉队课流程；熟悉佩戴红领巾和对待红领巾的要求；练习正确佩戴红领巾。

2.队课内容准备：观察中队里佩戴、爱护红领巾的情况；"小演员"分头排练。

【活动形式和主要过程】

此次活动课分为三个环节，以回忆入队时学习的佩戴和使用红领巾的知识贯穿始终，回顾队员们入队的经历，以多样的形式反映现阶段中队内的主要问题，促使队员反思，增强正确观念，端正态度，激励队员用实际行动为红领巾增添光彩。

环节一：薪火相传，少先队员真自豪

1.回忆入队情景——情景唤真情。

队员观看入队时的精彩片段，分享入队时的想法，回忆当时激动、紧张的心情。讨论中队里存在的关于红领巾佩戴和使用的问题。

2.正确佩戴红领巾——问题引反思。

队员观察日常佩戴红领巾的图片，进行讨论、反思，意识到匆忙、着急时也要认真、正确佩戴红领巾。队员一边回忆系红领巾的小童谣，一边在现场快速、正确地重新系好红领巾。

环节二：规范佩戴，爱护红领巾见行动

1.感受红领巾传承——向榜样学品质。

队员通过回忆"安源儿童团——第一条红领巾被鲜血染红"的故事，重新深刻感受

红领巾被赋予的历史使命，增强自豪感。通过了解雷锋叔叔和红领巾的故事，队员更加体会到爱护红领巾要看行动，不仅要正确佩戴红领巾，还要用实际行动为红领巾增添光彩。

2.正确使用红领巾——从反思见意识。

队员们组成的"小小表演团"现场情景展示队员日常对待、使用红领巾时的问题，"小小观察团"的观察员们和"小演员"对话，提出要尊重、珍惜、爱护红领巾。接着，队员们通过朗读关于系红领巾的小童谣，意识到爱护红领巾要付诸行动。

环节三：落实行动，我为红领巾添光彩

1.添光彩，身边好榜样我学习。

队员们观看《从小学先锋，长大做先锋》视频，了解到优秀少先队员应具备的品质，被启发的队员分享成为少先队员后，自己挑战、坚持、乐于奉献的事迹，明白这就是在为红领巾添光彩。

2.添光彩，红领巾承诺我制订。

经过小组的分享、讨论，队员书写承诺卡片，思考能为红领巾添光彩的践行方

小学学段（一、二、三年级）

向——能挑战、坚持、乐于奉献，制订具体、可行的目标。之后，队员把"红领巾承诺卡"贴到黑板上，辅导员提示队员，承诺卡将融合到日常机制中，以形成性评价促进队员养成好习惯。接着，队员观看家长寄语视频，更加深刻地感受到小行动促成大成就的重要性。

3.添光彩，时代精神由我传递。

队员观看习近平总书记的寄语视频，坚定要在行动中为红领巾添光彩的信心。辅导员寄语：希望队员们能从爱护、尊重、珍惜红领巾做起，从行动上挑战、坚持、奉献，不忘和红领巾的约定。最后，辅导员带领全体队员庄严呼号："准备着，为共产主义事业而奋斗！"全体队员："时刻准备着！"

【思想引导关键点和主要方式】

关键点1：引导队员反思日常生活中佩戴红领巾存在的问题。

引导方式：回顾队员们入队的经历，重温红领巾的历史，唤起队员们成为少先队员的决心和自豪。以图片的形式展示现阶段中队里佩戴红领巾存在的主要问题，引发队员反思，通过课上重新系好红领巾、学习童谣等方式加深队员对正确佩戴红领巾的认识。

关键点2：增强队员正确使用红领巾的观念，端正使用红领巾的态度，激励他们要用实际行动为红领巾增添光彩。

引导方式：通过回顾"第一条红领巾"的故事，加深队员对红领巾的传承和保护意识；通过情景再现展示生活中队员们对待和使用红领巾时存在的问题，让队员们意识到日常爱护、尊重、珍惜红领巾的重要性，端正使用红领巾的态度。

关键点3：激励队员要定好目标，用实际行动为红领巾增添光彩。

引导方式：通过多个视频，引导队员认识到优秀榜样是从一个个小行动开始挑战、坚持、奉献的；书写承诺卡，明确红领巾给予少先队员的任务和责任，要从行动开始，制订具体、可行的行为目标。

【延伸活动设计】

1.我和红领巾的约定。

完成"红领巾承诺卡"是重点，为队员确定内容做好铺垫；榜样们的事例和身边不同角色人物的期望是启发队员的关键点。此外，需要队员联系自己的实际情况，从"我挑战，我坚持，我乐于"三个方面入手，制订更加具体的、可行的、有针对性的目标。

在课后，将"红领巾承诺卡"上的承诺融合到队员的日常学习和生活当中，布置在中队的后展板上，定期进行总结和反馈，时刻提醒队员自我监督、互相监督，做到能坚持完成小目标，向更大的目标前进，为红领巾添光彩，用形成性评价激励队员成长。

2.我和红领巾争章。

队员心中有承诺，需要用行动来落实。队会结束后，本中队将在短期目标中结合"红领巾小先锋"的内容对队员的行为表现进行评价；在长期目标中，通过评选点亮"红领巾奖章"对队员进行评价和总结，在"知"和"行"两个方面进行监督。如队员坚持承诺内容，可点亮"红旗章""传承章"。促使队员做到收获于实践，收获于日常。

【辅导反思】

队课从知—情—意—行出发，在过程中注重立德树人，各环节层层递进，促进队员的发展。

1.知——通过回忆入队时的情景，唤醒队员们当时激动、自豪的心情，导入恰当，为后面重温红领巾的历史作铺垫。但队课上采访队员的范围比较小，感受分享有些急促，应更加落实到位。

2.情——通过发现并总结中队里红领巾佩戴及爱护存在的问题，引起队员们对日常对待红领巾态度的反思，队员参与积极性比较高。但队课时间有限，所展示的红领巾佩戴问题只是一部分，其他问题需要在日常教育中引导解决到位。

3.意——通过真实情景展示，队员们意识到日常爱护、尊重、珍惜红领巾的重要性。这为第三板块——让队员明白优秀榜样是从一个个小行动开始挑战、坚持、奉献的——作了铺垫。但承诺卡的三大方面只是具有代表性的目标承诺，在日常生活学习中

小学学段（一、二、三年级）

也可制订并发展其他目标。

4.行——队员制订行为目标，要在之后勇于挑战、坚持、乐于奉献。队课上队员们的信心和热情很充足，要继续关注，持续落实。

专家点评

柯英：《辅导员》杂志社原社长兼总编辑

辅导员敏锐地发现：刚刚入队的孩子，由于缺少组织生活，光荣感较淡薄，表现在对红领巾不够尊重、佩戴不标准上。少先队组织教育伴随着队员小学乃至中学的全过程。如何巩固队前教育的成果？如何依据队员年龄特点，持续进行少先队基本知识和相关能力的学习、训练？解决这些问题是培养少先队员光荣感和组织归属感的重要工作。此活动中，辅导员抓住队员存在的问题，聚焦"热爱红领巾"这一主题，以形象具体生动、符合低年级队员特点的方式，由浅入深、循序渐进地开展教育活动。辅导员更注重教育的知行合一，引导队员重温系红领巾的小童谣，牢记正确佩戴红领巾的方法；书写"红领巾承诺卡"，争戴"红领巾奖章"，表达为红领巾增添光彩的决心，养成珍爱红领巾的好习惯。此活动让热爱、尊重、保护红领巾的思想感情，内化于心；又通过一个个小行动不断"擦亮"少先队员的标志，不忘与红领巾的约定，使之外化于行。

弘扬"红船精神"
争做新时代好队员

北京光明小学广渠校区大队辅导员　董婷婷

【活动目标】

1.通过阅读书籍、观看纪录片、请教家人、小组合作等方式，引导队员走近红船，了解红船历史，感悟其精神内涵。

2.通过学习红船知识，感悟红船精神，培养队员热爱党、热爱祖国的朴素情感，传承红色基因，用实际行动争做新时代好队员。

3.引导队员发现身边的榜样，尊重英雄。从小树立远大理想，能用实际行动学习先锋，培养勇于克服困难、砥砺前行的优秀品质。

【背景分析】

1.习近平总书记在党史学习教育动员大会上强调，要抓好青少年学习教育，着力讲好党的故事、革命的故事、英雄的故事，厚植爱党、爱国、爱社会主义的情感，让红色基因、革命薪火代代传承。学校开展"学党史、知党情、跟党走"教育活动，在大队号召下，队员们萌发了进一步学习的念头。

2.三年级的队员们，通过在少先队中的熏陶和培养，热爱祖国，有民族自豪感。听故事、讲故事，这些队员喜欢的方式能调动他们学习、活动的积极性。引导队员结合自己学习和生活实际，激发感恩和跟随的情感，树立听党话、跟党走的决心，坚信中国共产党能带领中华民族战胜一切困难和挑战。

【活动准备】

辅导员准备：

三年级的小队员对红船这段历史有多少了解？学到什么程度比较合适？通过前期与中队委一起对队员进行的调研，辅导员发现三年级队员对"红船精神"理解起来有一定难度。因此，辅导员有针对性地引导队员开展小队合作学习，挖掘身边的楷模、优秀党员家长，聚焦他们身上凸显的"红船精神"，引导队员弘扬"红船精神"，争做新时代好队员。

少先队员准备：

通过观看红船纪录片，阅读"红船领航""红船精神"等红色系列丛书，了解红船故事，收集图片、视频及文字资料。

【活动形式和主要过程】

环节一：了解红船故事，小队合作学习

伴随着手绘沙画红船故事，队员们走近红船。随后，队员梳理前期调研中队员们提出的问题：

1.为什么要召开中共一大？为什么要成立中国共产党？

2.中共一大开了几次会议？都讨论了什么内容？

3.会议为什么要转移到浙江嘉兴南湖里的一条船上开呢？

4.中共一大会议于1921年7月23日召开，为什么党的生日却是7月1日呢？

三支小队分别用多种方式，汇报前期研究中的收获：阳光小队用一段历史纪录片，向队员直观地呈现中国共产党成立的历史背景，引导大家意识到，成立中国共产党是历史的必然趋势；红星小队通过分享思维导图，让队员明白了为什么把7月1日确定为党的诞生纪念日；希望小队在学习的过程中，关注红船故事中的关键人物，为队员揭示会议为什么要转移到浙江嘉兴南湖里的一条船上开。

环节二：分享活动感受，学习红船精神

听了队员们的分享，大家纷纷表达感受：为视频中中共党员高喊"共产主义万岁"而激动不已；从党员身上学到了面对困难不退缩，勇于克服困难的精神……

通过展示"红船精神"内涵，引导队员初步了解：开天辟地、敢为人先的首创精神；坚定理想、百折不挠的奋斗精神；立党为公、忠诚为民的奉献精神。

环节三：致敬时代楷模，学习身边榜样

"3、2、1——发射！"随着奋斗小队激动的话语，大家走进科学家梁思礼的航天故事，感受时代楷模的"红船精神"：研制导弹的首创精神，以及遇到困难不气馁的奋斗精神。

身边的党员家长也是我们学习的榜样。队员罗同学的爸爸是一名驻埃塞俄比亚的外交官，当地爆发战争，他丝毫没考虑自身安危，和该国军队、警察一起，冒着遭受火箭弹攻击的危险，在极其困难的条件下，把600多名中国人送回中国！难忘他出发前写下的遗书："亲爱的女儿，希望你长大以后也成为一个不怕困难，为党为国勇于奉献的人……"他谈道：这就是身为一名共产党员的责任与使命，国家和人民的利益高于一切！在聆听的过程中，很多队员红了眼眶，落下眼泪。

环节四：小小红船书签，承载少年梦想

队员在前期阅读红色书籍、交流学习的过程中，萌发了制作红船书签、写下志愿的念头。课上，队员们在书签上郑重写下自己的志愿：外交官、军人、科学家、考古学家、故宫文物修复师……

队员师同学的爸爸是京派叶画传承人，因听到女儿向他讲述的红船故事，看到女儿用心设计的红船小书签，备受鼓舞，精心创作了红船叶画。他谈道：小小年纪，都在积极学习党史，作为一名京派叶画传承人及中华艺术讲师，更应承担起这份责任，向更多人宣传"红船精神"。

最后，辅导员向队员发出寄语：正是因为先进革命者敢为人先，勇毅前行，才有了中国共产党；正是因为我们身边的共产党员，坚定理想信念，全心全意为人民，无私奉献，才有了我们幸福、安宁的生活。希望队员把"红船精神"融入到自己的学习、生活中，争做新时代好队员！

小学学段（一、二、三年级）

【思想引导关键点和主要方式】

关键点1：如何调动队员前期学习的积极性？

引导方式：基于调研，了解队员的"起点"；搭建框架，为队员提供学习研究的抓手；抛出问题，引发队员思考；小组合作，营造学习的氛围；提供阅读书目，激发队员探究的欲望。用多种呈现方式，提高队员收集、整理的积极性。

关键点2：如何引导队员理解"红船精神"的内涵？

引导方式：化抽象为具体，通过讲述科学家梁思礼的航天故事、党员外交官家长的亲身经历，引导队员感受到研制导弹的首创精神，不气馁的奋斗精神，不顾个人安危、心系人民的奉献精神，这就是在诠释什么是"红船精神"。

【延伸活动设计】

1.整理队员制作的红船书签，进行塑封，计划六年级时再召开主题队会，拿出书签，带领队员回顾自己为之努力的重要时刻。

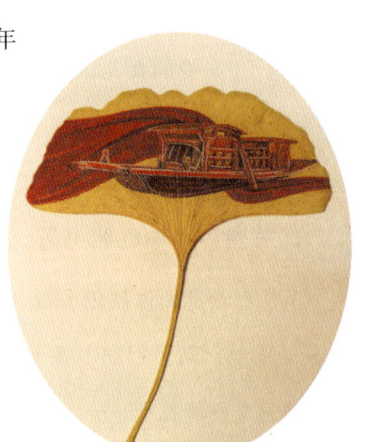

2.收集队员的红船相关作品，布置中队"红船精神小展厅"，以便队员持续学习。将部分作品交学校课程部，参与学校宣传栏的布置。

3.鼓励队员利用课余时间，继续走进博物馆、纪念馆等，挖掘红色资源，传承红色基因。

4.人人都做"红船精神"宣讲员，持续开展宣讲活动，从校园延伸到家庭、社区。

【辅导反思】

1.激发爱国热情：增强了队员的爱国意识和民族自豪感，引导队员由衷地对共产党员产生崇敬之情。立下目标，学习更有动力，队员学习党史的意愿更强。

2.善抓教育契机：在队员讲述梁思礼的故事以及家长讲述工作经历后，应该抓住队员情绪高涨这一契机，进一步进行总结，引导队员感受这就是"红船精神"的体现，动员队员致敬楷模，学习身边榜样，弘扬"红船精神"。

3.充分挖掘资源：日常充分挖掘和利用身边的教育资源、优秀党员家长等鲜活事例，更贴近队员们的认知水平和情感世界，内容更容易被队员接受。

专家点评

薛国风：河北大学教授

该少先队活动课具有四个特点：一是坚定政治性，主题设计明确。紧紧围绕党中央对少年儿童的希望和少先队工作要求，以红色革命精神之一的"红船精神"为核心设计课程。二是突出组织性，育人目标精准。以中队集体活动为依托，从知、情、行方面系统化活动目标。三是注重实践性，活动方式多样。以队员调研、观看、阅读、收集、汇报、制作等方式实现对"红船精神"理解以及与时代结合的认知。四是落实儿童性，活动效果显著。分析三年级队员的特点，并与中队委一起调研，问需于童，引领儿童在主体性行动中获得认知并升华情感。课程目标明确，环节清晰，内容丰富，引领性强，既注重思想精神提升，又注重贴近队员生活实际，充分体现并实现了少先队活动课"四性"与"三教育"的统一。

飘扬的红领巾

北京育英学校密云实验小学中队辅导员　杜新月

【活动目标】

1.通过了解安源儿童团的历史，理解红领巾的含义，增强少先队员的光荣感和组织归属感，珍惜队员身份，爱护红领巾；让即将入队的儿童感受少先队组织的光荣和神圣，向往加入少先队组织。

2.通过游戏，了解先锋楷模儿时参加儿童团或少先队的事迹，知道少先队是建设社会主义和实现共产主义的预备队，初步理解少年儿童"入队"是追求政治进步"人生三部曲"的开端。

3.引导队员和即将入队的学生在生活中学做好事，用实际行动为红领巾增光添彩。

【背景分析】

理论背景：《少先队活动课程指导纲要（2021年版）》强调要"增强少先队员的光荣感和组织归属感"，在分学段目标"组织认同"中对低年级学段少先队员的目标进一步明确为："知道'入队、入团、入党'是人成长的三件大事，知道队员标准，做到'六知六会一做'，愿意积极加入少先队。"

队情分析：活动对象为二年级的队员和渴望入队的同学。按照《密云区少先队分批入队工作实施方案》要求，中队已发展队员30名，这更让未入队的同学产生强烈的入队意愿。故本次活动课，旨在充分发挥优秀队员的榜样引领作用，让队员乐于亮明身份，让未入队的同学感受到少先队组织的光荣和神圣，向往加入少先队组织，增强光荣感和组织归属感。

【活动准备】

辅导员准备：

1.进行活动课设计，征集中队委员意见并修改完善，制作视频、课件等。

2.指导小队进行相关资料的搜集、整理等；指导中队委员准备角色体验道具、人物线索卡等；指导"结对"开展的队前教育。

少先队员准备：

1.未入队的同学和队员"结对"学习"六知六会"，接受队前教育，参加"红领巾大闯关"活动，并填写入队申请表。

2.队员回忆自己入队前"学做一件好事"的事迹，做分享准备。

3.以小队为单位，自主学习了解刘胡兰、雷锋、钟南山参加儿童团或少先队的活动，并形成先锋人物事迹的简要汇报。

【活动形式和主要过程】

导入：有一种颜色，飘扬在胸前永不褪色，那是红领巾的颜色；有一种光荣，洋溢在脸庞，意气昂扬，那是戴上红领巾的光荣。让我们齐心协力帮助未入队的同学早日成为中国少年先锋队的一员，实现全员入队，共同在星星火炬的指引下奋勇前行。

环节一：红领巾起源我知道

活动一：红飘带，揭开安源儿童团历史

陈列在安源路矿工人运动纪念馆中的珍贵文物——红飘带激发队员的探究热情。队员们观看《安源儿童团》短片，探寻红飘带与胸前佩戴的红领巾的联系，边看边思考，通过梳理人物关系，厘清故事情节。

小学学段（一、二、三年级）

活动二：体验旧社会悲惨生活，感悟光明希望

中队准备四筐装满重物的背篓，队员通过拉拽背篓完成运输任务，体验小矿工的繁重工作，切身感受他们在黑暗的旧社会的悲惨命运。辅导员点拨讲述在党的领导和关爱下，小矿工们加入儿童团，在安源工人运动中发挥意想不到作用的事迹。在党性淬炼和战火洗礼中，儿童团团员们茁壮成长，其中很多人成了优秀的革命战士，这些事迹使队员深刻感受到共产党给受苦受难的儿童带来的光明和希望。

活动三：知含义听嘱托，让红领巾更加鲜艳

队员们通过学习，知道红领巾是革命烈士的鲜血染成的，联系生活实际畅谈如何爱护红领巾，用实际行动为红领巾增添新时代荣光。

环节二：走好成长第一步

活动一：红领巾猜猜猜

通过线索拼图游戏，激发队员兴趣。引导队员猜出刘胡兰、雷锋、钟南山三位时代先锋，并以队员讲述和观看视频的方式了解他们与红领巾的故事。

活动二：红领巾开好端

队员通过对比三位时代先锋线索，发现他们都是小时候加入儿童团或少先队，从小听党话、跟党走，长大后成为一名优秀的共产党员的，为祖国作出了杰出贡献。让队员在先锋人物的真实事迹中感悟到中国少年先锋队就是建设社会主义和实现共产主义的预备队。

环节三：学榜样做好事

活动一：全员入队有希望

此环节邀请大队辅导员全程参与，通过视频回顾中队"结对"组织开展"红领巾手拉手"活动的精彩剪影：未入队的同学在队员的帮助下学习"六知六会"，通过"红领巾大闯关"，填写入队申请表，获得申请入队的资格。中队长在此基础上提出入队前"为人民做一件好事"的要求。

活动二：亮队内榜样，学做好事

通过图片影集呈现30位队员在入队前为人民做的好事，帮助即将入队的同学拓展思

路，知道随时随地都能做力所能及的好事。

队员分享参加社区志愿服务活动，为密云区创建全国文明城区做贡献的事迹。在优秀队员代表的事迹感染下，即将入队的13名同学积极踊跃地分享自己做好事的计划，"为人民服务"的种子在他们心中落地生根。

小结：组织观看2023年"六一"国际儿童节前夕习近平总书记在北京育英学校看望慰问师生的视频，结合本校是名校办分校、手拉手共建单位的有利条件，辅导员进行启发，让队员理解并感受党中央对少年儿童的殷切关怀，牢记习爷爷的嘱托，更加坚定队员们听党话、跟党走的信念。对队员们提出期望：争做有志向、有梦想，爱学习、爱劳动，懂感恩、懂友善，敢创新、敢奋斗，德智体美劳全面发展的好儿童，让胸前飘扬的红领巾更加鲜艳。

【思想引导关键点和主要方式】

关键点1：体验苦难，方知组织可贵。

引导方式：抓住低年级同学具象思维、善于想象的特点，通过体验安源儿童团儿童沉重的劳动负担，想象他们遭受的残酷剥削，队员和未入队的同学能更深刻地体会共产党的关怀是给予当时少年儿童的希望和光明。而后去了解少先队的发展历史，有助于他们理解红领巾的深刻含义，珍惜或向往队员身份，更加爱护红领巾。

关键点2：猜先锋，知道人生大事。

引导方式：设计拼图游戏，解锁三位耳熟能详的时代先锋事迹，引导队员挖掘共同

点，发现三人都是在党的阳光照耀下成长起来的优秀儿童团团员或少先队员。引导队员更深刻地理解加入少先队，是他们实现人生理想、报效祖国的第一件大事，更加认同队组织身份，产生强烈的组织归属感和光荣感。

关键点3："结对"闯关，发挥榜样作用。

引导方式："结对"学习"六知六会"，发挥同伴宣讲教育优势，在"结对"实践相互助力成长的同时，也让"小老师们"感受到队员身份价值的实现。

【延伸活动设计】

辅导员指导中队委员、小队长，围绕下一阶段的目标任务"为红领巾增添新时代荣光"，设计制作富有创意的"红领巾能量箱"，激发队员们的热情和兴趣。三个小队根据抽到的任务卡，开展"添荣光见行动"主题实践活动："守卫红领巾"小队轮流上岗，成为红领巾监督员，提醒队员认真佩戴红领巾，保持红领巾干净整洁；"红领巾考古家"小队，搜集少先队发展过程中的小故事，用讲一讲、演一演的方式宣传队史知识；"红领巾帮帮团"小队走进一年级，跨年级组成学习小组，帮助未入队的同学掌握"六知六会"，在组织教育、自主教育和实践教育中让胸前飘扬的红领巾更加鲜艳。

根据队员在活动课以及延伸实践中的表现，颁发"红领巾奖章"基础章——火炬章，切实增强队员的光荣感。

【辅导反思】

本次活动课紧紧围绕《中共中央关于全面加强新时代少先队工作的意见》，按照《少先队活动课程指导纲要（2021年版）》中分学段目标，抓住分批入队的教育契机，聚焦"组织性"培养，旨在引导少先队员感受组织魅力，增强组织归属感和少先队员光荣感，激发未入队的同学对少先队的向往之情。抓住二年级同学想象力丰富、爱做游戏的年龄特点，通过引入戏剧教育范式设计"情景体验"，聆听红领巾背后的故事，设计"红领巾猜猜猜"活动介绍时代先锋事迹，以少年儿童喜闻乐见的活动方式逐步引导其增强组织归属感和光荣感。本次活动课让少年儿童埋下热爱少先队组织的种子，同时开启了一个崭新的起点，将进一步教育引领全队少先队员爱党、爱国、爱社会主义，为红领巾增添新时代的荣光。

专家点评

张春英：北京市密云区德育研修室主任兼少先队活动课教研员

　　该活动课一是凸显了儿童性，从"红飘带"与"红领巾"的关联引发思考，通过观看视频、现场体验，"红领巾猜猜猜""红领巾大闯关""做好事计划"等多个活动，知情意行结合，调动队员多种感官，让队员主动思考、深入观察、用心体会，使为什么要"爱红领巾"、怎样"爱红领巾"的教育植根于少年儿童内心并能外化为具体行动；二是凸显重队情，以分批入队的中队实际为基础，注重课前"红领巾大闯关"活动的组织实施，切实落实"六知六会一做"要求，规范入队申请程序，关注过程性教育，积极引导未入队儿童向往少先队组织，使"组织教育"鲜活生动，增强了少先队组织活动的吸引力和感染力，实效性强。

没有共产党就没有新中国

北京市房山区四〇一学校中队辅导员　张志永

【活动目标】

1.查阅资料，实地寻访，收集整理《没有共产党就没有新中国》歌曲的创作背景及创作过程中发生的故事。

2.讲述歌曲创作的历程和相关的先锋故事，树立"从小学先锋，长大做先锋"的坚定信念。

3.畅谈家乡变化，感受美好生活，听党话、感党恩、跟党走，培养队员对党的朴素情感。

【背景分析】

习近平总书记在2023年"六一"国际儿童节前夕重要讲话中指出：少年儿童是祖国的未来，是中华民族的希望。新时代中国儿童应该是有志向、有梦想，爱学习、爱劳动，懂感恩、懂友善，敢创新、敢奋斗，德智体美劳全面发展的好儿童。希望同学们立志为强国建设、民族复兴而读书，不负家长期望，不负党和人民期待。《少先队活动课程指导纲要（2021年版）》分学段目标的小学低年段中，在政治启蒙模块要求：初步具有热爱党、热爱祖国、热爱人民的朴素情感；在道德养成模块中要求：知道一些优秀共产党员、先锋榜样、英雄人物等的事迹，愿意成为像他们一样的人。

二年级的少先队员具有一定的材料收集整理能力，且本中队大多数的少先队员是从山区搬迁出来的，小时候就住在霞云岭乡堂上村附近，听爷爷奶奶讲过堂上村的故事，对《没有共产党就没有新中国》这首歌的创作过程有着一定的了解。通过了解《没有共产党就没有新中国》这首歌的诞生过程以及中国共产党的百年历程，少先队员能感受到没有共产党就没有中华人民共和国，更没有今天的幸福生活。

【活动准备】

辅导员准备：

录制视频，选取资料，邀请校外辅导员。

少先队员准备：

实地寻访，查阅资料，制作PPT。

校外辅导员准备：

编辑讲稿，制作PPT。

【活动形式和主要过程】

环节一：红色经典我传唱——词曲创作的故事

1.重温红色歌曲。

学校红领巾广播站的《红色经典》中，为大家推送过《没有共产党就没有新中国》这首红歌，再次播放歌曲，让队员们重温红色经典，说出这首歌的名字及它的作者。

2.观看原创电影。

《不朽的歌》原创微电影讲述的是曹火星创作《没有共产党就没有新中国》的故事，是房山区青少年参演的原创影片，获北京国际微电影节"最佳城市微电影奖"。队员们通过观看微电影，知道身边的一些大哥哥大姐姐参与了拍摄过程，对歌曲的创作过程有了更加直观的了解。

3.朋辈引领。

准备《没有共产党就没有新中国》曲谱，引导队员与现在所唱的歌词进行对比，观察后找不同。通过认真观察，队员们发现这首歌中原来的歌词是：没有共产党就没有中

小学学段（一、二、三年级）

49

国。由学校少先队大队宣传委员，向队员们介绍新名字的由来。通过介绍，队员们了解到是毛泽东听到女儿李讷唱"没有共产党就没有中国"后，就提出来：这个话不科学、不准确，应该在"中国"前面加一个"新"字，即"没有共产党就没有新中国"，这样才符合历史事实。后来，这首歌的名称也就正式定为《没有共产党就没有新中国》。同时，队员发现原来的歌词中是"坚持抗战六年多"。辅导员点拨：这是因为曹火星创作这首歌曲时是1943年。后来因为群众的喜爱，这首歌传唱度很高，群众也参与到创作中，1944年，群众在传唱过程中将其改成"坚持抗战七年多"；到了1945年，又改成"坚持抗战八年多"。

环节二：红色印记我讲述——先锋榜样的故事

1.词曲创作者的故事：第一小队分享查阅的资料。

通过交流分享，队员们了解到这首歌是曹火星为了反"扫荡"，群众剧社化整为零，深入到群众中开展文艺活动，宣传党的抗日主张而创作的。曹火星和队友到了堂上村后，平日一边书写抗日标语，组织村里的文艺宣传队唱歌、排戏，一边搞创作。他回想到之前在剧社和大家在一起的日子，感到生活在革命队伍中的温暖；再联想到亲眼所见的抗日根据地广大人民群众在共产党的领导下，克服种种困难坚持抗战的情形，脑海中突然跳出几天前读过的延安《解放日报》上的一篇社论——《没有共产党就没有中国》。曹火星心潮澎湃，之后几天陆续在纸上写出了歌词。经过反复修改，《没有共产党就没有新中国》诞生了。这首歌以"霸王鞭"节奏合拍，旋律铿锵有力，词汇直白，朗朗上口。词曲创作地就在北京市房山区霞云岭乡堂上村。

2.抗战英雄的故事：第二小队推荐《房山区平西红色故事100讲》。

在抗日战争期间，房山区涌现出了很多抗战英雄，他们用满腔热血，换来了后辈今天的幸福生活。向全体队员讲述抗战英雄王英武的故事，并向全体队员推荐《房山区平西红色故事100讲》。

3.心中旗帜的故事：第三小队介绍村口的党旗。

《没有共产党就没有新中国》这首歌的词曲创作地就在房山区霞云岭乡堂上村，很多队员以前生活在那里。第三小队介绍堂上村，讲述关于村口党旗的故事。村口依山而建的一面金属质党旗，象征党领导下的中国大地欣欣向荣，被称为"全国最大党旗"。这面党旗依山就势飘展在纪念馆对面的山崖上，鲜红的党旗、金色的党徽鲜艳夺目，与没有共产党就没有新中国纪念馆遥相呼应、相映生辉，成为首都作为世界城市重要的红色符号。

环节三：身边变化我感受——家乡发展的故事

1.听爷爷奶奶说家乡的变化：邀请堂上村的老人——队员的爷爷奶奶，讲一讲在党的领导下家乡发生的巨大改变。

2.听爸爸妈妈说生活的变化：中队内很多队员的家是从山里简陋的平房搬迁至现在的楼房内的。听爸爸妈妈讲述这一亲身经历，队员们更加真切地感受到了党的关怀。

3.听身边伙伴说说校园的变化：学校前身是中国原子能科学研究院子弟小学，是现在很多知名人士的母校。学校的建立与发展离不开党的关怀与支持。在高年级队员带领下了解学校历史，了解学校发展变化，从党给予的各种关怀感受学校的变化。

4.辅导员点拨：今天我们回顾了《没有共产党就没有新中国》这首歌的创作历程，深入了解了曹火星、王英武等革命先辈的先锋事迹，多方面感受到了家乡及身边生活的变化，也听到队员们讲述了校园的变化。我们能真切地感受到是党的领导，才让我们有了现在幸福的生活。相信队员们和我一样感叹：没有共产党就没有现在的幸福生活！希望队员们听党话、感党恩、跟党走，立志为强国建设、民族复兴而读书，不负家长期望，不负党和人民期待。

环节四：唱响红色歌曲

全体队员齐唱《没有共产党就没有新中国》，表达对党的热爱之情。

【思想引导关键点和主要方式】

关键点1：结合地域文化，开展红色教育。

引导方式：活动内容就是队员比较熟悉的人和事，激发队员爱党、爱家乡的意识。

关键点2：发挥队员自主性。

引导方式：引导队员在活动课开始前搜集材料、寻访实践，调动队员的积极性。

小学学段（一、二、三年级）

【延伸活动设计】

1.唱一唱，和爸爸妈妈一起唱响红色歌曲《没有共产党就没有新中国》。

2.创一创，试着创作"霸王鞭"舞蹈或在红领巾社团中创作《没有共产党就没有新中国》微话剧。

3.做一做，到没有共产党就没有新中国纪念馆参观，注册成为一名红领巾讲解员，将《没有共产党就没有新中国》的创作故事讲给更多的人听。

【辅导反思】

队员们在充分结合家乡红色资源开展的活动课上，以小队为单元进行汇报、交流，多维度展现了少先队员热爱党、崇敬先锋的情感体验，活动气氛活跃，队员收获感满满。由于少先队员年龄较小，语言组织能力还需不断培养，也提示辅导员要加强对实践类活动课的研究与指导。

专家点评

张志坤：首都师范大学初等教育学院副院长

本次活动充分对应少先队活动课程主要内容中"政治启蒙"的要求，学习宣传党史，传承党的优良传统和伟大精神；全面结合当地的红色教育资源。本次活动以歌曲创作的历史背景作为认知基础，动员队员们采访当地的村民，深度了解歌曲背后的故事；接下来是活动的迁移，即通过不同嘉宾谈不同时期、不同层面共产党的领导，共产党员的担当，层层递进；最后通过辅导员引领，提升学习和认识高度，并齐唱歌曲，达到活动高潮，实现入脑入心。

助力"先锋童行"
红领巾点亮未来

北京市房山区窦店镇窦店中心小学副大队辅导员　李松林

【活动目标】

1.实地走进北京航天恒丰科技股份有限公司少先队校外实践教育基地，了解相关知识，从少先队校外实践教育基地的视角看家乡建设发展。

2.通过参与校外少先队社会实践活动，丰富生活经历，拓宽成长视野，增强少先队员社会责任感。

3.进一步激发少先队员的创新精神，培养实践能力，逐步增强爱科学、学科学、用科学的自觉性和主动性。

【背景分析】

理论背景：根据《少先队活动课程指导纲要（2021年版）》中政治启蒙课程板块目标要求，教育少年儿童从小牢记习近平总书记的希望要求，让少年儿童发自内心地热爱中国共产党、热爱祖国、热爱人民。本节队课围绕全面推进乡村振兴，建设科技强国，将乡村振兴战略、科技强国梦根植在少年儿童心中。

实践背景：本次队会走进北京航天恒丰科技股份有限公司少先队校外实践教育基地，探寻家乡乡村振兴之路，在辅导员老师的引导下，增强少先队员光荣感和使命感，培养新时代少先队员的创新精神，促进少先队员科学素养和实践能力的提升，让少先员感受科技的力量，树立科技强国理想。

队情分析：三年级的少先队员，通过在少先队中的熏陶和培养，热爱祖国，有民族自豪感。队员大多来自窦店地区，对窦店的乡村发展耳濡目染，在一定程度上了解窦店。通过走进北京航天恒丰科技股份有限公司更进一步了解家乡的发展变化，达到对少先队员的教育目的。

【活动准备】

辅导员准备：

1.负责社会资源的联系和协调。

2.收集学习少先队校外实践教育基地资料。

3.设计实践打卡地图、"红领巾奖章"特色章。

4.准备活动实践材料。

5.指导小队开展课前调查，指导中队长、中队委对实践活动部分的组织工作。

少先队员准备：

1.明确各小队任务。

（1）第一小队：了解家乡的土壤变化。

（2）第二小队：认识微生物"海洋芽孢杆菌"，了解它的作用。

（3）第三小队：了解一位微生物学领域的科学家。

（4）第四小队：了解一种益生菌或微生物。

2.参与实践打卡地图、"红领巾奖章"特色章的设计。

3.搜集与学习土壤微生物的相关资料。

【活动形式和主要过程】

预备部分：整理队伍，报告人数

1.整队，报告人数。

2.中队长向辅导员报告人数。

正式部分：包括队活动仪式和活动内容

1.中队长宣布："助力'先锋童行' 红领巾点亮未来"少先队主题活动课现在开始。

2.出旗。

3.唱队歌。

4.中队长讲话。

5.进行队活动。

主持人：队员们，今天我们走进北京航天恒丰科技股份有限公司，参观中国农业微生物科普馆，一起探索新型农业知识，认识土壤微生物。让我们一起探索吧。

活动一：我们家乡的土壤。

辅导员通过随处可见的土壤引入活动。经过前期的调查研究，队员们已经收集了家乡土壤的颜色、适合耕种的农作物等信息。通过展厅的土壤沙盘地图，来自不同省市、地区的队员分享自己家乡的土壤成分、盛产何种农作物，引导全体队员开展对全国土壤环境的调查，激发少先队员的探索兴趣。本环节活动要将实践单中"了解一种家乡的作物"完成。

活动二：土壤的变化万千。

本环节将分小队进行探索实践，少先队员自主学习，辅导员做引导，最终以小队形式分享。

通过分享，队员了解到有蚯蚓生活的土壤是有活力的土壤，但是随着蚯蚓越来越少，土壤也渐渐失去了原有的活力，同时发现蚯蚓减少的原因之一是化肥的过度使用。虽然使用化肥后短期内粮食产量提升了，但是土壤问题慢慢显现，土壤开始像铁板一样硬，并且向盐碱化发展，这也导致蚯蚓越来越少了，农作物产量慢慢下滑。当我们给土壤使用微生物菌群后，改善了土壤环境，蚯蚓也慢慢多了起来。本环节活动要将实践单中"了解家乡的土壤变化"完成。

活动三：微生物改变世界。

本环节将分小队进行探索实践，辅导员做引导，通过VR小游戏情境体验进行自主学

小学学段（一、二、三年级）

55

习，最终以小队形式分享。

通过小队分享，知道这个小游戏的名字是"微生物改变世界"，认识微生物"海洋芽孢杆菌"，了解"海洋芽孢杆菌"的作用，让少先队员明白微生物学的发展源于科技水平的提高。土壤活力的恢复，就是科技水平的重要体现。本环节活动要将实践单中"认识微生物'海洋芽孢杆菌'"完成。

活动四：我心中的科学家。

本环节将分小队进行探索实践，认识著名土壤微生物学家，以小队形式分享。

通过少先队员的分享，认识基地的负责人刘海明叔叔，认识他的老师——中国科学院院士、中国微生物学会理事长、武汉生物技术研究院院长邓子新院士；认识农业部微生物肥料和食用菌菌种质量监督检验测试中心主任、中国农业科学院研究员李俊叔叔等，了解他们在微生物学领域的成就，号召队员们学习科学家精神。

本环节要在教育基地展馆中了解一位科学家，并将实践单中"了解一位微生物领域的科学家"填写完成。

活动五：我的微生物朋友。

本环节将分小队进行探索实践，在辅导员的引导下，认识农用微生物保藏馆中的微生物，最终以小队形式分享。

在辅导员老师的引导下，队员们探索实践单的最后一个任务，在农用微生物保藏馆里，与微生物零距离接触，观察它们的形态。队员们通过球型显示器观察放大的微生物，进而认识更多的微生物菌种，如枯草芽孢杆菌、解淀粉芽孢杆菌、侧孢短芽孢杆菌、胶冻样类芽孢杆菌、巨大芽孢杆菌等等。通过文字介绍，队员能了解每个菌种的作用。

本环节活动要将实践单中"了解一种益生菌或微生物"完成。

为了让少先队员更好地感知科技兴农的意义，引导少先队员保护大自然，利用队员们喜爱的视频动画，全景回顾绿色生态发展和乡村振兴战略实施的重要性，引领队员们牢记习近平总书记于2005年8月15日在浙江安吉县余村调研时首次提出的"绿水青山就是金山银山"理念，最后引导队员们将今天的收获写在实践单的最后一栏。

根据设置"红领巾奖章"的目的，为激发少年儿童天天进步的热情，增强少先队员的光荣感，参与本次实践活动的少先队员都将获得"航天恒丰少先队校外实践教育基地特色章"。

6.辅导员总结。

7.呼号。

8.退旗。

9.宣布活动结束。

中队长宣布："助力'先锋童行' 红领巾点亮未来"少先队主题活动课到此结束。

【思想引导关键点和主要方式】

关键点1：每一名少先队员都是集体的一分子，让队员们参与到实践打卡地图和"红领巾奖章"的设计中，在集体中承担属于自己的责任与义务，找到自己的位置，发挥自己的作用。

引导方式：通过中队委会议，对所有中队委成员的想法和需求进行调查收集；开展实践打卡地图和"红领巾奖章"设计方案征集，再由中队委员、小队长综合分析队员们的意见。结合中队的实际情况，征求辅导员老师的建议，尊重每一名少先队员的想法和建议，让每一名少先队员参与进来，共同制订实践打卡地图和奖章样式。

关键点2：引领队员们发自内心地尊重自然、顺应自然、保护自然，明白绿色生态的可持续发展、乡村振兴发展战略需要靠大家共同努力。

引导方式：通过探索土壤微生物的奥秘，引导队员在实践中收获知识，感受生命的价值；通过了解土壤中微生物对农作物的影响，引导队员提高环境保护意识；通过培养勤俭、奋斗、创新、奉献的科学家精神，进一步引导广大少先队员走进乡土深处，使队员能厚植爱农情怀，为助力乡村振兴贡献自己的力量。

【延伸活动设计】

1.选做（任选一至二项完成）。

（1）以"我的微生物朋友"为题制作一期小报。

（2）画一幅乡村振兴宣传画。

（3）为家人讲述在活动中自己的所见所感。

2.调查整理美丽乡村庭院相关资料和代表性村落。

【辅导反思】

这次少先队活动，强化了队员们的主导地位和主人翁意识。队员能够积极参与配合中队活动，增强责任感，体会到自己是少先队集体中不可或缺的一部分，同时收获了探究发现的奇妙微生物世界，认识了榜样人物，增强了学习意识，提高了学习的主动性，增强了集体凝聚力。

这次活动，从最开始的调查到后期逐步完成计划，队员们有始有终，学会了设立目标，并持之以恒地去实现目标，通过小队活动懂得了集体的力量，明白了分工合作的道理，实现了一次成长的飞跃。

专家点评

张志坤：首都师范大学初等教育学院副院长

本次少先队活动课选择的主题是"科技强国"思想指导下的农业发展与乡村振兴。活动主旨明确。活动地点选在校外实践教育基地，体现了活动课"协同教育"的路径与内容。本次活动课有很好的环节设计，充分考量三年级少先队员的身心发展情况，发挥他们的自主性，同时体现辅导员的帮助与引领作用。在基地，活动采用了科学探究的方法，每一小队都有独立的探究任务，培养了队员的科学精神和合作意识。活动还充分调动嘉宾资源，丰富队员们的体验，以实际行动响应"从小学先锋，长大做先锋"的号召。

小学学段（一、二、三年级）

票证里晓中华文化
游历中看最美强国

北京大学附属小学石景山学校中队辅导员　高麟

【活动目标】

1.发现票证中的图案，探寻票证中的中国元素，初步了解祖国的"大"和"美"。

2.交流分享游历见闻，感受祖国的"大"而"美"，激发队员们对祖国大好河山的热爱之情。

3.探究发现祖国的变化，了解祖国的发展成就，进一步激发队员对党、对祖国、对人民的情感。

【背景分析】

党的十八大以来，习近平总书记反复强调要增强文化自信。《少先队活动课程指导纲要（2021年版）》三年级政治启蒙模块要求：牢记习近平总书记的教导，从小学先锋，长大做先锋，争做新时代好队员。道德养成模块要求：初步理解社会主义核心价值观的内涵。本节少先队活动课以牢记习近平总书记"坚定文化自信"这一要求作为少先队员政治启蒙学习内容来进行设计。

小学阶段重在启蒙道德情感，三年级队员认知水平明显提高，具备对"国家""中华民族共同体"等基本概念的学习能力。队员们在调研中发现生活中常见的票证里蕴藏着祖国的大好河山和中华文化，在活动中感受祖国日新月异的变化并由衷发出赞叹，在润物细无声的教育中坚定文化自信。

【活动准备】

辅导员准备:

1.发挥队员主人翁作用,策划组织特色小队活动。

2.进一步强化少年儿童的爱国情与民族自豪感,组织开展"寻美"系列活动。

3.帮助队员邀请嘉宾。

4.对队员前期准备的内容进行梳理。

5.准备本次活动课所需要的视频资料。

少先队员准备:

1.聚焦身边的票证,创建小队自发开展调查研究。

2.队员交流分享假期所见、所闻、所感,并收集照片、视频等资料。

3.各小队结合调查研究,制作PPT。

【活动形式和主要过程】

环节一:祖国那么大,我想去转转

活动形式:红领巾探寻、研究型学习。

活动步骤:

1.探寻票证中的元素:队员们发现我们使用的票证上有不同的图案,以小队为单位开展对票证图案的探寻活动。寻找实物,观察了解,询问家长并做好记录。

2.联系实际生活思考:探寻小队汇报,通过调查发现,身份证、出生证上都有长城的图案,并且长城轮廓清晰,气势雄伟。通过访谈家长了解到,长城代表着坚毅和勇敢,是我们中华民族的象征,是民族精神的体现;学生卡、医保卡上都印有天坛的图案,天坛是我们北京特有的标志性建筑,它已列入《世界文化遗产名录》。

3.各小队积极交流思考:人民币的背面图案,在小小的钱币里藏着祖国的山山水水;高铁票的变化,由硬纸板样式的车票发展为蓝色底纹带有动车图案的车票,车票样

小学学段(一、二、三年级)

式的变化见证了我国铁路的高速发展。

4.票证奥秘我知道：翻开中国护照，映入眼帘的就是巍峨的长城和山脉，往后翻还会看到天安门、天坛以及各个行政区的秀丽风光！护照以"辉煌中国"为主题设计，它的每一页都含有水印，底纹都不同。在紫外线照射下，这些图案就会大放异彩！

辅导员点拨：票证蕴含的奥秘太让我们惊叹了，原来祖国的文化元素一直被我们带在身边啊！通过各小队介绍，我们发现与生活息息相关的票证的设计中，都蕴含着中国特有的文化元素。我们透过小小的票证，初步领略了祖国的壮美河山，了解到祖国日新月异的变化。一张小小的票证让我们把祖国一直带在身边。

环节二：祖国那么美，我想去看看

活动形式：队会。

活动步骤：

1.中华文化我探寻：各小队交流分享假期出行收获。

（1）梦想小队汇报：手绘旅行地图——自然风景美。

（2）飞跃小队汇报：PPT分享——文化物质美。

（3）先锋小队汇报：视频分享——地标建筑美。

2.旅行见闻齐分享：邀请家长分享所行所感。

分享交流新疆之旅，介绍沿途风光和所见所闻所感。

3.家校共话祖国美：队员交流分享学习中的感受。

共话祖国的"大""美"及发展变化，了解游历中的山河，看到祖国的强大。

辅导员点拨：我们共同领略了祖国各地美丽的风光和各地建设的高速发展，了解到祖国有着深厚的文化底蕴。历史是文化发展的水源，自信是文化繁荣的密码，希望队员们热爱祖国的大好河山。

环节三：祖国那么强，我来赞一赞

活动形式：队会。

活动步骤：

1.迁移视角引导拓展，祖国发展我知道。每个时代的人都用自己的智慧创造出美好生活，如今已经到了新时代，我们的国家在高速发展中。队员从航天、国防、奥运会等方面分享自己眼中祖国的发展变化。

2.通过地图了解中国地域特色。各小队通过了解地域美食、民族、名胜古迹等，加深对祖国各个地区特色的了解。

辅导员总结：我们了解了祖国的文化古迹和自然景观，感受到祖国的繁荣与昌盛。希望队员们今后更深入地了解祖国，在中华优秀传统文化中寻根溯源、树立文化自信。

【思想引导关键点和主要方式】

关键点1：加强基层组织教育。

引导方式：在前期的队会中组织队员学会召开小队会和策划组织特色小队活动。充分发挥每个队员的主人翁作用，努力为集体和他人服务，共同创建自由、平等、友善、向上的队集体。

关键点2：培养队员自主意识。

引导方式：引导队员自发结成小队，进行探寻票证图案活动，激发队员主动参与活动、组织活动的意识。

关键点3：增强队员光荣感。

引导方式：通过活动课中的交流分享，看图片、视频等，引导队员在生活中拥有一

双善于发现的眼睛。用眼睛去发现祖国大好河山之美，用脚步去丈量祖国之大，用心去感受祖国之强。

关键点4：聚焦队员价值观。

引导方式：通过拼摆祖国特色地图，开展"寻美之旅"系列队课活动，引导队员更深入地了解祖国，激发他们对祖国的热爱。让队员知道祖国的繁荣富强是因为中国共产党的领导，更加坚定地热爱祖国、热爱人民、热爱中国共产党。

【延伸活动设计】

1.持续开展"寻美之旅"系列活动，以小队为单位探访更多名胜古迹，了解祖国的壮美山河。

2.以小队为单位绘制特色地图，在后续活动课中继续交流分享。

3.成立寻"美"宣讲团，将探访到的"美景"分享给各个中队，带动广大队员用更多形式去了解祖国的美好与强盛。

4.将各个小队绘制的特色地图制作成地图绘本，分享到学校和社区。

【辅导反思】

1.由"发现"到"感知"，加深理解。

本节队活动课从队员的实际生活出发，让队员自主发现问题，进而探究问题，发现身边的票证上都带有包含中国特有元素的图案，使队员深刻感受到自己和祖国时刻在一起，启蒙少先队员与祖国荣辱与共的意识，让队员感受到中华优秀传统文化的博大精深和祖国的地域广阔。

2.从"游历"到"感悟"，以情激发。

通过队员分享、家长讲解假期旅行见闻，共同领略祖国各地美丽的风光，各地建设的高速发展，引导队员用眼睛去发现祖国大好河山之美，用脚步去丈量祖国之大，用心去感受祖国之强。引导队员了解祖国悠久的历史，激发强烈的爱国情感。

3.微"活动"大"梦想"，励志向上。

结合"红领巾奖章",在"寻美之旅"系列队课中,队员更深入地了解祖国,对祖国更加热爱。引导队员牢记习爷爷教导:"文化自信是一个国家、一个民族发展中最基本、最深沉、最持久的力量。"坚定文化自信,队员要在今后的学习和生活中不断拓宽视野,增长见识。

专家点评

宋雪:北京教育学院石景山分院德育研究中心主任

本节少先队活动课程的亮点在于准确捕捉到中队队员生活中的真实情境,创造性地引导队员关注身边常用的票证,交流旅途的所见所闻所感,鼓励队员通过小队活动的形式,探索其背后的中国元素,增强活动的趣味性,激发队员学习探索的主动性,一方面提升了队员假期生活的体验,另一方面拓展了组织生活的时空。

真实是育人生命力的源泉。一是巧选真实情境。辅导员利用队员们假期中的真实体验活动,设计实施队会,启发队员们进一步探索学习、分享交流的愿望,为提升队员对祖国壮美河山的认识,激发其爱国情感奠定了坚实的基础。二是队员真实参与。票证的设计新颖、有趣味,激发了队员以小队为单位进行探究的热情,在真实队会情境中组织教育,实效显著。三是情感真实自然。在辅导员引导下,队员由旅途发现的"祖国美"转化为对祖国发展的认同,落实习近平总书记提出的文化自信要求,层层递进,育人效果好。

众手浇灌"种花家"
学习先锋助成长

北京市石景山外语实验小学中队辅导员　刘慧

【活动目标】

1.牢记习近平总书记"从小学先锋，长大做先锋，努力成长为能够担当民族复兴大任的时代新人"的教导，了解"种花家"的先锋故事。

2.寻找先辈、当代以及身边的先锋，绘制"种花家"的先锋故事，学习先锋精神。

3.感悟先锋的爱国情怀和优秀品质，激励自己积极进取、努力学习，争做新时代少年先锋。

【背景分析】

为庆祝党的二十大胜利召开，学校少先队组织队员开展"喜迎党的二十大"系列活动。《少先队活动课程指导纲要（2021年版）》中，三年级政治启蒙模块要求：牢记习近平总书记的教导，从小学先锋，长大做先锋，争做新时代好队员。《北京市少先队活动课实施细则》三年级的第一板块提到：了解党在不同历史时期对少年儿童的关心与爱护，初步形成对党和少年儿童关系的认知，领悟"党是太阳我是花"的基本道理，培养少年儿童对党的崇敬感。本节少先队活动课，将习近平总书记对少年儿童提出的"从小学先锋，长大做先锋，努力成长为能够担当民族复兴大任的时代新人"这一要求，作为少先队员政治启蒙的学习内容。

三年级学生在心理认知发展中处于具体运算阶段，在面对"先锋精神"这一抽象思维时，需要具体事物的支撑。本节队课依托动画视频材料，帮助队员们更好地理解先锋事迹，感悟先锋精神。

【活动准备】

辅导员准备：

1.结合"学习党的二十大精神"系列活动，开展"学习先锋好榜样"活动。

2.邀请刘校长参与活动课。

3.准备活动课所需视频资料，指导队员绘制绘本。

少先队员准备：

1.聚焦"种花家"先锋故事，观看相关视频。

2.以小队为单位，寻找不同时期的先锋人物，讲述先锋事迹。

3.挖掘先锋精神，完成绘本绘制并不断充实。

【活动形式和主要过程】

环节一：寻找"种花家"

活动形式：队会。

活动步骤：

1.寻找队会话题：在辅导员的带领下，队员们一起观看优秀国产动漫，引出"种花家"这一话题。

2.分析话题含义：队员们积极讨论对"种花家"的理解。三年级的小队员们对此有两层理解，一层是字面含义，种花的人，也就是园丁，或者我们的老师，也是园丁；另一层是引申含义，因"种花家"与"中华家"发音相似，引申指中华。

3.确立队会主题：辅导员小结，结合"喜迎党的二十大，学习先锋精神"主题系列活动，明确本节队课的活动内容——寻找"种花家"的先锋园丁。

环节二：了解"种花家"

活动形式：红领巾寻访、访谈。

活动步骤：

1.明确小队分工：将队员们按照兴趣爱好分为三个小队，每个小队寻找一位"种花家"的先锋园丁。第一小队寻找先辈先锋园丁——梁启超，第二小队寻找当代先锋园丁——燃烛校长张桂梅，第三小队寻找新时代"大先生"——刘世彬校长。将园丁们的事迹以多种方式分享给更多的队员，引导队员进一步学习园丁们的先锋精神。

2.第一小队宣讲先锋故事：第一小队依据自己设计的绘本，分阶段介绍梁启超先生的生平事迹，感悟师者的家国情怀。同时将小队的手绘喷印成册，以绘本作为支撑，成立宣讲团，将故事讲给更多的队员。

3.第二小队分享先锋故事：第二小队通过播放视频，与在场的队员进行互动。小队的成员分别分享自己对于绘制张桂梅校长绘本故事的构思，同时征求其他队员的意见。在分享交流的过程中，队员们一起聆听张桂梅校长的先锋事迹，感悟师者的无私大爱。

4.第三小队采访先锋故事：按照之前小队共同设计的采访方案，第三小队的小记者们进行现场采访。通过采访，队员们更直观地了解刘世彬校长的先锋事迹，感悟师者的坚守与奉献。在了解刘世彬校长的先锋事迹后，队员们现场绘制刘世彬校长的绘本故事。

环节三：学习"种花家"

活动步骤：

1.小行动，大收获：在绘制和探索身边先锋人物的过程中，队员们了解先锋故事，

感悟先锋精神，并以这种精神作为行动引领，在生活的点滴中进步、成长。

2.传绘本，送提案：在学校的少代会中，赤驹中队的队员们向学校提出提案，希望在学校图书角放置中队绘制的"种花家"系列绘本，倡导更多的队员从小学先锋，长大做先锋。

辅导员总结：今天我们一起走进"种花家"，发现身边的"种花家"，一起制作"种花家"系列绘本。希望先锋精神可以激励一代又一代的少先队员奋发向上，希望队员们可以继续讲先锋、学先锋，通过自身不断的努力，获得本学年的先锋章。先锋精神如星星之火，在党的光辉照耀下，引领我们前进。正如习爷爷所说："从小学先锋，长大做先锋，努力成长为能够担当民族复兴大任的时代新人！"

【思想引导关键点和主要方式】

关键点1：队员初步寻找先锋人物，确立要追求的先锋精神。

引导方式：队员们搜集资料，交流筛选，从朝夕相处的老师身上得到启发，确定寻找体现先锋精神的师者。

关键点2：队员进一步学习先锋精神，感悟师者的家国情怀，师者的无私大爱，师者的坚守奉献精神。

引导方式：队员们通过绘制先锋人物的故事绘本、宣讲先锋故事、现场采访身边的先锋人物的方式，从不同角度深入理解先锋精神，以先锋精神激励自身发展。

关键点3：队员从自身出发，分享自己在认识先锋人物、学习先锋精神过程中的进步。

引导方式：队员们分享自己在近期学习、生活、劳动等方面取得的进步；中队提出少代会提案，申请将"种花家"系列绘本在校园的图书角放置，申请中队的宣讲团走进学校各个中队，宣讲先锋事迹，传承先锋精神。

【延伸活动设计】

队员们在本次活动课中，从不同时代的"种花家"中寻找先锋园丁，从他们身上学

小学学段（一、二、三年级）

习先锋精神。在今后的学习和生活中，赤驹中队的队员们也将继续寻找"种花家"的先锋人物事迹，发现身边的先锋人物，学习先锋精神，制订争当先锋的目标。同时，将先锋人物的故事整理成册，不断完善中队的"种花家"系列绘本，宣讲先锋事迹，传承先锋精神。

【辅导反思】

本次队课中，队员们课堂参与度高，课堂氛围活跃。在队课的活动过程中，队员们有自主搜索的过程，有合作绘画的过程，有分享宣讲的过程，还有小记者采访，等等，形式多样，每位队员都有参与、有收获。通过本次队课，队员们在各方面都有了明显的进步。以"红领巾心向党"为主旨，明确自身发展方向，以先锋榜样促进自身发展，队员们都得到了很大的激励。从小学先锋、讲先锋，长大争做先锋，队员们要牢记习爷爷的嘱托，从小立下远大志向。

专家点评

宋雪：北京教育学院石景山分院德育研究中心主任

三年级的儿童还无法脱离具体经验，直接进行抽象逻辑思维活动。本节少先队活动课能把握三年级队员的认知发展特点，借助"绘本"形式，通过"寻先锋—学先锋—讲先锋"的过程创造性地开展少先队活动。引导队员自主探索，通过多种方式、多种途径感悟先锋优秀品质及其为祖国的发展而奋斗的爱国情怀，进而激励队员学先锋、做先锋。

本节课围绕习近平总书记提出的"从小学先锋，长大做先锋"展开学习和交流。根据队员的年龄特点和兴趣爱好，围绕队员们热议的国产优秀动漫，引领队员探寻"种花家"的深层含义，寻找先辈、当代以及身边的先锋人物；绘制"种花家"系列绘本，向学校少代会提交提案，将先锋人物事迹讲给更多的队员，既增强了教育的深度与广度，又强化了队员建言献策的政治意识。

小 学 学 段

（四、五、六年级）

跟着课本重走长征路
接过旗帜踏上新征程

北京市海淀区翠微小学中队辅导员　王春梅

【活动目标】

1.通过查阅文献资料、参观博物馆等，引导队员了解党的光辉历程，了解实现中华民族伟大复兴中国梦的重要人物和相关故事，感受红色文化给中国带来的改变。

2.带领少先队员整理语文课本中的红色素材，从不同年代的人物身上感受时代变迁，珍惜今天的幸福生活，培养居安思危的意识，坚定理想信念，厚植爱党爱国情感。

3.在新时代的长征路上，发挥少先队的先锋性，赋予其新的时代内涵，立志践行"请党放心，强国有我"的誓言。

【背景分析】

党的二十大报告强调"为党育人、为国育才"，提出培养担当民族复兴大任的时代新人的新任务。红色历史代表着我们党走过的光辉历程、取得的伟大成就，展现了党的梦想追求、情怀担当、奉献牺牲，学习红色历史对少先队员有着重要的教育意义。

当前，一些队员逐渐出现各种问题，或养成自私自利的性格，或缺乏艰苦奋斗的精神，或心理承受能力弱，甚至出现自残的极端行为。若任由其发展，必然不利于健全人格的培育，队员也担负不起民族复兴的大任。

小学学段（四、五、六年级）

语文课程是继承和发扬红色革命文化的主阵地之一，小学阶段50多篇课文融入了红色革命教育内容，这些课文体现了社会主流文化价值取向，对队员们情感、信仰、价值观的培养，有着不可替代的作用。

【活动准备】

辅导员准备：

1. 搜集整理"红色历史"的相关资料，新时代长征路上杰出人物的事迹、相关视频。

2. 和家委会共同筹划，组织队员到纪念馆参观、体验。

3. 邀请队员家长参加队会。

4. 设计"红色"行动计划延展活动。

少先队员准备：

1. 分类整理语文教材中的红色课文，制订研究方案。

2. 搜集教材以外"红色文化"相关资料和当代杰出人物事迹，并制作视频。

3. 撰写采访提纲。

4. 观看视频《开天辟地》，阅读红色书籍《万水千山》。

5. 与队员们共同设计活动方案。

引导队员思考：

1. 为什么不同版本的小学语文教材中都有毛泽东《七律·长征》这篇课文？

2. 和平年代还需要长征精神吗？

3. 作为新时代的少先队员，怎么践行长征精神？

【活动形式和主要过程】

环节一：回望长征，寻足迹，知历史，悟精神

历史是最好的教科书，红色故事是最生动的课堂。

通过整理部编版、北师大版、苏教版、京版等不同版本的语文教材，发现红色课文有50多篇，通过对比教材，发现虽然教材版本不同，但毛泽东《七律·长征》在每个版

本的教材中都出现了。

通过分享会的形式深入了解长征的历史：通过了解长征的时间、距离、行程、饮食、感人故事等，切身感受长征超乎想象的困难；通过时间轴罗列出的重要战役，"四渡赤水出奇兵"的动态路线图，直观了解红军战争史上以少胜多、变被动为主动的光辉战例；通过对战役的决策者和领导者毛泽东、朱德等一代伟人的事迹介绍，明确只有跟党走才能有出路。

通过学习，队员深入了解了长征的历史，感受到长征的精神，理解了所有版本的教材中都安排了毛泽东《七律·长征》，是为了弘扬伟大的长征精神，进行革命传统教育。最后全体队员在音乐声中集体朗诵《七律·长征》，通过朗诵抒发出对英雄们的敬仰之情。

环节二：直面当下，学先锋，立志向，传精神

一代人有一代人的长征，一代人有一代人的担当。

通过PPT展示2022年和2023年"感动中国"人物，观看王明健、屠呦呦和中国航天员的视频，让队员走近英雄，了解为国家作出卓越贡献的优秀共产党员的光辉事迹，引导队员理解和平年代更加需要长征精神。

队员介绍心中的英雄：日夜值守的公安干警、挺身而出的武警官兵、迎接第一缕曙光的环卫工人、热心忙碌的社区服务人员、四处奔波的快递小哥、真诚的志愿者等。

采访特邀嘉宾、最美"逆行者"——队员的妈妈，畅谈身为医务工作者的经历。队员真切感受到国家把人民群众的生命安全和身体健康放在第一位，始终践行全心全意为人民服务的根本宗旨。小记者向队员提出"你的妈妈合格吗？你最想对妈妈说什么"的问题，队员表达了对妈妈态度的转变过程是从埋怨到理解和支持，现在妈妈成了她心中的偶像。顺势引导队员讨论新时代的长征精神是什么，然后给心中的英雄写一篇颁奖词，表达对英雄的崇敬。

通过从国家、社会、身边三个层面学习当代具有新长征精神的先锋的事迹，队员明确和平年代在新长征的路上，每一个中国人都是主角，都有一份责任。虽然英雄们所处的时期不同，任务不同，但精神是传承的，是一致的。

环节三：展望未来，接旗帜，跟党走，再出发

立大志，明大德，成大才，担大任。

各小队队长总结活动前期遇到的困难以及克服办法：有的在家委会的组织下参加志愿者活动，体验助人的快乐，学习到不怕困难、无私奉献的精神；有的举办长征展览，体会到做事要团结协作、坚持不懈的精神等。队员畅谈通过活动对学习和生活中的挫折的态度转变：学会珍惜、学会坚持、学会宽容、学会奉献。

队员交流在生活中如何践行长征精神：在公共场所遵守公共秩序；在学校遵守校规校纪；在家里身体力行、关爱父母；与同伴发生矛盾后多做自我批评等。通过大家的发言，进一步加深对"长征精神"的理解。

交流"我的长征规划"，即队员为了实现自己的理想而设计的阶段性目标、为之努力的方向。队员填写"我的'长征'卡"。学习生活的长征路上，会有翻越雪山般的困难，也会面临经过草地一样的考验，还会有大大小小的"战役"，这些需要用"长征精神"去战胜。在自己人生的长征路上，在民族振兴的长征路上，队员们会创造一个又一个奇迹和辉煌。

【思想引导关键点和主要方式】

关键点1：长征被称为战争史上的奇迹，它蕴藏着什么样的精神力量？

引导方式：语文教材中有关长征的课文，从不同方面介绍了长征的艰难险阻，红军战士的革命精神。充分利用这些课文，让队员获得真实的感受，培养学生的红色意识。再以小队形式开展对长征的深入探究，通过不同的方式呈现研究成果，让队员全面了解长征的历史，感悟长征精神。最后还要让队员从学校走入社会大课堂，通过参观博物馆、纪念馆等实践活动，认识到长征的重要作用，汲取精神力量。

关键点2：和平年代还需要长征精神吗？

引导方式：生活在和平年代更需要长征精神。首先，队员介绍"感动中国"人物，了解他们涵盖了社会中的各种职业、角色、文化水平、年龄等，用自己的实际行动弘扬传统美德，让队员感受榜样的力量。其次，队员寻访身边的先锋模范，采访队员妈妈最美"逆行者"，真切感受中国共产党全心全意为人民服务的根本宗旨。和平年代更加需要平凡岗位上奋斗奉献的前行者，他们信念坚定、乐于吃苦、不惧艰难，这就是长征精神的传承。最后，队员通过给心中的英雄写一篇颁奖词，表达对英雄的崇敬。

关键点3：作为新时代的少先队员，如何践行长征精神？

引导方式：队员在交流活动过程中遇到的困难以及自己的转变，明白在生活中遇到困难要不怕挫折，拥有积极向上的心态。不仅要提高思想认识，还要把长征精神落实在行动上。交流"我的长征"规划，填写"我的'长征'卡"，引导队员思考如何传承长征精神。

【延伸活动设计】

1.制订计划并实施。

（1）各小队选择长征中的一个主题，用自己喜欢的方式（制作手抄报、绘思维导图、写研究报告）继续深入研究。

（2）展示研究成果，宣传党的历史，消除社会不良风气对少先队员的影响，让少先队员感受美好生活来之不易，进一步坚定理想信念，厚植爱党爱国情感。

（3）给长征中的英雄或身边的榜样写一封信，抒发对英雄的敬仰之情。

（4）走出校园，走进博物馆、纪念馆，近距离感受历史，感受红色精神，了解国家发生的巨大变化。

（5）开展军训、参观军营等体验活动，学习人民军队英勇奋斗的精神。

2.在校园设立红领巾安全监督岗，鼓励队员轮流上岗；参加社会公益活动，践行长征精神，增强责任意识，培养奉献精神。

【辅导反思】

1.主题深远。

红色文化是我党领导群众历经艰难走向胜利的文化积淀，小学语文红色课文，反映出百年来的艰苦奋斗历程。本次活动紧密结合习近平总书记讲话精神，以语文课本中的革命题材为根本，增加课外党史内容，培养队员爱党爱国情怀，厚植红色基因。

小学学段（四、五、六年级）

2.形式多样。

厘清历史逻辑，串联红色课文，队员们以合作探究的形式，搜集资料，筛选重点，用不同形式——PPT、视频、研究报告等展现研究成果，提升了队课的创造力和趣味性。注重队员间的互动，使活动立体、生动，激发全体队员的热情。

3.效果显著。

最好的教育就是让人感动。队员从长征中的英雄、身边的先锋模范身上感受到震撼心灵的精神力量，传承了长征的精神。队员在规划"我的长征"时，针对自身问题，积极寻找方法，践行长征精神，成为长征精神的继承者和传播者。

专家点评

柯英：《辅导员》杂志社原社长兼总编辑

　　该活动标题醒目响亮，既突出了鲜明主题，又凸显了载体特色，给人以启发。此活动善用"大思政"资源，与语文学科相融合，在落实"结合队员实际学好党史"的要求中，实现了创新和突破，有借鉴意义。纵观百年党史，向少年儿童进行党史教育，应从哪里入手？如何落到实处，并取得实效？此活动给出了相应答案。此活动在"强化政治引领"方面有三大亮点：一是让队员跟着课本学党史。辅导员带领队员收集、梳理一至六年级各个版本语文教材中反映长征历史和故事的课文，队员们在熟悉的课文中，重温红色历史，感受红色文化，不仅代入感强，更能深入理解伟大的长征精神。二是准确把握"思想引导"的关键点。活动中，辅导员提出的三个"关键点"揭示了活动主旨，并在内容设计上紧紧围绕这三个思考来展开，体现了教育的深度和独有价值。三是深刻阐明新时代长征精神的意义。战争年代的长征已成为历史，新时代的长征永远在路上。此活动紧扣主题，角度巧妙，善用资源，思路清晰，突出长征精神的时代价值，有一定的思想深度。

传承红色基因
走好新时代"赶考"路

中国人民大学附属小学中队辅导员　任丽

【活动目标】

1.铭记中国共产党"进京赶考"这段历史，知道党的奋斗历程。

2.激发少先队员的社会责任感和使命感，培养少先队员对党和祖国的朴素感情，增强少先队员的光荣感。

3.引导少先队员充分发挥自己的优势，积极参与到走好新时代"赶考"路建设中，为家庭和社会贡献自己的力量。

【背景分析】

《中共中央关于全面加强新时代少先队工作的意见》中指出，少年儿童是祖国的未来、中华民族的希望，也是党的未来。全面加强新时代少先队工作，强化对少年儿童的政治启蒙和价值观塑造，对于红色基因代代相传，具有重大而深远的意义。

中国共产党的"进京赶考"之路，始自西柏坡。1949年3月25日，毛泽东等中央领导同志到达北平，清华园车站成为"进京赶考"之路北京地区的第一站。习近平总书记指出："走得再远、走到再光辉的未来，也不能忘记走过的过去，不能忘记为什么出发。"

四年级队员的学习和情感表达能力快速发展，少先队活动可以依托社区和实践教育基地开展，让队员拥有充足的时间和鲜活的体验来理解"进京赶考"的历史。

【活动准备】

辅导员准备：

1.组织队员策划本次少先队活动课的内容。

2.通过学校领导联系到相关部门，预约参观河北西柏坡纪念馆、北京清华园车站、香山革命纪念馆和双清别墅等，指导队员排练历史情景剧《赶考》。

3.指导队员绘制"进京赶考"路线图，并进行宣讲。

4.邀请少先队专家做指导，听取宝贵建议。

少先队员准备：

1.准备参观纪念馆等基地。

2.搜集资料，自编自演历史情景剧《赶考》。

3.绘制"进京赶考"路线图。

4.做好宣讲准备工作，进行全校宣讲、社区宣讲。

【活动形式和主要过程】

队员们分为红色、足迹、彩虹、梦想四个小队。活动前，队员们实地参观，编写历史情景剧《赶考》。活动中，各小队展示成果，队员们进行交流。队员们细致了解中国共产党"进京赶考"这段历史，知道党的奋斗历程，感受今天幸福的来之不易。

环节一：探访革命圣地

主持人宣布活动开始：队员们，习爷爷教导我们，"走得再远、走到再光辉的未来，也不能忘记走过的过去，不能忘记为什么出发"。校长妈妈教育我们坚定跟党走，让红色基因代代相传。我们心中要铭记中国共产党从西柏坡"进京赶考"的历史。

红色小队通过图片的方式向队员们介绍参观西柏坡纪念馆的过程。队员们认真聆听，了解了中国共产党在西柏坡的历史，对"进京赶考"的历史更加好奇了。

环节二：重温红色记忆

足迹小队向队员们讲述了参观北京清华园车站、香山革命纪念馆和双清别墅的经历。

在香山革命纪念馆，足迹小队队员仔细阅览了一张张珍贵的照片和一件件文件资料，驻足观看记录历史的影片片段，回顾当年中共中央从西柏坡迁至香山后，在此指挥解放全中国、筹建新中国的点滴细节，汲取砥砺前行的精神力量。

足迹小队在双清别墅，参观毛泽东、朱德、刘少奇、周恩来、任弼时同志的办公居住地。几位领导同志房屋陈设简单朴素，没有多余的装饰。

队员们切实感受到老一辈无产阶级革命家生活作风艰苦朴素，工作态度兢兢业业，革命热情饱满高涨，为全中国的解放和新中国的建设鞠躬尽瘁、奋斗终生。

环节三：不忘初心使命

在回顾中国共产党走过的光辉历程中，队员们更加深刻地理解了党的初心和使命。毛泽东等老一辈无产阶级革命家高瞻远瞩、运筹帷幄的智慧，一往无前、充沛顽强的斗争精神，艰苦朴素、勤俭节约的生活作风和立党为公、忠诚为民的家国情怀，深深感染了每一位队员。

彩虹小队自编自演历史情景剧《赶考》。通过观看情景剧，队员们对"进京赶考"这段历史认识得更加深刻了，队员们表示："感谢我们伟大的党妈妈，您辛苦了！"

环节四：传承革命精神

梦想小队在认真聆听红色、足迹、彩虹小队的分享后，当即运用学过的知识，绘制了中国共产党"进京赶考"的路线图。梦想小队号召大家，要继续走好新时代的"赶考"路。作为一名少先队员，应该怎么行动呢？队员们展开了热烈的讨论，从个人的学习、生活方面提出了行动倡议。

活动结束，队员们爱国热情高涨，纷纷表示要把这段历史继续弘扬出去，今后要进行全校和周边社区的宣讲，让更多的人了解并铭记这段历史。

【思想引导关键点和主要方式】

关键点1：党史文化包含范围广，在活动开始之前，如何激发队员们对于"进京赶考"这段历史的兴趣，在活动中知道党的奋斗历程？

引导方式：辅导员结合活动安排，为队员选取合适的文章，介绍相应的书籍。在活动开始前，队员们不断地汲取、积累党史文化。辅导员分享自己作为党员参观北京清华

园车站的经历，通过一张张图片，唤起队员对于"进京赶考"历史的好奇心。

关键点2：书本知识的介绍，不足以让队员真正理解"进京赶考"这段历史的内涵。如何完成对"进京赶考"历史的深入感悟？

引导方式：队员们参观了河北西柏坡纪念馆、北京清华园车站、香山革命纪念馆和双清别墅，以实地研学的形式学习"进京赶考"这段历史。队员们自编自演情景剧《赶考》，还原1949年中共中央离开西柏坡向北平进发前一天晚上的历史情景。活动内容丰富多样，与"进京赶考"这段历史紧密相连，使队员拥有充足的时间和鲜活的体验来理解"进京赶考"的历史。

【延伸活动设计】

1.开展"党史文化我来传"活动。依托对党史文化的兴趣，队员们收集整理党的历史相关资料，以图文、视频等形式，在少先队活动课上进行展示，播撒共产主义信仰火种。

2.开展"培养演讲者"活动。在征集解说词后，对队员进行"演讲培训"，训练的过程不仅提高了队员的语言表达能力，而且提升了他们的口语交际水平。

3.引导队员与父母一同制订"学习党的历史"计划并实施。如观看党史视频，参观红色教育基地，通过实践体验学党史，通过云端寻访、红色讲解等形式感悟中国共产党"为中国人民谋幸福，为中华民族谋复兴"的初心使命，将学习进行到底。

【辅导反思】

1.主题鲜明，聚焦培养共产主义接班人，聚焦传承红色基因，聚焦政治启蒙和价值观塑造，把握增强少先队员光荣感。"进京赶考"这段历史对于大多数队员而言是陌生的，通过本次少先队活动课，队员们切实了解了这段历史，激发了爱国热情。

2.活动形式多样，充分调动了队员的积极性。队员们以小队合作探究的形式，互相交流。在这一过程中，队员们懂得了要为建设祖国贡献自己的一份力量。

3.队员们在活动中能够充分表达自己的真实情感。彩虹小队自编自演了历史情景剧《赶考》，梦想小队运用学到的知识绘制路线图，队员们爱国热情高涨。与此同时，队员们迫切想进行全校和周边社区的宣讲，把这段历史传播下去，但由于时间有限，此环节将在课后进行。为了更好地学习这段历史，增强队员的光荣感，本节队课将开发成系列课程，把队员宣讲纳入第二课时。

专家点评

张志坤：首都师范大学初等教育学院副院长

《少先队活动课程指导纲要（2021年版）》中提出少先队活动课程的主要内容包括政治启蒙、组织认同等，本次少先队活动课主题选择为"共产党的'赶考'路"，聚焦党史学习，突出对"中国共产党人的精神谱系"的体验与感受。

本次活动课采用大线条设计，有实践考察的环节，有现场汇报环节，还有活动延伸环节。活动体量大、内容丰富、形式多样，充分体现了少先队组织教育、自主教育和实践教育；注重队员在认知、情感、行动上的获得与提升。

本次活动课体现了队员的自主性。所有队员以小队组织形式参加不同环节的活动，辅导员老师做好各方面的组织协调与引领。

本次活动课具有较好的活动延伸，注重家、队、社的协同育人模式，采用新媒体的创新形式，具有时代性和未来性。

小学学段（四、五、六年级）

乘着"复兴号" 奔向复兴路
——"红领巾"再"探"京张智能高铁

首都师范大学附属小学柳明校区中队辅导员 李海荣

【活动目标】

1.通过乘坐"复兴号"京张高铁，带领队员探究高铁"智能化"的奥秘，懂得科技创新的重要性，理解"科技是第一生产力"的含义，激发队员坚定"科技强国"的决心。

2.通过参观冰雪小镇，帮助队员了解修建高铁给当地人民生活带来的变化；通过探寻"科技创新"的故事，弘扬科学家的奋斗精神。

3.通过开展丰富的实践活动，引导队员学习理解党的二十大报告中论述的"实现高质量发展"的含义，展望和描绘未来中国高铁的美好蓝图；牢记习爷爷的教导，立志向，有梦想，为投身祖国的建设做好准备。

【背景分析】

党的二十大召开后，全国少工委作出部署，在全队开展"学习党的二十大精神，争做好队员"主题教育活动。

党的二十大报告中有一个热议词——"科技创新"。习近平总书记在党的二十大报告中指出："五年来，我们党团结带领人民，攻克了许多长期没有解决的难题，办成了许多事关长远的大事要事，推动党和国家事业取得举世瞩目的重大成就。""一些关键核心技术实现突破。"自主创新造就了中国高铁这张"国家名片"。

本次少先队活动课以帮助队员实现"乘坐'复兴号'列车去河北崇礼"的小愿望为"入手点",引导队员学习和理解党的二十大精神。带领队员乘坐"复兴号"列车,打卡世界上首个直通奥运赛场的高铁站——京张高铁张家口站,感受自主创新的硬核实力,进而帮助他们认识"中国式现代化"的生动实践和成果。

【活动准备】

辅导员准备:

1.组织中队委和家长志愿者一起设计、策划本次少先队活动课的内容。

2.与校外辅导员汪凯叔叔沟通"红领巾"研学活动的考察地点,确定采访内容,设计研学任务单;联系京张高铁"瑞雪迎春"复兴号动车乘务组,邀请列车长讲解车厢里的"智能化"宝典。

3.联系张家口当地导游,带领队员探寻昔日的小山村如何华丽转身成为今天的"冰雪小镇",感受京张高铁的通车给崇礼区带来的巨变。

少先队员准备:

1.主题队会前,队员们根据自己的专长,成立了临时小队。队员分小队乘坐高铁,采访、考察、拍照、做实验、写报告。

2.整理京张高铁建设新成就和冬奥专列"瑞雪迎春"复兴号动车相关资料。

3.设计制作京张高铁海报,畅想并绘制"科幻画"。

【活动形式和主要过程】

本次活动课,以"红领巾"研学的方式开展。队员们在考察前明确了各自的任务,回校后每个人都撰写研学报告,制成《"红领巾"研学报告集》。

环节一: 乘上"复兴号"——探秘京张高铁新智能

《"红领巾"研学报告集》一页页翻动,定格在第三页。"瑞雪迎春"小队队员首先介绍"复兴号"列车精美的外观,使队员了解此次列车展现了冬奥主题。

《"红领巾"研学报告集》继续翻动，翻到了"科技篇"。队员们展示了"复兴号"车厢内的新智能，知道了"复兴号"的"瑞雪迎春"车厢内有"媒体工作区"，可以实现在行驶过程中高清观赛，冬奥会的许多赛事都是在这里转播的。它是全球唯一的移动演播室，是铁路技术与5G新技术深度融合的典范。

车厢内的雪具存放柜和商务舱的人性化设计充分体现了列车服务的智能化。

这次考察中，中队的两位"小书法家"在多功能车厢里把自己的书法作品送给了列车长，表达了少先队员对冬奥专列的赞叹之情和美好祝福。

环节二： 乘上"复兴号"——试验京张高铁新智能

《"红领巾"研学报告集》翻到了"实验篇"。

"龙凤呈祥"小队队员在智能高铁列车上做了一系列小实验。队会现场，他们以"博士小讲堂"的形式，揭开了智能高铁列车神秘的面纱。

队员用自己的实验验证了"瑞雪迎春"的网络流畅度。当列车进入南口隧道时，队员们分别给家人打了电话，发现网络十分流畅，没有卡顿的现象。

列车上，队员们还用两个相同的空矿泉水瓶和两枚硬币进行平稳度测试。发现瓶子在列车开动后立了十三分零五秒甚至更长时间；一元硬币最多立二百零四秒；一角硬币最多立二百七十四秒。通过查资料，队员知道了在"复兴号"上能够做到硬币长时间不倒，也是科研工作者自主创新的成果。

"龙凤呈祥"小队的"小博士"对"瑞雪迎春"车厢的舒适度进行了测试。每隔五分钟，用电子温湿度计测量、记录一次车厢内的温度和湿度，评价车厢舒适度和恒温性，并进行满意度打分。回到学校后，队员们整理了调查数据，绘制了复式折线统计图，写出了《"瑞雪迎春"温湿度实验小报告》。

环节三：奔向"复兴路"——高铁沿线的新生活

队会现场，《"红领巾"研学报告集》翻到了"成就篇"，屏幕上展示了一张张旧貌换新颜的图片。

"寻访"小队队员来到冰雪小镇崇礼区，从导游那里了解到：京张高铁重新修建后，张家口崇礼区实现了华丽转身，过去的"穷山村"如今变成了"富裕村"。冬奥会结束后，这里成了人们的滑雪乐园。京张高铁受到了旅客们的交口称赞，成为中国一张亮丽的名片，也让张家口的崇礼成了全国闻名的"冰雪小镇"。

京张高铁的蜕变，真正实现了习近平总书记提出的北京携手河北张家口举办冬奥会，希望"京津冀协同发展，通过发展冰雪产业带动区域脱贫振兴，解决发展不平衡的问题"。习爷爷心系百姓，希望全国人民共同富裕。京张高铁带来的变化，也让队员感受到中国共产党的初心和使命。

环节四：探秘"复兴号"——采访铁路人的爱国情

队会前，辅导员带领队员观看了中央电视台《面对面》节目，有一期是主持人采访"复兴号"总设计师梁建英。她是"复兴号"动车组唯一的女性总设计师。她带领团队不懈奋斗，推动了"中国速度"。"绿巨人"小队根据视频内容创编了情景剧《中国速度》。

情景剧演完，中队的"小作家"宣读了为这位当代"巾帼英雄"撰写的颁奖词。

此次队会，中队还邀请了校外辅导员汪凯叔叔——一名铁路工程师。"红领巾小记者"抓住时机，现场采访了汪叔叔，聆听"铁路爸爸讲铁路"的故事！汪叔叔希望队员们努力学习知识，锻炼本领，将来担负起祖国交给的重任！

环节五：踏上新征程——畅想未来高铁新发展

通过队员们的展示，大家知道了铁路人牢记习近平总书记的嘱托，交上了一份亮眼的京张高铁成绩单。最后，队员们展开想象的翅膀，用自己喜欢的形式，畅想未来高铁的新模样。

【思想引导关键点和主要方式】

关键点1：懂得科技创新的重要性，理解"科技是第一生产力"的含义，激发队员们"科技强国"的决心。

引导方式：参观和聆听列车长讲解"瑞雪迎春"的新智能。

关键点2：试验京张高铁新智能。队员们懂得了智能高铁的发展和成就，归根结底靠的是习近平爷爷科技创新思想的领航，靠的是中国科研人员不怕困难、不畏艰辛、肯于吃苦、努力钻研的创新精神。他们真正明白了"创新是引领发展的第一动力"的道理！

引导方式：俗话说，百闻不如一见。带领队员在队会前通过查资料、看视频等方式，了解京张高铁的新智能。考察中，队员们亲自做实验，验证京张高铁智能化的真实性。

关键点3：奔向"复兴路"——高铁沿线的新生活环节，使队员们真切认识到崇礼小镇的蜕变，折射出的是京张高铁开通运营对推动京津冀协同发展产生的深远意义，也体现了党的民生福祉。

引导方式：参观冰雪小镇，聆听当地导游讲解张家口的前世今生。

关键点4：探秘"复兴号"——采访铁路人的爱国情环节使队员们知道了任何一项关键核心技术的重大突破，都离不开科研团队不懈奋斗、攻坚克难的精神。

引导方式：队员表演情景剧《中国速度》；"红领巾小记者"采访校外辅导员汪凯叔叔。

关键点5：踏上新征程——畅想未来高铁新发展。展望和描绘未来中国高铁的美好蓝图；牢记习爷爷的教导，立志向，有梦想，为投身祖国的建设做好准备。

引导方式：设计制作京张高铁海报，畅想并绘制"科幻画"。

【延伸活动设计】

队员们即将毕业，但对"中国速度""中国高铁"的探寻热情不减。他们给少先队大队提出建议：希望这个活动能持续下去。

队员一致表决通过了三项"集体行动"：

1.中队成立一个"攻关小组"，在老师的帮助下，针对队员学习上的难点进行集中攻关，找到好方法，形成"一对一"的互帮互助模式。

2.在校园里设立"科技角"或科技长廊，定期向队员介绍我国的科技创新成果。

3.根据队员的兴趣爱好，中队组建"科技小社团"，招募社团成员，重点研究我国高铁的新成就、新发展。

4.队员积极参加全国"少年科学院"组织的活动，人人争当"小院士"。

【辅导反思】

本次活动以学习宣传党的二十大精神为主题，带领队员通过"红领巾"研学，了解中国高铁自主创新取得的突破性进展和伟大成就，激发了队员们的爱国心和民族自信心。活动后有几点思考：

1.小课堂和大社会结合。队员亲自乘坐高铁，进行实地考察和寻访，体现了活动的真实性特点。

2.实践体验和自主探究结合。队员主动查阅资料，亲自做实验，带着问题去考察、探究，揭开"智能高铁"的神秘面纱，突出了活动的研究性特点。

3.知识性和思想性结合。队员们在高铁上聆听列车长对新智能的讲解，在充满趣味的知识普及中，感受着科技的力量，也立下了向科技工作者学习的誓言，强化了活动的思想引领作用。

柯英：《辅导员》杂志社原社长兼总编辑

　　少先队活动课"乘着'复兴号'，奔向复兴路——'红领巾'再'探'京张智能高铁"，选题好，立意高，实践性强，突出了"新时代伟大成就教育"这一主题，是一个非常典型的优秀活动案例。中队辅导员紧紧围绕全国少工委的工作要求，即在全队广泛开展"学习党的二十大精神，争做好队员"主题活动，敏锐地抓住了党的二十大报告中提出的"科技创新"这一关键词，引导队员们开展了"红领巾"研学活动。少先队员乘上"复兴号"列车，在实地考察、探访智能高铁——"复兴号"的过程中，感受着"科技创新"的力量，以及它给社会生活带来的巨大变化。"大国重器扬我国威"的民族自信心、自豪感油然而生，中国式现代化的建设成就也激励队员们为祖国做贡献的决心。此活动主题鲜明、目标明确，每个环节都紧紧围绕教育目标，环环相扣，层次清晰，体现了教育的递进性和实践体验特点。活动非常真实，符合少年儿童的认知。队员们在"复兴号"列车上，对自己感兴趣的问题进行实验并写出研学报告，提高了发现问题、解决问题的能力，也更加深刻体会到科技自主创新的重要性。队会展示形式也是多样化的，队员们用情景剧的方式展示科技创新工作者不怕困难、不畏艰辛的吃苦耐劳的精神，相信这些精神会影响孩子们的一生，并为他们的成长打下坚实的基础。

种下绿色梦 体验劳动情

北京市海淀区海淀学区总辅导员 吴莹

【活动目标】

1.引导队员搜寻京西稻的发展历史，了解京西稻的生产过程，提升劳动意识，懂得珍惜粮食之可贵。

2.在海淀公园组织插秧节、收割节活动，在京西稻的劳动实践中引领队员培养"粒粒皆辛苦"的思想和热爱劳动的朴素情感。

3.积极培养队员勤于动手的劳动能力，用实际行动探索保护农业文化的办法，争当社会公益劳动的小能手。

【背景分析】

习近平总书记强调："生态文明建设已经纳入中国国家发展总体布局，建设美丽中国已经成为中国人民心向往之的奋斗目标。"用"绿色种植"实现"树人"目标，积极培育少年儿童劳动意识、劳动能力和美化生活的素养。

《中共中央关于全面加强新时代少先队工作的意见》发布，团中央、全国少工委联合11个中央部门印发《关于构建新时代少先队社会化工作体系的实施意见》之后，海淀学区积极探索少先队工作社会化途径，目前，海淀学区少先队已拥有校外教育基地22家，聘任各行领军人物为校外辅导员98人。几年来，利用少先队校外教育基地海淀公园开设了"京西稻"劳动课程，建立"聚享生态林"，开设"绿色种植"课程，通过校外阵地的少先队活动，提升广大少先队员的生态优化意识和劳动情怀。

【活动准备】

辅导员准备：

1.通过前期沟通，与校外教育基地达成一致意见，在海淀公园建立"聚享生态林"种植京西稻活动阵地。

2.组织小干部策划本项少先队活动课程的内容和步骤，引导各小队明确活动内容和种植京西稻的注意事项。

3.邀请相关种植领域校外辅导员参加活动，与校外辅导员沟通专家授课事宜。

少先队员准备：

1.查阅、搜集种植京西稻的相关资料。

2.带好相关种植活动的用具（手套、铲子、矿泉水瓶）。

3.各小队经推选确定小队长，安排队员负责取稻秧、接水。

4.召集小队队员讲清活动目的、意义、纪律以及队员准备的相关问题，并对队员提出具体要求。

【活动形式和主要过程】

本次校外少先队实践活动，以体验式学习形式为主，依托海淀公园少先队京西稻实践基地，在校外辅导员的指导下，分小队按照水稻生长过程结合传统文化节气时令定期开展劳动实践活动。

环节一："童心"感受海淀公园京西稻种植园地

海淀公园作为曾经的皇家园林，里面有一片非常珍贵的京西稻田，是海淀学区少工委的校外教育基地。几年来，海淀学区都会与海淀公园联手开展京西稻种植与收割活动，让少先队员在亲自播种稻子、收获稻子等活动中，领悟传统文化教育和劳动教育的魅力。

育种、插秧、收割、观测、驱虫等环节，均有少先队员参与其中，接触自然、传承中华优良美德有了理想的场所和优质的资源。京西稻实践之旅，由此成为队员们走进自然、亲近自然、体验生态、动手劳作、感受农作快乐的良好环境。

环节二："童眼"了解种植过程与方法

校外辅导员团队根据京西稻的生长周期设计了插秧节、收割节活动。作为学术专家的北京市京西稻文化研究会会长杜振东先生和队员们一起溯源京西稻的历史文化，利用稻草让队员开展扎稻草人、做草编等民俗活动，积极探索保护农业文化遗产的规律。

在辅导员的指导下，队员们以了解水稻、种植水稻、研究水稻为思路制订小队活动方案，亲身实践体验春播秋收的农耕劳作。

例如，在插秧节上，校外辅导员海淀公园车园长向少先队员介绍土壤与植物的关系，介绍种植稻子的最好季节以及今天种植体验的水稻品种。园长一边现场操作，一边向大家介绍种植步骤。

队员们脚穿插秧靴，头戴遮阳草帽，分秧、钳秧、插秧，边退边插，小心翼翼地将每一株秧苗插进泥土里，一步步在稻田中认真体验插秧劳作。伴随《生长吧》的歌声，百余名少先队员分成10个小队，将200平方米的稻田插上一片绿色，队员们说："感受'汗滴禾下土'，才会知道为什么'粒粒皆辛苦'。"

环节三："童手"操验京西稻劳作的快乐

金秋时节，校外辅导员手把手指导队员们使用镰刀收割水稻、用稻草将水稻打捆，让队员们了解中国农耕文化，感受耕作的乐趣。

在收割节上，队员们认真学习割稻方法，互相合作，手握镰刀，认真细致地割下稻谷，脱壳成米，还享受了当日熬制的稻米香粥。他们将刚割下来的稻穗制成花束，送给老师们，表达感怀师恩之情。

从最初的插秧、浇灌、中期的观察、测量、记录，到最后的成熟收割，队员们对京西稻格外呵护，倾注了对京西稻的爱。

环节四："童语"交流劳动实践的真实感受

在这片"希望的田野上"体验春播、夏长、秋收、冬藏的过程中，队员们探寻和领略水稻种植文化，并通过合作、动手体验等活动感受粮食生产背后的艰辛，弯腰种希

小学学段（四、五、六年级）

望，静候秋丰收。大自然是孩子们最好的老师。

在种植体验劳作之后，总队部小干部引导队员们展开讨论：我们是如何做到今天种植活动成功的？"聚享生态林"阵地能为我们带来什么？绿色种植的意义是什么？

实践得来的感受最为真实："弯下腰""镰刀要向后""仔细观察辅导员的动作""团结合作""坚持""顺应农时"等词句成为各小队提炼的关键点。

活动结束后，队员们在卡片上写下收获和感受。

劳动始于行化于心，各校队员通过编排情景剧目、进行稻艺制作等方式，用一件件生动的作品再现参与育秧—插秧—管理稻田—收割的过程。少先队组织播种在他们心中的小种子也在生根发芽。

【思想引导关键点和主要方式】

关键点1：感受乡土文化，传承家乡非遗。

引导方式：京西稻是北京市海淀区特产，是全国农产品地理标志。京西水稻种植技术也是海淀区级非物质文化遗产，是海淀乡土文化的重要组成部分，对培养队员认识家乡、热爱家乡有着独特作用。海淀学区把京西稻作为载体，以探究历史、认识水稻、种植水稻、研究水稻等综合实践活动为路径，通过引领学生体验300多年前在"三山五园"中同款的农耕活动，追溯人类千余年种植水稻的农业文明，在帮助队员创造一个精神丰盈的金色童年的同时，培养队员对家乡海淀的热爱。

关键点2：体验稻田劳动，感受顺应自然。

引导方式：对于城市孩子来说，农事知识相对匮乏。走进京西稻实践基地，尝试农事，让他们既忐忑，又兴奋。播种、收割顺应农时，是中国劳动人民的智慧结晶。通过聆听种植知识、体验种植过程、习得劳动方法，将知识、能力、体验三个维度有机地结合在一起，使队员在实践中学习知识并理解运用知识，在体验中提升素养与能力，同时反过来又丰富队员的体验。

关键点3：崇尚劳动，引导队员为创造中华民族的美好未来而奋斗。

引导方式：中华民族是勤于劳动、善于创造的民族。正是因为劳动创造，我们拥有了历史的辉煌；正是因为劳动创造，我们拥有了今天的成就。引导队员走进少先队校外教育基地——京西稻田种植区，在太阳的炙烤和田间的泥泞中，与京西稻田进行亲密接触，体会古老的插秧诗的意境，体验农耕的快乐。在种植京西稻的同时，引导队员感受劳动的艰辛，从小打牢"一粥一饭，当思来之不易"的思想基础，树立尊重劳动、崇尚劳动的观念。

【延伸活动设计】

1.在海淀公园的支持下，学区通过"京西稻"实践活动，不断为学校搭建农耕体验平台，为广大少先队员提供劳动教育实践场地。热火朝天的集体劳动锻炼，不畏险阻的苦干巧干，丰收喜悦的劳动成果，无不使队员受益匪浅、难以忘怀。

2.通过设立京西稻"小农人章"，大力培育少先队员的劳动品质，提升劳动意识，践行劳动精神。目前，"京西稻劳动实践活动"已经成为深受队员和家长喜爱的特色品牌，深入人心。

3.利用京西稻校外教育基地，设计丰富的京西稻主题活动：家庭稻草手工制作大赛、京西稻田主题"时光之旅"稻艺嘉年华活动，培养队员的动手设计能力、艺术素养和创新能力，培养队员合作精神。通过这些活动，努力营造活泼互动的文化氛围，弘扬中华优秀传统文化，传承重要的农业文化遗产。

【辅导反思】

本次活动注重发挥少先队员主动精神，充分体现队员的主体性，激发队员的积极性。活动生动、有趣，不仅提高了少先队员的生态文明理念，还通过实践体验增强了少先队员的劳动意识和劳动能力。同时，活动注重发挥海淀公园劳动基地的作用，有实践路线图和种植管理的科学操作，有专业校外辅导员的精心指导，有先进榜样的引领和带动，有组织评价和自我评价的内在提升。本次活动使学区校外活动基地获得系统化、常态化发展，为少先队工作社会化奠定了良好的基础。

专家点评

吴云清：北京青年政治学院教授

　　本次少年队活动课以种植"京西稻"劳动实践为核心，彰显少先队员参加农业劳动的特点，在开辟活动社会化路径方面有许多创新之处。一是在海淀公园建设稳定的京西稻种植基地。由学区少工委组织实施活动，拥有系统化、常态化的管理及运行机制。二是精心打造农耕品牌。从京西稻种植文化的传承，到春种秋收的劳动锻造，从队伍建设共享资源，到一些衍生产品的创造，乃至系列劳作的连锁反馈，构筑出少先队多样态劳动教育。三是活动实效可观。案例展现出队员们认真插秧的辛苦体验，收割时享受丰收的快乐，活动中的点滴收获与体会，充分反映出城市少先队员农耕意识的提升、劳动能力的锤炼和对劳动成果的珍爱之情。以学区、社区联合组织校外实践活动且坚持数年，在北京少先队实践育人中独树一帜。

拳拳少年心
共树"宣讲"志

北京第二实验小学大兴实验学校中队辅导员　张新

【活动目标】

1.通过开展活动，引导队员了解成为"红领巾讲解员"的目的，立志成为优秀的"红领巾讲解员"。

2.通过各小队自主学习党史，引导队员以多种方式了解、学习党史，能够知史爱党，知史爱国，在讨论、学习中，掌握成为"红领巾讲解员"的方法。

3.通过学做"红领巾讲解员"系列活动，引导队员将爱党、爱国的思想感情转化为"红领巾讲解员"讲党史的具体行动，立志从小学先锋、长大做先锋，努力成长为能够担当民族复兴大任的时代新人。

【背景分析】

习近平总书记在给陕西照金北梁红军小学队员的回信中写道："希望你们多了解中国革命、建设、改革的历史知识，多向英雄模范人物学习，热爱党、热爱祖国、热爱人民，用实际行动把红色基因一代代传下去。"

本节少先队活动课旨在落实总书记要求和《中共中央关于全面加强新时代少先队工作的意见》文件精神，依据《少先队活动课程指导纲要（2021年版）》分学段目标，强化政治引领，聚焦政治启蒙，引导队员了解中国共产党党史，感受中国共产党带领中国

小学学段（四、五、六年级）

人民站起来、富起来、强起来的光辉历史征程。

作为"党团队一体化"实验校，学校对于队员们的政治启蒙教育尤为重视。四年级的队员们在注册"红领巾讲解员"时，对这个新身份十分好奇，冒出很多"小问号"。因此，辅导员决定抓住时机，引导队员们用自己的实际行动传承红色基因，立志从小学先锋、长大做先锋，努力成长为能够担当民族复兴大任的时代新人。

【活动准备】

辅导员准备：

1.布置"四个一"活动：读一本红色书籍、看一部红色影片、学一个红色榜样、采访一位红色先锋。

2.指导队员成立三个临时小队："强音一队""强音二队""强音三队"，组织队干部策划本次少先队活动课的内容和步骤。

3.为队员准备彩纸等手工用品，辅助队员完成汇报作品。

少先队员准备：

1.利用课余时间，在家长的带领下参观中国共产党历史展览馆。

2.搜集自己感兴趣的党史故事的图片、文字资料。

3.分小队准备党史学习汇报材料，制订"红领巾宣讲计划"。

【活动形式和主要过程】

中队长讲话："学习二十大，争做好队员。亲爱的队员们，在少先队大队争做'红领巾讲解员'活动中，我们'禾下英雄中队'积极宣讲了'袁爷爷的故事'，获得了一致好评。近期，各小队走进了中国共产党历史展览馆等红色新地标，学习了红色精神，了解了中国共产党的百年奋斗史，认识了很多英雄榜样。今天，我们开展一节'拳拳少年心，共树"宣讲"志'少先队活动课，分享我们的实践成果。"

环节一：走进社会课堂，"寻"红色足迹

"强音一队"为队员们播放视频《盛世中华》，视频生动展现了中国共产党带领中国人民站起来、富起来、强起来的光辉历史征程。队员们看完视频以后纷纷表达自己的感受：今天的和平和舒适的生活都是来之不易的，是英雄们用生命换来的，我们一定要珍惜，并且要好好学习，以他们为榜样，将来为祖国的发展贡献出自己的力量。

"强音二队"队员展示了朗诵《以时代之眼，我们这样看中国》、沙画《我爱你中国》，用队员自己的方式表达着对党和国家的爱。

"强音三队"队员前期打卡了中国共产党历史展览馆，他们用绘本的形式向大家介绍了党史的四个阶段，并展示了每个阶段的历史事件图：《红船精神》、《开国大典》《港澳回归》和《脱贫攻坚 全面小康》等。

辅导员对于队员们的展示给予了充分肯定，并引导队员们理解成为"红领巾讲解员"，不仅要了解红色故事，还要把祖国的伟大成就、中国共产党的红色精神讲给更多的队员听。

环节二：传播革命历史，"讲"红色故事

主持人介绍了"红领巾讲解员"的榜样人物："全国少工委"微信公众号专栏《讲给少先队员的党史故事》中的彩虹姐姐。从2000年开始，在中国共产党第一次全国代

表大会纪念馆里，她站了20多年，讲了20多年。从最开始的13000字讲稿，到后来的第十一版讲稿，彩虹姐姐都能根据不同的受众、不同的线路讲好党史故事。引导队员们思考：彩虹姐姐的经历对讲好红色故事有哪些启发？

听完介绍，队员们纷纷表示在讲红色故事的时候既要把故事讲得生动，让听的人感兴趣，还要根据不同的受众、不同的线路把讲稿个性化地讲出来，并且立志要学习彩虹姐姐坚持不懈讲党史的精神。

中队红领巾"三星章"获得者前期录制了宣讲故事《大师们的老师》。故事详细介绍了中国核物理研究和加速器建造事业的开拓者赵忠尧不畏艰险、不在意名利，一心为国的爱国事迹。还分享了自己讲故事的技巧：语言不要啰唆，讲清楚故事的起因、经过、结果，讲故事时还可以配合音乐和图片让大家更加清楚地了解故事的背景。

辅导员老师适时点拨：队员们要积极参加中队"四个一"活动，读一本红色书籍、看一部红色影片、学一个红色榜样、采访一位红色先锋，为做一名会讲故事的"红领巾讲解员"做充足准备。

环节三：牢记使命担当，"做"红色传人

每个小队的队员都跃跃欲试，想用实际行动争做"红领巾讲解员"。针对如何做好"红领巾讲解员"这个问题，队员们展开了激烈讨论。

"强音一队"提出：设计一个宣讲计划册，确定好要宣讲的英雄人物，讨论故事题目和内容；每次讲完故事收集大家的意见，根据意见做调整，便于下次讲得更好。

"强音二队"表示：定好宣讲故事的主人公，一起查资料并汇总；制作思维导图，在讲故事的时候可以很清晰地看到人物的主要信息。

"强音三队"认为：历时两年的红军长征中有很多英雄的事迹非常值得宣讲。可以做"长征中的英雄们"系列故事宣讲，先做一个长征路线图，每个人选择一个阶段搜集故事，最后按照长征的路线把每个故事讲给大家听。

主持人总结：怀着对祖国诚挚的爱，我们在了解红色精神的同时，不忘使命，立志成为优秀的"红领巾讲解员"。活动结束后，各小队共同完成宣讲日志。

辅导员在结尾讲话中对本次中队活动给予高度评价，并鼓励队员们做优秀的"红领巾讲解员"，不断完善宣讲内容、创新宣讲形式，在年级、学校、附近社区和各红色地

标打卡点开展宣讲活动，讲出红色故事最强音。

【思想引导关键点和主要方式】

关键点1：为什么要做"红领巾讲解员"？

引导方式：通过前期"四个一"活动，队员们运用打卡红色地标、上网查找党史故事资料等多种方式学习，以分享视频、朗诵、沙画、绘画多种形式汇报参观中国共产党历史展览馆的感受，了解党史故事和先辈们的革命精神，立志做一名优秀的"红领巾讲解员"，讲好红色故事，将革命精神讲给更多人听。

关键点2：如何做一名"红领巾讲解员"？

引导方式：队员们通过聆听党史讲述人——彩虹姐姐的故事，了解做一名"红领巾讲解员"，讲好党史故事的基础，明确"红领巾讲解员"不仅要有恒心，坚持不懈，而且要根据听众和线路的不同讲出个性化特点。同时，在观看身边队员的优秀宣讲视频过程中，队员们学习了更多可操作的宣讲方法，为今后讲好红色故事做充足准备。

关键点3：如何做一名优秀的"红领巾讲解员"？

引导方式：通过讨论，各小队将爱党、爱国的思想感情转化为做"红领巾讲解员"讲党史的具体行动，制作"思维导图""红领巾宣讲计划册""长征路线图"……展示分享设计初衷和思路，为其他队员提供启发，一起用实际行动传承红色基因。

【延伸活动设计】

在每次讲解活动结束后，各小队完成讲解日志。通过一次次的讲解，逐步完善讲解内容，创新讲解形式，在年级、学校、附近社区、红色地标打卡点开展讲解活动。

【辅导反思】

1.问需于童。本次少先队活动课的选题源自队员们提出的疑惑：什么是"红领巾讲解员"？为什么要做"红领巾讲解员"？如何做"红领巾讲解员"？针对队员们心中的"小问号"，和队员们一起开展了本次活动。

2.问计于童。做一名优秀的"红领巾讲解员"这一志向已深植队员心底。活动过程中,各小队自主实践探索,探寻讲好党史故事的方法;在不断的思维碰撞中,队员们深受启发,逐步掌握了讲好故事的方法。

3.放手于童。辅导员放手于童,辅导于童。活动中,辅导员引导队员以多种方式了解、学习党史,鼓励队员们以视频、朗诵、沙画、绘画等多种形式汇报打卡中国共产党历史展览馆的感受,充分发挥了队员的主观能动性。

专家点评

柯英:《辅导员》杂志社原社长兼总编辑

本活动课,问需于童,问计于童,融合爱党、爱国教育,在知党史后学习讲党史,为传承红色基因打下坚实基础。活动课有三大亮点:一是选题有代表性。在队员提出"什么是'红领巾讲解员'""如何做'红领巾讲解员'"这些问题后,辅导员善于发现教育契机,因势利导,解决队员们关于"红领巾讲解员"的疑问。二是展示形式多样。比如:汇报展示中把朗诵与沙画结合起来,让大家在听觉和视觉的交融中感受对于祖国的热爱;在各小队规划宣讲的过程中,辅导员能够引导队员从不同的角度去看党史、讲党史,鼓励队员们开拓更多宣讲思路。三是时效性强。不同于以往的爱国主义教育,这节活动课将学习党史作为一项基本的任务,让队员在了解的基础上讲出来、讲精彩。这样,队员们就可以借助做"红领巾讲解员"这个任务,把红色革命精神和祖国的伟大成就内化于心,做真正的"小红人",用实际行动传承红色基因。

党的精神指引我
争做新时代好队员

北京市顺义区李遂中心小学校中队辅导员　孟凡竹

【活动目标】

1.了解我们国家的发展成就，知道今天的幸福生活归根结底源于党的正确领导，源于革命先烈的英勇牺牲，能说出一些革命先烈的事迹和精神。

2.学习党史、新中国史、改革开放史、社会主义发展史中的杰出人物和相关故事，知道党是怎么领导国家的，培育热爱中国共产党的深厚情感。学习理解中国共产党人的精神谱系，体会共产党员全心全意为人民服务的精神。

3.牢记队章知识，以"争做新时代好队员"为努力目标，严格要求自己，以优秀队员为榜样，用实际行动践行少先队组织的光荣传统。

【背景分析】

理论背景：中国少年先锋队是中国共产党创立和领导的中国少年儿童的群团组织。进行热爱少先队的组织意识教育和热爱党的政治启蒙教育是少先队教育最重要的内容。

实践背景：为了落实少先队组织的根本任务，把握组织属性。近年来党在推动科学发展、促进社会和谐方面取得了很大成就。通过党员的先锋模范作用来引导少先队员心向党。

队情分析：四年级的少先队员还未深入了解中国共产党建党的时代背景和艰辛历程，

要从根本上激发队员的爱国情怀，需要加强引导。为了进一步深化队员对党的认识，开展此次主题队课活动。

【活动准备】

辅导员准备：

1.确定此次队课主题，指导队员自主确定五个小队的队名，确定各小队的调查任务。

2.组织推选优秀少先队员榜样，指导榜样队员准备事迹材料。

3.协助各小队整理、汇总调查材料，完成课件制作。

少先队员准备：

1.根据小队调查任务，制订调查方案，完成课前调查，做好汇报交流准备。

2.熟练掌握《没有共产党就没有新中国》《中华人民共和国国歌》等歌曲。

3.学习《中国少年先锋队标志礼仪基本规范》。

【活动形式和主要过程】

环节一：一首歌，一段历史

1.齐唱《没有共产党就没有新中国》，抛出问题启发思路。

2.问题探究：为什么说"没有共产党就没有新中国"呢？中华人民共和国成立前又是什么样的呢？

3."以史为鉴"小队通过视频资料介绍中国近代屈辱史，让队员大致了解鸦片战争、第二次鸦片战争、中法战争、中日甲午战争、八国联军侵华战争，以及一些不平等的条约。

4.队员自由发言，分享感受。

5.小结提升：历史让人心碎，如果没有真实的镜头、详尽的文字、残破的遗迹，我们简直难以相信发生在中国近代史上的这一幕幕。当年，灾难深重的中国人民，为了争取民族的解放进行了艰苦的斗争，但是屡遭失败。1921年7月23日，中国共产党诞生了，中国人民自此有了一个可以依赖的领导者，在黑暗中看到了方向，从此，中国革命进入一个崭新的历史时期。

环节二：一个人，一种精神

1.辅导员：队员们，你们知道哪些优秀共产党员的光荣事迹？

2."光荣人物"小队介绍搜集到的优秀共产党员的光荣事迹。

3.小结提升：一名优秀的共产党员具备一种精神，千千万万名优秀的共产党员齐聚党旗下，凝结成中国共产党的根本宗旨——全心全意为人民服务。

环节三：一代人，一种生活

1.我的父辈。中国共产党团结带领中国人民经过北伐战争、土地革命战争、抗日战争和解放战争，以武装的革命反对武装的反革命，推翻帝国主义、封建主义、官僚资本主义三座大山，建立了人民当家做主的中华人民共和国，实现了民族独立、人民解放。现在请队员们说说爷爷奶奶和爸爸妈妈小时候的生活情况——"回望过去"小队汇报交流。

2.我的现在。1978年12月起，党中央逐步开辟了一条建设中国特色社会主义道路，40多年来，中国人民沿着这条道路取得了举世瞩目的建设成就。学习党的二十大精神，说说新变化：请队员们说说我们现在的生活——"聚焦现状"小队汇报交流。

3.我的将来。新时代，新梦想。有了中国共产党的伟大领导，我们有充分的理由相信未来国家会更加繁荣昌盛，"畅想未来"小队的队员们畅想未来生活、科技、教育等各方面的发展和变化。请队员们说说你想象中的未来生活——"畅想未来"小队结合自己的作品进行分享交流。

4.小结提升：在中国共产党的带领下，我们一代一代的生活越来越幸福，我们的国家越来越强大。这让我们真切地感受到"没有共产党就没有新中国，没有共产党就没有新生活"！

环节四：一群人，一个信仰

1.重新认识少先队。

（1）辅导员：共产党是先锋队，共青团是突击队，我们少先队是预备队。你对少先队了解多少呢？我们一起再次学习队知识。

（2）我问你答：少先队知识抢答。

小学学段（四、五、六年级）

每个小队的队长负责组织队员抢答。内容涉及少先队的全称、少先队的标志礼仪基本规范、红领巾的系法；等等。带领队员重新学系红领巾。

2.我们在行动——争做新时代好队员。

（1）认识身边的好榜样，宣讲优秀少先队员事迹。

（2）如何做一名新时代好队员？队员自由发言，说做法、见行动。

3.总结提升：是谁领导中国人民"站起来"？是谁带着我们走向繁荣富强？作为一名新时代的少先队员，肩负着建设祖国的重任。每一位少先队员都要将共产党人"全心全意为人民服务"的宗旨继承和发扬下去，要发奋学习科学文化知识，努力把自己培养成社会主义的建设者和接班人，为实现中国梦、为建设社会主义现代化强国贡献自己的力量。

【思想引导关键点和主要方式】

关键点1：了解建国历程的艰辛，体会在中国共产党的领导下，中华人民共和国成立

和幸福生活的来之不易，培养爱国情怀。

引导方式：队员提前向父辈及爷爷奶奶等老一辈了解生活经历。

关键点2：寻找身边优秀的少先队员，学习他们的事迹，争做新时代好队员。

引导方式：通过日常观察，选出一名自己心目中最优秀的少先队员，写清楚推荐理由以及今后自己的努力方向。

【延伸活动设计】

以"向英雄人物致敬"为主题，用文字或手抄报的形式表达对英雄人物的敬意。

利用课前三分钟开展少先队员"讲述英雄人物故事"的活动，了解更多榜样人物的事迹。

【辅导反思】

本次主题队课精心选取资源，用大量的史实资料和生动案例，让队员们更加深刻地认识到中国共产党在国家命运中起到的至关重要的作用。认识到一名共产党员如何起到模范带头作用；一名少先队员在党的精神指引下，如何争做一名好队员。有思想认识、有行为指导，少先队课更具实效性。

专家点评

王红梅：北京市顺义区李遂中心小学校大队辅导员

　　少先队活动课程是少先队突出组织属性，以实践教育为基本形式，对少年儿童进行政治启蒙和价值观塑造的跨学科实践性课程。如何给少年儿童上好"政治课"？本次活动课以"党的精神指引我　争做新时代好队员"为主题开展。一首歌引出一段历史，初识中国共产党伟大之处。一个人揭示一种精神，感知共产党人全心全意为人民服务的根本宗旨。一代人展现一种生活，通过父母长辈生活的对比，感受中国变化，夯实对党的认知，升华情感。一群人共筑一个信仰，回归队员本身，从认知到行动，将党的精神内化于心、外化于行。辅导员在设计课程时关注少先队员主体，并提高生成性问题的解决能力，让教育贯穿于活动课始终。

"植"此青绿
"众"植未来

北京市通州区教师研修中心团队活动课研修员　王海燕

- -

【活动目标】

1.初步了解习近平总书记关于生态文明建设的金句和重要论述，学习建设美丽中国的发展目标以及党的二十大报告中关于生态文明建设的重要内容。

2.了解习近平总书记与少年儿童一起植树、"六一"前夕看望慰问少年儿童时关心教导的故事，增强少先队员对领袖的爱戴之情。

3.了解新时代十年我国生态文明建设和生态环境保护历史性成就，体悟成就来源，增强爱党情感。

4.参与到爱绿植绿护绿的生动实践中，增强做强国建设、民族复兴伟业的接班人和未来主力军的使命责任感。

【背景分析】

教育背景：2023年"六一"国际儿童节前夕，习近平总书记在北京育英学校看望慰问师生。在学生农场，习近平总书记提出，希望同学们从"学农"中感受到农作的艰辛和农民的不易，从小养成热爱劳动、珍爱粮食、尊重自然的良好习惯，为建设美丽中国作贡献。

小学学段（四、五、六年级）

集合在星星火炬旗帜下

主题解析：本次少先队活动以队课形式呈现，围绕习近平总书记对少年儿童提出的希望、要求和党的二十大报告中关于生态文明建设的内容展开设计，落实《少先队活动课程指导纲要（2021年版）》政治启蒙课程模块的目标要求。

队情分析：活动对象为通州区台湖镇中心小学四年级少先队员。学校有校外劳动种植基地，各中队可参与蔬菜、农作物种植活动。此次活动中，本中队种植了黄豆、玉米等，队员掌握了一定的种植经验和基本技能。

【活动准备】

辅导员准备：

进行队课教学设计，准备活动实践材料，指导小队开展课前调查，指导中队长、中队委员对实践活动部分的组织工作。

少先队员准备：

队员参与小队课前调查任务，并形成小队汇报分享内容；队员代表进行汇报分享训练；中队委员汇总小队调查内容，形成简要的分享课件。

【活动形式和主要过程】

导入：

由2022年央视春晚舞蹈诗剧节目——《只此青绿》引出队课内容，让队员了解作品表达的是山水画中群山层峦叠嶂的意境。呈现国家博物馆《千里江山图》沉浸式数字展览，将古代文人对青山绿水的追求，与新时代少先队员建设美丽中国的梦想建立联系。

环节一：共筑美丽中国绿色梦想

学习党的十八大首次提出建设美丽中国的目标，进一步了解什么是生态文明，了解习近平总书记"绿水青山就是金山银山"的重要论断。队员们谈自己对这句话的理解。

观看视频《习近平"典"论生态文明建设》，讲授"增强绿水青山就是金山银山的意识"被写入党章，加强生态文明建设要求被写入宪法。党的二十大报告指出，必须牢固树立和践行"绿水青山就是金山银山"的理念，站在人与自然和谐共生的高度谋划发展。

110

环节二：共享生态文明建设成果

观看央视新闻视频，学习在党的领导下，新时代十年我国生态文明建设和生态环境保护方面取得的历史性成就。三个小队分享身边的社区生态环境改善情况。通过从60万米高空俯看的北京城市副中心生态成像图、绿心公园卫星实景影像动态图以及身边越来越多的公园绿地，感受副中心的生态变化。队员们齐读习近平总书记关于生态文明建设的其他金句，强化认识。

环节三：共育绿色家园未来希望

观看视频，了解习近平总书记11年来身体力行参加首都义务植树活动，用实际行动践行"一年接着一年干，一代接着一代干"，引领推进生态文明建设的故事。

习近平总书记说："我们一起参加义务植树，就是要倡导人人爱绿植绿护绿的文明风尚，让大家都树立起植树造林、绿化祖国的责任意识，形成全社会的自觉行动，共同建设人与自然和谐共生的美丽家园。"

学习2023年"六一"国际儿童节前夕习近平总书记在北京育英学校对少年儿童的教导。在学生农场，习近平总书记提出，希望同学们从"学农"中感受到农作的艰辛和农民的不易，从小养成热爱劳动、珍爱粮食、尊重自然的良好习惯，为建设美丽中国作贡献。教育引导队员牢记习爷爷教导，以习爷爷为榜样，"植"此青绿，"众"植未来，用自己的双手播种绿色。

实践：在校外劳动种植基地，中队长组织蔬菜种子种植实践体验，划分好种植区域；劳动委员和小队长组织各小队开展活动；辅导员提供种植指导；活动之后，学习委员布置课后学习实践任务。中队将此次学习实践情况，纳入"红领巾奖章"劳动章争章活动中。

小结：教育引导少先队员积极参与绿化实践，为建设美丽中国做贡献，争做强国建设、民族复兴伟业的接班人和未来主力军。同时呼应导入内容，引导队员持续绘就古人崇尚的青绿山水画。

【思想引导关键点和主要方式】

关键点1：增强少先队员对国家领袖的爱戴之情。

引导方式：以生态文明建设为队课切入点，讲好习近平总书记治国理政和关心关爱少年儿童的故事。

关键点2：对习近平生态文明思想进行儿童化学习。

引导方式：将习近平生态文明思想通过习近平总书记用典、习总书记金句、习总书记关于生态文明建设重要讲话、习爷爷的教导四个路径进行儿童化融合学习，强化政治启蒙。

关键点3：进行生态文明建设的成就教育。

引导方式：通过视频学习，呈现在党的领导下，新时代十年我国生态文明建设和生态环境保护取得的伟大成就。通过队员分享亲身感受到的社区和北京城市副中心生态环境的改善，强化成就教育，增强队员热爱党、感恩党的朴素情感。

关键点4：感受中国式现代化光明前景。

引导方式：通过对党的二十大报告内容的学习和校外种植劳动实践，描绘人与自然和谐共生的中国式现代化的光明前景，激发队员使命志向，号召植绿实践，为建设美丽中国做贡献。

【延伸活动设计】

1.辅导员组织中队成员定期在校外劳动种植基地开展种植蔬菜的看护实践活动。队员做好观察记录，参与除草、浇水等过程，感受收获的喜悦。

2.中队学习委员分发"只此青绿"书签。队员搜集习近平总书记关于生态文明建设的金句，抄写在书签背面，并将书签用于日常的读书活动中。

3.中队委员会在中队辅导员指导下，根据队员在队课中、队课后的学习实践表现，颁发"红领巾奖章"基础章之劳动章，激发少先队员光荣感。

【辅导反思】

队课成效：

一是以生态文明教育作为讲好党的二十大精神的教学切入点和重要路径。通过队课形式引领少先队员学习习近平总书记关于生态文明建设的论述，做好少先队员思想引领。

二是落实《少先队活动课程指导纲要（2021年版）》工作要求。通过讲动结合、讲议结合、讲践结合的方式，把握队课作为少先队活动课程形式之一的实施要求和关键要素，融入组织文化，在教学内容和学习方式上凸显少先队活动课程的政治性、组织性、实践性、儿童性特点，着力体现少先队政治启蒙和价值观塑造的主责主业。

三是充分体现队员的参与引导。春晚节目，观照生活经验；互动交流，把握认知水平；社区调查，培养社会参与；金句朗读，进行知识学习；亲自种植，增强实践体验。

队课不足：

队员在劳动基地进行过种植实践，但在本次队课劳动实践环节中，依旧存在种植方法和能力欠缺的问题。辅导员需进一步加强种植指导，从而提升实践成效。

专家点评

刘开江：北京市通州区少先队总辅导员

本节队课准确把握少先队活动课程的性质，突出少先队活动课程的理念，聚焦少先队政治启蒙和价值观塑造的主责主业，强化生态文明教育和国家成就教育，以组织化学习和实践性活动做好对少先队员的思想引领，有效提升少先队员的责任感和获得感，增强少先队员的光荣感和组织归属感。课程设计能够准确把握队课作为少先队活动课程类型之一的实施要求和关键要素，以辅导员理论讲授与队员实践活动相结合、校内环境教育与校外资源利用相结合、课前课中课后贯穿学习相结合等形式提升队课实效，具有示范意义。

红领巾心向党

——我的梦，中国梦

北京市昌平区崔村中心小学中队辅导员　韩愈

【活动目标】

1.通过了解不同种类的"梦想"故事，认识梦想的重要性，知道实现自己的梦想要学会克服困难，坚持不懈。

2.明白"中国梦"的内涵，勇于探索梦想，埋下坚定实现"中国梦"的种子。

3.激发少先队员的爱国热情，使其坚定信心听党话跟党走，增强使命感、责任感和荣誉感，将红色基因根植于血脉当中，争做新时代好少年。

【背景分析】

《中共中央关于全面加强新时代少先队工作的意见》明确指出：少年儿童是祖国的未来、中华民族的希望。我们要进一步加强政治素养，明确"为党培养人"的鲜明历史目标，教育引导少先队员牢记习近平总书记的教导，努力成长为能担当民族复兴大任的时代新人。

四年级是少先队员知识、能力、情感、价值观形成的关键时期，他们对自我、他人、家庭、社会有了一些浅显认识。本活动抓住"中国梦"教育契机，引导少先队员更加深刻地了解"中国梦"，了解"中国梦"与我们的梦之间的关系，引导其树立梦想，确定努力方向，为如何靠自己的实际行动实现梦想提供可行思路。活动遵循少年儿童身心成长规律，落实少先队根本任务，培养少先队员对党和社会主义祖国的朴素感情，增强其使命感、光荣感。

【活动准备】

辅导员准备：

1.确定主题，将队会任务布置给队干部。

2.确定活动时间、地点和参加人员。

3.准备活动设计，做好记录。

4.辅助学生做好会前的视频采访。

5.搜集整理中国梦相关图文和视频资料。

6.做好活动道具准备（中国地图、梦想卡）。

7.调试设备。

少先队员准备：

1.队干部研究任务内容，将任务合理分配给每一位少先队员。

2.分组进行各类"梦想故事"的搜集与整理。

3.搜集有关"梦想"的故事视频。

4.制作本组汇报PPT，准备背景音乐。

【活动形式和主要过程】

环节一：我们的梦想

揭示少先队活动课主题——"我的梦，中国梦"，询问少先队员有什么梦想。

环节二：红领巾故事会——他们的梦想

1.袁隆平的梦想故事。

队员分享"禾下乘凉梦"和"杂交水稻覆盖全球梦"。袁隆平一生躬耕稻田，用自己的行动告诉我们，每个人在追梦途中都会遇到很多困难和非议。我们要努力学习，敢于吃苦，坚持不懈，为实现梦想奠定扎实基础。

2.苏炳添的梦想故事。

在田径梦想的道路上，苏炳添能抵制诱惑，理性分析自己的问题，以"0.01秒"为突破目标，坚持梦想，最终成为亚洲短跑第一人。

3.航天梦想故事——浩瀚太空，飞天探索。

队员分享中国人造卫星、载人航天、探月和火星探测工程进程，讲述自中华人民共和国成立以来，航天事业的蓬勃发展。

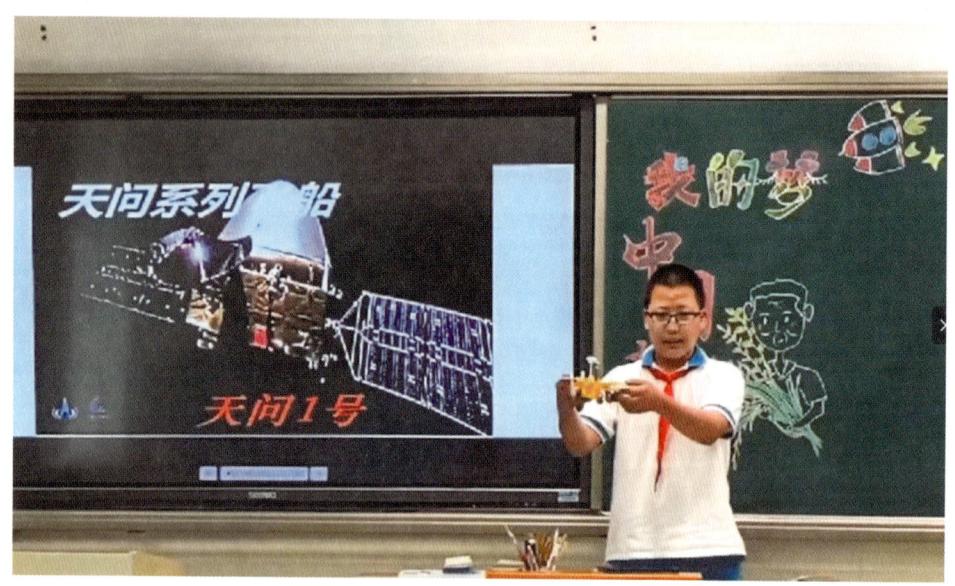

环节三：怎样实现梦想

袁隆平爷爷为了自己的梦想，躬耕稻田，日复一日；苏炳添为了自己的梦想，坚持训练，每天进步一点点；中国人民为了实现自己的"飞天梦"，不断尝试和追求，使千年梦最终圆在今朝。我们又该如何去实现梦想呢？（引导队员表达如何实现梦想。）

环节四：何为"中国梦"

1.重温习爷爷寄语。

希望你们结合自身成长实际学好党史，以英雄模范人物为榜样，从小坚定听党话、跟党走的决心，刻苦学习，树立理想，砥砺品格，增长本领，努力实现德智体美劳全面发展。

自古英雄出少年。希望你们热爱党、热爱祖国、热爱人民，努力成长为有知识、有品德、有作为的新一代建设者，准备着为实现中华民族伟大复兴的中国梦贡献力量。

2. "中国梦"的内涵、核心目标和最终目的。

"中国梦"的核心目标是"两个一百年"目标。一是到2021年全面建成小康社会，二是到2049年全面建成社会主义现代化强国，最终实现国家富强，民族振兴，人民幸福。中国梦的内容包含很多，可以是体育梦、强军梦、航空梦、高新梦，我们的梦……

3. 观看视频《奋进的中国》。

百年沧桑，时代巨变。中国逐步实现了自己的梦想，从积贫积弱到国富民强，从备受欺凌到屹立东方，从站起来到强起来。中国梦就是我们的梦，是所有中国人的梦汇成的梦。

环节五：我的梦，"中国梦"

队员在梦想卡上写下自己的梦想，贴在中国地图上。

我们的祖国很大很大，但能装进我们每一个人的心中。有了我们这么多的梦想，祖国才变得五彩斑斓。我们的梦想汇聚起来，其实就是中华民族伟大复兴的中国梦。

【思想引导关键点和主要方式】

关键点1：红领巾故事会——他们的梦想。

引导方式：通过了解名人梦想故事、中国航天梦想故事，引导队员了解他们是怎样努力实现梦想的，让队员深刻感悟到虽然梦想很美，但是实现梦想要付出辛苦，要经过长时间的努力和坚持，想要实现自己的梦想就要学会克服困难，坚持不懈。要向榜样学习，勇于探索自己的梦想。

关键点2：何为"中国梦"？

引导方式：由个人的梦想向国家的梦想过渡。通过了解什么是中国梦，认识到自己的未来也是祖国的未来，个人的梦想与国家的发展息息相关。引导队员树立正确的价值观，增强作为一个中国人的自豪感，激发爱国之情。

小学学段（四、五、六年级）

关键点3：我的梦，"中国梦"。

引导方式：让队员们把自己的梦想卡贴在中国地图上，将自己的梦想和"中国梦"紧密结合。让队员明白"中国梦"就是人民的梦，是队员们的梦，祖国的发展需要大家的不懈努力。激发队员们为实现"中国梦"而努力奋斗的动力。培养责任感，增强凝聚力，提升觉悟，升华理想。

【延伸活动设计】

"我的梦，中国梦"手抄报展评。

"我的梦，中国梦"绘画比赛。

"我的梦，中国梦"演讲比赛。

【辅导反思】

习近平总书记"中国梦"的提出在很大程度上激发了人们对于渐渐遗忘的"梦想"一词的讨论，这股"梦想"之风也吹进少先队员心里。本次少先队活动课使队员更清晰地认识了什么是梦想，明白了何为"中国梦"，以及"中国梦"与自身梦想的关系，知道了人生因为有梦想而显得愈发美好。正是每一个中国人的梦想，汇聚而成我们中华民族伟大复兴的梦想。

本节主题教育课由倾听身边的"梦想"让队员正确认识梦想并树立正确的梦想观，最后将个人梦想上升到"中国梦"，层层深入，说明"中国梦"与我们每个人都紧密相连。最后粘贴梦想卡的环节更是将活动推向了高潮。队员明白了梦想一直以来应该是我们努力奋斗的目标，实现它的过程也是自身蜕变的过程，最终目的是让自己、家人乃至国家变得更加美好。

专家点评

邱立君：北京市昌平区教师进修学校副校长

　　本次少先队活动课引导队员们在成长关键期建立"我"与国家的关系，强化心有国家的意识，形成树立远大理想并为之努力奋斗的目标。在设计和实施队课过程中，以立德树人为根本任务，牢记为党育人、为国育才的初心使命，聚焦少年儿童的政治启蒙和价值观塑造，遵循队员成长规律，以"梦"筑梦，助力成长，真正将立德树人在队课中落细、落小、落实。本节主题教育课环节流畅，主题突出，以问题为导向，讲议结合。用问题牵引，提升队员的思维能力，把孩子们的低阶思维，通过讨论和思考，引向高阶思维，深入理解"中国梦"的含义，从而建立"我"与"中国梦"的连接关系，激发队员们的追梦行动。队员们童眼看世界，童眼看发展，本次队课以队员的视角探索"我的梦"与"中国梦"的关系，自己领悟出梦想汇聚便是中华民族伟大复兴的中国梦。本次队课以队员为主体，思践贯通，以情感培育为主线，知行统一。

小学学段（四、五、六年级）

119

垃圾分类
大家一起来

北京市昌平区下庄学校中队辅导员　田丽娟

【活动目标】

1.复习垃圾分类的相关知识，引导少先队员认识到合理处理垃圾、保护环境的重要性，积极为环境保护奉献自己的一份力量。

2.让"垃圾分类""回收利用废旧物品""节约资源""保护环境"的意识扎根于每名少先队员心中，并成为队员的自觉行动。

【背景分析】

理论背景：全国正在普及垃圾分类的环保理念，这是保护环境的重要举措之一。小学生正处于思想品德塑造的关键时期，将环保教育融入少先队活动课顺应时代发展要求，也是素质教育的必然要求。

实践背景：我国的垃圾分类工作还处于起步阶段。近几年，政府的大力宣传，学校的教育引导，虽然对青少年产生了一些影响，但是有不少队员仍存在对垃圾种类界定不清、垃圾分类意识不足、垃圾投放习惯没有建立等问题，仍需要进一步的教育引导。

队情分析：经过几年的宣传和教育，四年级队员对垃圾分类有了一定的认识，但是垃圾分类的意识不强，对于垃圾具体如何分类，有些队员并不清楚，尤其是对于一些特殊垃圾，更是搞不清楚具体属于哪一类。少先队员应发挥少年先锋作用，争做环保小使者，做垃圾分类的宣传者和践行者。

【活动准备】

辅导员准备：

1.将队员分组，安排各组活动任务。

2.确定队课要解决的问题。

3.设计队课流程和讨论话题。

4.搜集照片、视频、音乐，制作PPT。

少先队员准备：

1.根据任务主题排练小品。

2.熟悉生活中各种垃圾具体的分类情况。

3.挑选主持人，熟悉主持词。

【活动形式和主要过程】

导入阶段：对垃圾和垃圾分类的再认识

1.队员通过观看课件图片，了解生活垃圾、建筑垃圾、工业垃圾和医疗垃圾，体会垃圾激增的现状。

2.队员说一说：什么是垃圾？垃圾都没有用了吗？

3.学习联合国环境规划署首席专家关于垃圾的著名论断，明确垃圾是放错了地方的资源。

"垃圾是放错了地方的资源，是地球上唯一一种不断增长、永不枯竭的资源。"这是联合国环境规划署首席专家的著名论断。在垃圾成分中，可直接回收利用的资源，占垃圾总量的42.9%。

4.队员讲述垃圾分类。

现在国家倡导的垃圾分类就是把垃圾在源头就分类放置，有的可以直接再利用，有的可以经过回收、加工再利用，这样就能大大减少垃圾数量，还能让很多垃圾变为资源。

5.队员观看视频，了解垃圾分类的发展历史。

6.了解现阶段北京市对生活垃圾的管理规定。

2020年5月1日，新版《北京市生活垃圾管理条例》正式实施。条例明确规定，单位和个人是生活垃圾分类投放的责任主体，个人首次违规投放，由生活垃圾分类管理责任人进行劝阻；个人再次违反规定的，处五十元以上二百元以下罚款。

展开阶段：了解垃圾分类的意义

1.队员观看视频，了解不分类处理垃圾的弊端。

2.队员讲述垃圾分类处理的好处，如减少占地、减少环境污染、变废为宝等。

深入阶段：如何进行垃圾分类

1.队员指认垃圾桶，并说一说每个垃圾桶可以放哪些垃圾。

2.情景剧表演：《垃圾分类我最行》。队员谈体会。

3.小组活动：给垃圾找"家"。队员把手中写有垃圾名称的卡片贴放到黑板上对应的"垃圾桶"，检验学习成果。

4.考考你：你分对了吗？队员辨别对错并说明理由。

（1）大骨头是厨余垃圾。

（2）卫生纸是可回收垃圾。

（3）生活中使用的塑料袋、包装袋，是可回收物。

（4）厨余垃圾装袋后，直接投入厨余垃圾桶。

（5）没喝完的饮料瓶，直接投入可回收物垃圾桶。

（6）过期食品连带包装物，直接投入厨余垃圾桶。

总结阶段：跟着垃圾去"旅行"

1.观看小视频，了解垃圾分类后的去向。

2.了解国家对垃圾分类的政策。

习近平总书记强调，实行垃圾分类，关系广大人民群众生活环境，关系节约使用资源，也是社会文明水平的一个重要体现。

3.队员表演垃圾分类手势舞。

4.主持人总结：垃圾分类一小步，绿色文明一大步。作为少先队员，我们要让垃圾分类成为一种习惯，从自身做起，从现在做起，做个环保小卫士，爱护我们的环境吧！

5.辅导员总结。

【思想引导关键点和主要方式】

关键点1：对垃圾和垃圾分类的再认识。

引导方式：引导队员通过观看各种垃圾的图片，了解垃圾激增的现状。队员通过学习联合国环境规划署首席专家对垃圾的著名论断，结合生活实例，明确垃圾是放错了地方的资源。通过观看视频，队员了解了垃圾分类的发展历史。

关键点2：了解垃圾分类处理的好处。

引导方式：通过观看视频，让队员了解垃圾不分类处理的弊端。通过队员讲述，加深对垃圾分类处理的好处的认识。

关键点3：如何进行垃圾分类。

引导方式：通过识别垃圾分类桶，引导队员加深对各种垃圾桶的认识。通过观看情景剧，引导队员在表演中、观看中加深对垃圾分类的认识。通过给垃圾找"家"的活动，引导队员对垃圾进行正确分类。通过"考考你"的活动，引导队员对某些不易分类的垃圾进行辨别，再次加深对垃圾分类的认识。

关键点4：了解垃圾分类后的去向。

引导方式：通过观看小视频，引导队员了解垃圾分类后的去向。

【延伸活动设计】

1.搜集用新科技进行垃圾分类、处理的有关资料。

2.统计自家每天产生的生活垃圾类别，分类称重。

3.以各村、社区为单位，组织队员在村里或社区（小区）开展一次垃圾分类的宣传活动，让更多的人了解垃圾分类的意义，积极配合垃圾分类的环保行动。

小学学段（四、五、六年级）

【辅导反思】

通过课前让队员自己制作各种垃圾的卡片、排练小品、练习垃圾分类手势舞，提高了队员学习垃圾分类的积极性；通过课上几段小视频的播放，让队员直观地了解垃圾分类的发展历史、垃圾分类的意义和垃圾分类后的去向，进一步帮助队员提高垃圾分类的意识和保护环境的意识；通过课上实践活动，让队员进一步提升了垃圾分类的准确性，加深了对垃圾分类标准的认识，尤其是一些特殊垃圾的分类。

专家点评

邱立君：昌平区教师进修学校副校长

这是一个贴近队员生活的课程设计。上课前，队员以任务驱动准备主题活动内容，熟悉垃圾分类情况，贴近实际生活，解决实际生活中的问题。课堂上，从四个阶段进行深入的探讨，队员们通过师生、生生之间的对话，建立更深层的认识，从而体现了每一名队员的实际收获。整个活动设计从生活中来再到生活中去，对队员们的实际生活有很大的指导意义。少先队员们通过观看视频、小组活动、讨论交流、手势舞蹈等多种形式，更有效地达成了本次队活动的目标。本次队课最大的亮点是小队员们进行了实际操作，将自己的理解在实践中进行应用，立竿见影地展示了本节队课对队员们的教育效果。

强健体魄
强国有我

北京市房山区琉璃河镇琉璃河中心小学中队辅导员　刘茜茜

【活动目标】

1.了解习近平总书记对少年儿童的希望要求，明确自己肩负的责任。

2.传承和发扬好冬奥精神，厚植爱国情感。

3.通过"红领巾奖章"之"健体章"争章活动，引领队员养成运动习惯，形成坚毅品质。

【背景分析】

　　少年强则国强。青少年的健康发展不仅关乎个人成长和家庭幸福，也关乎国家未来和民族希望。由于户外运动少，现在的孩子普遍"眼镜化"，身体素质有所下降。

　　强健的体魄离不开体育运动。习近平总书记指出：文明其精神，野蛮其体魄。"野蛮其体魄"就是强身健体。为增强学生的体质，健全学生人格，使学生在锤炼意志的过程中享受体育锻炼的乐趣，感受永不放弃的体育精神，学校、家庭、社会都要为青少年增强体魄创造条件。在这样的背景下，本中队组织开展了红领巾争"健体章"的争章活动。希望少先队员们牢记习爷爷的嘱托，激发体育运动的兴趣，形成勤锻炼的好习惯。从小学先锋，长大做先锋，争做新时代好队员，成为建设社会主义现代化强国的生力军。

【活动准备】

辅导员准备：

1.制作PPT、争章卡、互评卡。

2.搜集伟人锻炼的图文故事等资料。

3.拍摄队员运动的照片和视频，并将材料分类整理。

少先队员准备：

1.了解冬奥会体育健将的故事，收集冬奥会的图片及相关知识。

2.制作冬奥主题灯笼、手抄报以及编唱冬奥快板。

3.整理自己的"运动成长史"。

4.创编中队趣味运动。

【活动形式和主要过程】

环节一：定章回顾

中队长：亲爱的小伙伴们，现在身边很多伙伴戴上了眼镜，这和我们缺少户外运动有一定的关系，运动对我们来说非常重要。习爷爷提出要"文明其精神，野蛮其体魄"。"野蛮其体魄"的意思就是强身健体。

体育委员：现在我们回顾一下"健体章"的争章细则。

1.学习冬奥精神，参加实践活动。

2.积极参加大课间跑步，锻炼意志品质。

3.养成锻炼习惯，培养运动兴趣，两项体育技能娴熟，积极参加体育比赛，争创佳绩。

体育委员：为了争得"健体章"，咱们中队都举行了哪些活动？

队员：中队开展了"冬奥小讲坛""巧手绘冬奥"的活动，还积极备战学校跳绳比赛，创编班级趣味运动，以及举办亲子阳光运动会。

体育委员：经过近一个月的努力，今天终于到了大家期待已久的考章环节了。现在就请队员们展示学习冬奥精神，参加实践活动的成果吧。

环节二：考章过程

1.学冬奥，促实践。

队员分享故事"我心中的冬奥榜样——苏翊鸣"，以及自己锻炼的视频。

队员在"冬奥项目小讲坛"环节介绍冬奥会十五分项运动。可"跳舞的运动"：花样滑冰；"躺赢"的运动：雪橇；"趴赢"的运动：钢架雪车……

快板表演《冬奥赞》。

队员展示绘制的手抄报并介绍徐梦桃的小故事。

队员分享参加"张灯结彩·共庆冬奥"活动时制作的灯笼，现场猜灯谜。

体育委员：在争章这个月里，大家根据自己的兴趣爱好，用多种方式践行冬奥精神。

2.爱运动，练技能。

中队长：现在进行第二条细则的考评。

体育委员：第二条主要是评价队员积极参加大课间跑步的情况。这个月，队员都坚持跑步，没有一个偷懒掉队的，比之前都有很大的进步。中队认为第二条大家都达标了，现在请进步最大的同学分享锻炼感受。

队员分享争章以来自己在长跑方面坚持不懈，战胜自己，不断进步的心路历程。

体育委员：我看到了大家的努力，也看到了大家的齐心协力、勇敢坚强。

中队长：现在进行第三条的考评。

小队长：第三条，中队认为小队成员都达标了。争章以来，我们的评价在日常生活中持续进行，通过日常观察和大家提交的资料，认为大家都有很大的进步。中队委在考核表上都做好了记录。下面，请看小队的成果展示。

队员们进行成果展示并请其他队员进行评价。

体育委员：运动中最大的拦路虎就是难以坚持，坚持几天容易，但是一直坚持下去是很难的。正是坚持运动锻炼了我们的意志力，进而使我们体会到坚持的力量。请大家继续分享争章带来的进步与收获。

中队长：作为新时代的少先队员，我们不仅要强健体魄，还要学会团结互助、齐心协力。请队员继续分享。

3.亲子锻炼，助力成长。

中队长：争章活动不仅在校园中，还在日常生活中的时时处处，那么回到家后队员们又是怎么做的？

队员们分享居家锻炼成果与感受，家长评价。

中队长：伙伴们，我们是建设社会主义现代化强国的生力军，今天锻炼好身体也是为了将来建设祖国做准备。

环节三：颁章激励

中队辅导员：我们已经在日常锻炼中完成了自评、家长评价，以及小队长手中的考核记录表。刚刚大家又进行了成果展示，中队也给大家进行了评价，现在请大家进行互评！请在互评表上给你认为能获得"健体章"的队员打钩。

中队长、体育委员带领小骨干进行统计，根据统计结果宣布获得"健体章"的队员。

中队辅导员：祝贺你们获得"健体章"！队员们，希望你们珍惜荣誉、积极护章，继续坚持锻炼，练就强健的体魄，掌握真正的本领。还有没获章的队员，别气馁，中队开设了"健体章助力站"，大家随时可以到中队长和辅导员那里上交争章动态与成果材料。请大家积极帮助没有获得的队员们，祝他们早日获得"健体章"。

中队辅导员介绍毛主席爱锻炼的故事。

中队长：伙伴们，少年强则国强。让我们牢记习爷爷的嘱托，文明其精神，野蛮其体魄，养成锻炼的好习惯，顽强拼搏，拥有强健体魄，为建设祖国做好准备。

【思想引导关键点和主要方式】

关键点1：向榜样学习。

引导方式：队员们以讲故事、绘画、剪贴小报等方式介绍自己感兴趣的"冬奥英雄"，并通过了解他们的训练故事感受他们持之以恒的品质；辅导员讲述热爱运动的伟人故事，强调他们正是因为热爱运动，才拥有更强壮的身体，才能更好地服务于党和人民；队员进一步讲述身边的榜样故事，激励自己不断向榜样学习，并且努力成为别人眼中的榜样。

关键点2：丰富多彩的体验活动。

引导方式：激情课间，活动内容有"七彩阳光"、"希望风帆"和跑操、武术，既增强了班级凝聚力，也能培养队员的意志品质；运动会，让队员在奋力比拼中赛出好成绩，赛出更高、更快、更强、更团结的奥运精神，彰显向上进取的精神风貌；趣味运动，将竞技与趣味相结合，鼓励队员自主创编，比如"贪吃蛇""十人八字"等，让队员们既体验到运动的快乐，又体验到竞争的乐趣；亲子运动，可以让队员不断尝试挑战新的目标，在生理、心理和社会适应能力方面得到提升，激发队员的内在潜能，让家长发现他们不一样的一面，既增强亲子感情，又在运动中获得健康。

【延伸活动设计】

1.护章：队员们通过"红领巾奖章"争章园地来护章，同时通过集章卡，将这份成长路上的光荣足迹保存下来，以此激励队员朝着更高的目标攀登。

2.以"强健体魄·强国有我"为主题，争当红领巾讲解员。

3.学校开设更多体育兴趣小组，队员们可根据兴趣爱好及技术能力进行选修，让锻炼定时定量、科学高效。队员们在学中乐，在乐中学，增强体魄。

【辅导反思】

1.争章活动形式多样，丰富了队员的课余生活，增强了组织凝聚力，展现了队员积极向上、阳光自信的精神风貌。

2.奖章促评价，争章促发展。在"红领巾奖章"的激励下，少先队员养成了积极阳光的样态、遵规守纪的习惯、勤劳节俭的品质、爱党爱国的情感。少先队员一定能更好地立志向、修品行、练本领，争做新时代好队员。

专家点评

张志坤：首都师范大学初等教育学院副院长

本次少先队活动课以"红领巾奖章"的争章活动为主要内容，积极落实全国少工委的工作部署。作为"红领巾奖章"的特色章，"健体章"争章活动由学校少工委、中队来设计和实施，在一定程度上体现了《少先队活动课程指导纲要（2021年版）》中"全面发展"的相关内容，即增强队员的身体素质，开展体育锻炼相关活动。此次活动课还引入奥运精神的学习、宣传与践行，使队员们从认知、情感和行动上都有所收获。活动也有很好的拓展，希望队员进一步"护章"，加强体育锻炼并持之以恒，践行习爷爷关于"野蛮其体魄"的谆谆教导。

打卡红色地标
探寻红色足迹

北京市门头沟区少先队总辅导员　温婧

【活动目标】

1.通过参观当地的红色教育基地，感悟家乡红色文化。

2.引导队员们采访当地居民、探寻当地英雄的故事、感受传承至今的英雄精神，主动助力家乡绿水青山的建设。

3.通过整理采访记录、上网查阅资料、学习故事撰写方法、撰写英雄故事等活动环节，培养队员参与、体验、调查、研究、思考、创新等学习方式和习惯。

4.设计表现形式，准备汇报展示，宣讲英雄故事，传承革命精神。将"爱国主义教育""红色生态教育""古色文化教育"紧密结合，引导队员践行社会主义核心价值观。

【背景分析】

2021年12月，全国少工委印发《少先队活动课程指导纲要（2021年版）》。强调少先队活动课要坚持课堂内外、学校内外、线上线下相结合。2023年5月31日上午，习近平总书记在北京育英学校慰问师生时讲道："要加强革命传统教育……铭记党的关怀，赓续红色传统，传承红色基因，从小听党话、跟党走，立志为党成才、为国奉献。"

本节队课借助联盟校地理优势，积极开展"京西地区红色交通站选址和作用的寻访研究"少先队活动。

【活动准备】

队员们在辅导员的引领下制订课题研究计划，组织开展少先队实践活动。辅导员深挖区域资源，通过推进实践体验和探究学习，开阔学生视野，培养绿水青山新居民。少先队员主动查阅文献资料，充分利用各类红色文化资源，在认知、体验、感悟和实践中，通过自主探寻当地英雄的故事，学习英雄精神。在寻访过程中，小队队员主动提出"门头沟区红色文化遗址的传承与保护"这一命题，并以"红领巾提案"的形式对寻访过程做进一步梳理。

【活动形式和主要过程】

第一篇章：明确活动内容，制订研究计划

1.通过有声广播剧的形式播放小说《"一元春"药铺》。

2.提供关于"一元春"药铺的文献资料，引导队员结合小说内容思考问题。队员们通过提前查阅文献了解到青白口村以前没有中药铺，后来有了"一元春"，方便了乡亲们求医问药。一时间人来客往，"一元春"药铺看起来还挺红火——以药铺为掩护还真不易为外人所察觉。不管哪里来的人，来药铺抓药瞧病，顺理成章。这所共产党人的秘密联络站，就这样在北平的西山深处悄悄运行起来。

3.布置活动总任务：通过实地走访"一元春"药铺，探寻药铺成立后发生了什么事情，尝试与当时的人物"对话"，最终以舞台剧的方式呈现收获。

第二篇章："云"寻访红色遗迹，共赏历史之美

门头沟区地处北京大西山，是山区、矿区、革命老区。永定河畔熔铸着中华历史文化精华，保留着具有鲜明时代特色的自然风景和人文景观，不仅创造了绿水青山的游览环境，也是对青少年进行爱国主义教育的良好场所。队员们借助网络的便利，沿着永定河流经之路进行了京西红色历史遗迹的"云"寻访，深刻了解京西自然景观和人文景观。

在辅导员的帮助下，队员们连线校外辅导员——雁翅镇镇长和青白口村村民，更加深入了解了"一元春"为党的事业而开，为党的活动服务的故事。"一元春"开业后，共产党员崔显芳以行医看病为名，向党员传达县委指示，向群众宣传革命思想。共产党员魏国元作为经理（俗称"掌柜的"），以四处采购药材的名义，与上级党组织沟通联系，把最新指示与外界形势传递到宛平山区，使中共在宛平山区的活动得以顺利开展。在"一元春"工作的还有党员高连勇、师永林等人。那时的"一元春"，灯光彻夜不熄，除研究工作外，还有一批批进步青年在党旗下宣誓，加入中国共产党。他们为革命和解放事业献出了"一腔热血"。

第三篇章：实地寻访与体验，发出时代强音

1.队员们在辅导员的带领下来到了位于青白口村的"一元春"药铺开展实地探究。队员们观察了解了"一元春"药铺的现状以及青白口村的红色遗址情况，针对红色遗址的保护采访了当地的村委会和居民。队员们根据真实探究发现的问题，进一步提出了新的问题并思考解决方案。

2.实地调研之后，辅导员引导队员们结合调查任务单和采访内容进行整理，梳理调研过程。

3.最后，队员们分小队整理采访记录，并根据寻访结果进一步查阅文献资料，将资料作为理论依据，开展故事脚本创作。

第四篇章：用心演绎舞台剧，献礼革命文化

1.以《典籍里的中国》为创作蓝本，展开一场"穿越时空的对话"，当代的少年儿童和身处战乱中的崔显芳、赵曼卿、魏国元等前辈对话，寻找他们不懈奋斗的原因，告知他们如今中国的盛况。

2.以队员讲述故事为导入，一名队员讲述"一元春"药铺的时代背景，并扮演当时的人物展示舞台场景，接着一位穿着现代校服的小学生走进舞台，向革命英雄做自我介绍，并展开对话，突出革命英雄前辈一往无前、无所畏惧的精神。

【思想引导关键点和主要方式】

关键点1：少先队员传承红色精神的价值观塑造。

引导方式：学校基于德育"八小星"评价体系创新实施"红领巾奖章"特色章的争章活动，队员们热情高涨。在本次寻访过程中，队员们思考作为京西的"红孩子们"，应该如何继承革命先烈遗志，传承红色精神呢？进而，队员们提出想争"红领巾传承章"。打好人生底色，赓续红色血脉。

关键点2：加强队员对红色基因的真实感知，对党的温暖的感受，对精神力量的汲取。

引导方式：根据队员们的年龄特点和认知水平，立足于队员们的核心素养培育，在行前，辅导员指导队员通过阅读文献资料了解"一元春"药铺发生的历史故事。

在此基础上，开始实地探究。在对当地村民、村干部的采访中针对红色文物的保护发展新问题，进一步探究解决的方式，最终通过提交红领巾提案、撰写倡议书、录制宣传音频等方式，尝试提高当地红色文化的宣传力度，让更多的人了解当地的红色文化。

【延伸活动设计】

在实地寻访过程中，队员们了解到"一元春"药铺是区级文物保护单位。身为少先队员，孩子们不希望看到红色文化传承遗址变为私人拥有，因为那样既不利于红色文化的传承与展示，也增加了文物被破坏的可能性。

活动后，队员们设计了一份面向当地村民的调查问卷，共205人参与。通过结果统计可以得知，只有百分之七的村民完全了解京西红色故事。这证明，红色文化在他们的心里并没有扎根，以后应当多举行关于红色文化传播的活动。并且，通过走访和交谈得知，村落老龄化严重。他们有着保护当地文物的决心，但是很难跟上如今的互联网时代，难以宣传，得不到资助与帮助。

因此，队员们希望通过红领巾提案的形式，推动以物归原状、设立参观区等方式宣传红色思想、红色故事。

回到学校，队员们联系了学校校长，请她给提案进行进一步指导，并利用周一升旗仪式，举行了一次提案交接仪式。

【辅导反思】

携手探究不止步，少年家国在心上。

培养少先队员的理想信念、政治认同是少先队活动课培育的核心素养。本节少先队活动课带领队员开展的小课题研究便是以"红色精神"为主题，结合当地乡土文化特色，围绕红色文化遗迹"一元春"药铺展开的。

1.实践探究真体验。

本次研究，通过沉浸式的历史教科书，以"一元春"药铺及整个青白口村为立体的红色资源，结合当地的村民、村干部、红色遗址住户等多样的真实素材从多方面向队员呈现红色文化遗迹的现状，结合实践前提出的问题展开采访及调查。

2.连线搭桥真推动。

在这堂特殊的少先队活动课当中，辅导员从一位讲授者变成一位助力者，真正做到了把社会大舞台还给队员们。当辅导员选择"放手"时，队员们反而展现出更多的智慧与风采，释放出更多的活力，体现出巨大的价值。

3.情感沉淀真体会。

通过这次活动展示，队员们真思考、真实践、真探究、真体会，也留下了真感悟。

在活动结束后，参与本次活动的一位少先队员表示，他想亲手将这封提案信交到校长手上。他说："我希望我们的提案真的可以落实，通过我们的一点点努力真的能够帮助红色遗址的宣传。"

　　这名少先队员的话语反映出这次实践活动的真正意义，那就是真实的教育，真正的触动。少先队员在了解、感知再到践行的过程中，在实地探究过、真切感受过、与那片土地产生了情感联结之后，对于红色文化的理解不再只是书本上简单的图文记录，而是加入了真实实践的感悟驱动和一份肩上的责任意识。

专家点评

高盛兰：北京市门头沟区妙峰山民族学校团委书记

　　作为少先队活动课的一种独特形式，项目式实践探究活动要求既具有生活课程、活动课程、跨学科课程和实践课程等与综合实践活动课程相一致的课程属性，同时又具有深入探究、动态生成、文化底色嵌入等特征。在课程开始时，辅导员并没有急于展开实地探究，而是带领队员们结合实践手册，展开头脑风暴，引导他们厘清研究过程，明确自己真正想要研究的问题，尝试自主制定研究路线。在此基础上，队员们开始实地探究与拓展活动，这节少先队活动课充分利用本区域独特而丰富的地理、历史、红色文化等教育资源，挖掘出独具特色的少先队实践活动研究主题，让绿水青山成为乡村振兴、高质量发展的生动课堂。

科技燃梦
强国有我

北京市东城区东四十四条小学大队辅导员　景影

【活动目标】

1.通过寻访成果汇报，了解祖国各领域的发展变化，明白科学技术的发展对祖国强大起到的关键作用。

2.感受祖国的日益强大，增强队员光荣感；明白自身的努力与祖国强大之间的关系，知道自己肩负的责任，树立远大理想，激发队员的使命感。

3.引导队员厚植爱党、爱国、爱社会主义情怀，立志践行"请党放心，强国有我"，从小做好全面准备，接好建设科技强国的接力棒，做好民族复兴、强国建设的生力军。

【背景分析】

活动背景：2021年是中国共产党成立100周年。在全党开展党史学习教育的背景下，"结合自身成长实际学好党史"是习近平总书记对少先队员提出的要求。

"建科技强国"是习近平总书记念兹在兹的一件大事。习近平总书记曾说过："创新是引领发展的第一动力，科技是战胜困难的有力武器。"新时代的少先队员肩负民族复兴、强国建设光荣使命，更需明白科技发展与祖国强盛之间的关系，更需谨记自身努力与祖国强盛之间的关系。

小学学段（四、五、六年级）

主题解析：2021年7月1日，在北京天安门广场隆重举行的庆祝中国共产党成立100周年大会上，共青团员和少先队员代表集体致献词。"请党放心，强国有我"的铮铮誓言响彻天安门广场。我校各中队也相继开展了以此为主题、形式多样的少先队活动。

少先队小骨干们在筹备活动时发现：想要真正理解"强国有我"这一概念，理解"祖国的强大"是关键。结合我校少先队开展的党史学习寻访活动，队员们充分讨论后决定以"祖国不同领域的巨大发展和伟大成就"为主题，通过查资料、踩脚印、访榜样等多种实践途径开展新一轮的学习寻访活动。为了更好地总结、利用、提升队员们的寻访成果，联合中队全体队员和辅导员一致决定，开展本次少先队活动。

【活动准备】

辅导员准备：

1.与队员一起确定寻访活动主题，制订评价方案，协助队员整理寻访资料。

2.召集校外辅导员开会，细化活动内容，确保外出寻访活动安全。

3.负责社会资源的联系与协调。

少先队员准备：

1.讨论确定活动主题和内容，制订活动计划，进行小队分工，认领寻访任务。

2.开展多种形式寻访活动：实地走访相关场馆、采访专家、阅读相关书籍、上网搜集资料等，并进行资料的筛选与整合。

【活动形式和主要过程】

环节一：祖国强大我自豪

在前期自主筹备时，队员投票确定了六大寻访领域：航天、奥运、军事、教育、民生和环境。六支小队分别选定一个主题，开展为期一个月的学习寻访活动。队员们从寻访成果中遴选出最有代表性的内容，利用此次少先队活动与大家一起交流和分享，最后以小队为单位做汇报展示。

队员们结合网络搜索信息、实地参观学习等方式，展示交流新时代十年祖国航天事业取得的伟大成就。

队员们以寻访成果汇报的形式，从六大方面介绍了"祖国不同领域的巨大发展和伟大成就"，震撼于"祖国如此强大"。主持人顺势提问：这"强大"的背后，归根到底是什么在起着关键的推动作用呢？进而引导队员们深刻意识到——是科技起到了关键作用！科技的发展助推着我国各个领域不断开拓创新，持续发展。全体队员自发向这些为祖国发展作出巨大贡献的科技工作者致敬！

环节二：强国未来我创想

2021年7月1日是中国共产党的一百岁生日，到祖国一百岁的时候，会是什么样子呢？五幅"来自未来的照片"科幻画涉及的方面恰是第一环节交流分享的领域。此时，以小队为单位自由认领。引导队员们根据这五幅科幻画，进行大胆的想象和讨论，以畅想的方式描绘出本世纪中叶时祖国的样子。

环节三：强国有我我奋进

祖国的未来美好可期，是科技的发展助推国家的进步。那么，未来更好的自己要如何塑造？要刻苦学习，树立理想，砥砺品格，增长本领，全面发展，才能努力成长为能够担当民族复兴大任的时代新人。为引导队员明白这一道理，辅导员设计两个步骤激发队员的使命感。

第一步，借助音视频等新媒体手段，合成出队员2035年的样子。引导队员们走进创设的情景，借"未来自己"之口对现在的自己叮嘱、寄语，同时也对现在的自己提出希望和要求。

随着音频中传出"队员们，我们要回去了，祖国的未来就交给你们了"，活动进行至本环节的第二步——新时代少先队员立足当下，努力奋进！少先队员从上一步的畅想中回到现实，谨记"未来自己"的嘱托，审视自己当下的学习与生活，将自己的努力落实到每一天、每一件事上。

最后，队员们将手中的励志卡贴到黑板上，共同拼出"强国有我"的铮铮誓言。十九届五中全会首次提出2035年远景目标，那时的他们正是建设社会主义现代化强国的生力军，本环节意在引导少先队员种下"强国梦"，植下"爱党爱国爱社会主义的情怀"，以自我内心的强烈愿望，鞭策自己奋进前行，在拼搏中做到"强国有我"。

小学学段（四、五、六年级）

最后，在"请党放心，强国有我"的铮铮誓言中，本次少先队活动圆满结束。

【思想引导关键点和主要方式】

关键点1：了解祖国各领域的发展现状，感受祖国的日益强大，增强队员光荣感。

引导方式：队员以小队为单位，现场交流前期寻访学习的成果及收获。

关键点2：明白科学技术的发展对祖国强大起到的关键作用。

引导方式：回顾六支小队进行的寻访成果，启发队员发觉纵观六大寻访领域里祖国伟大成就的背后起到关键作用的均是"科学技术"，理解"科技强国"的真正含义。

关键点3：明白自身的努力与祖国强大之间的关系，激发队员的使命感；引导队员厚植爱党爱国爱社会主义的情怀，接好科技强国的接力棒，做好建设强国的生力军。

引导方式：借助音视频等新媒体手段，引导队员们走进创设的情景，请未来之自己寄语今日之自己；进而引导队员从畅想回到现实，关注当下，将自己的努力落实到每一天、每一件事上。

【延伸活动设计】

1.继续深入探究中国科技的发展：关注中国空间站的发展，了解空间站的科研成就；组织队员观看冬奥会，挖掘奥运中的科技元素；定期连线老家的乡亲们，听他们讲述田间的劳作，感悟科技给农民生活带来的变化……

2.实际践行科学精神，尝试科学研究：在校外辅导员的指导下，队员加入到生态环境部土壤中心的科研项目中，继续学习探索科技对生态环境改变的巨大助力作用。

3.借助《中队日志》，记录队员们在课余时间开展的实践寻访活动中的所见、所得，利用每周少先队活动课时间进行交流、讨论，巩固并深化队员们的寻访收获。

通过后续的系列延伸活动，持续激发队员的责任感和使命感，激励队员将国家的发展成就与自身肩负的责任连接起来，要为了建设更强大的祖国接续奋斗！

【辅导反思】

活动亮点：

1.课堂内外、学校内外、线上线下有机结合。

注重"时""空"结合，立足"校内"固本强基，面向"校外"延伸拓展，利用课内外、校内外开展少先队教育和实践活动。依托家长及社会资源，构建"校内+校外""线上+线下"相衔接的少先队学习模式，拓展少先队校外实践教育的广阔空间和阵地网络，用好《首都少先队实践地图》，采用全景式、体验式、沉浸式的实践方式，分层系统开展丰富生动的实践活动，形成具有本校特色的少先队寻访课程体系，实现对少先队员全时、全地、全员的教育服务和有效引领，促进少年儿童成长成才、全面发展。

2.坚持资源来源于队员，服务于队员。

活动中五幅"来自未来的照片"是活动前经辅导员与美术老师沟通，在美术课上队员用手中的画笔创作的未来世界的科幻画。全体五年级少先队员都进行了创作。辅导员在其中遴选出五幅并在此次队活动中做了展示，又将它们作为此创想环节的辅助道具。队活动的资源来源于队员，也服务于队员。

需改进的方面：

本次活动注重在课程中开展队员自我评价，同伴间进行合作交流和经验分享，但对标阶梯式成长激励体系，应将课程的过程评价和结果评价与"红领巾奖章"争章相结合，更好地激发少先队员的荣誉感、自豪感。

小学学段（四、五、六年级）

专家点评

潘涤：北京市东城区少先队总辅导员

"科技燃梦 强国有我"少先队活动课，活动题目有内涵、有深度。辅导员在思想引领上下功夫，突出精准引导。活动以助燃队员科技强国的梦想为切入点，从理解"强国有我"概念出发，将六大领域寻访活动与总书记对青少年寄语结合起来，选素材，讲故事，用时尚新媒体"画"未来、"展"未来，关注当下，引导队员种下"强国梦"，植下"爱党、爱国的情怀"。在寻访探究、实践体验中，让队员们自己寻找"强国有我"的答案。以小见大悟主题，自主实践感真知，立德育人见实效，活动呈现了"具体而有温度的成就教育、情感教育"的可行方法。

探秘圆明古桥
做文化传承人

北京市八一学校中队辅导员　李华伟

【活动目标】

1.通过对视频等资料的搜集、学习、分享，了解圆明园昔日的辉煌，感受圆明园中桥的精湛工艺和艺术价值。

2.知道中国园林桥的主要类型，借助资料学习、实地探访、与专家交流等方式，了解圆明园中桥的不同构造、形式与功能、艺术价值。在观察学习的基础上，制作模型，绘制作品，创作圆明园文创作品，展现圆明园桥的文化魅力。

3.通过一系列实践活动，感受传统文化，了解传统文化既需要薪火相传、代代守护，更需要与时俱进、勇于创新，形成文物保护意识，明确作为少先队员所肩负的历史责任和所担当的未来。

【背景分析】

圆明园是中华传统文化的典型符号，蕴含着丰富的传统文化知识和爱国教育资源，是培养新时代少先队员道德养成这一核心素养的重要场所，具有丰富的育人价值。

五年级少先队员对圆明园有一定的认识，但更多的是对于近代屈辱历史的了解，对于圆明园曾经的辉煌和艺术成就并不熟悉。因此，本次少先队活动选择队员们感兴趣的圆明园古桥作为专题对象，引导队员从建筑工艺、形式与功能、艺术价值三方面进行探究性学

习，感受圆明园中桥的精湛工艺和文化内涵。

学习方式上，五年级队员有过多次小组学习的经验，便于开展小组合作学习。利用这一优势，辅导员带领队员们收集整理资料、实地观察、亲自测量、设计制作文创产品，培养他们的合作、沟通和表达能力，以及分析问题、解决问题的能力。

【活动准备】

辅导员准备：

1.带领小队干部搜集关于圆明园中桥的资料，策划少先队活动的四个阶段，确立各小队活动的主题和内容。

2.组织各小队进行圆明园实地探究，现场观察、测量、绘制结构图和纹饰。

3.借助学校少工委力量，建立与相关专家的交流渠道，为活动提供支持。

少先队员准备：

1.组建桥的结构、桥的形式与功能、桥的装饰和文化内涵三个小队，制订小队任务计划。

2.搜集资料，分析整理资料，小队内分享，完成小队汇报单和学习报告。

3.完成小队展示的模型、沙盘、文创作品等。

4.展示并汇报自己的学习成果，彼此交流、提建议，不断修改完善汇报方案，为中队活动展示做好准备。

【活动形式和主要过程】

本次校外少先队实践活动，以项目式学习为活动方式，充分发挥队干部以及队员的自主性，从队员的兴趣入手，结成三个探究小队，分别是第一小队：桥的结构；第二小队：桥的形式与功能；第三小队 ：桥的装饰和文化内涵。每个小队由小队长组织，带领队员开展一系列校内外实践活动。

环节一：初识圆明古桥，感受桥韵芳华

观看圆明园纪录片，了解这座古老的皇家园林，感受其宏大的规模、杰出的营造技艺、精美的建筑景群、丰富的文化收藏和博大精深的民族文化内涵。

搜集资料，分享中国古典园林桥类型、圆明园鼎盛时期近200座桥的相关知识。欣赏《圆明园四十景图》，找寻圆明古桥踪迹，了解圆明园中涵盖了中国古典园林的大多数桥梁类型的形态各异的桥。这些桥连接两岸交通，丰富水景，装点园林，成为御园风光的重要组成部分。整体感知圆明园昔日的辉煌盛景，知道圆明园鼎盛时期有近200座各式各样的古桥，了解这些大小不一的桥，不仅承担着园内重要的交通责任，还展现着高超的造桥工艺，蕴含着丰富的文化内涵。

绘图微课堂，队员讲述平面图和立面图的知识，为下一阶段的实地探访打下知识基础。

环节二：寻访圆明古桥，领略高超技艺

队员们分为三个小队，以小队为单位设计各组探究学习单，在校外辅导员圆明园专家的带领下，前往圆明园进行实地探究活动。

1.解残桥结构之谜。

第一小队首先来到圆明园南门内的残桥前，他们准备充分，搜集了专业资料，了解残桥这座石拱桥的尖拱结构和建筑特点。在现场，他们借助激光测距仪、卷尺等测量工具，测量残桥数据，推算大概尺寸，为接下来的仿建残桥活动做好数据积累。通过完成资料学习、亲自测量等任务，队员们感受了圆明园古桥反映出的高超建筑水平和我国古代工匠的杰出技艺。

2.探索形制与功能之巧。

第二小队和第三小队前往九州清晏景区。第二小队重点探究桥的类型与功能，他们仔细观察如意桥、棕亭桥、五孔桥等古桥，了解圆明园内桥的不同形态及各自的特点，理解桥具有交通、隔景、装饰、家庙祭祀等不同功能。

3.赏析桥文化内涵之韵。

第三小队探究桥的文化内涵。他们重点研究如意桥和碧澜桥，近距离观察桥的形态、桥身、望柱上的纹饰和诗刻，现场用画笔记录，透过纹饰和诗刻感受古人的匠心，从而发现文化所具有的延绵不断的力量。

环节三：制作创意作品，传承优秀文化

三个小队依据学习内容，选取不同的桥，制作模型、绘制画作、设计文创产品，并在专业老师的指导下，完成作品。

第一小队借助泡沫板、牙签和瓦片"复建"残桥。他们不断调整，花了近一个月的课余时间将"残桥"一块一块地叠砌而成。为了保证复建桥的准确性，他们还搜集了专业书籍，了解古代造桥的方法和工艺。队员们看着残缺不堪的桥重新焕发出勃勃生机，纷纷竖起大拇指。

第二小队制作圆明园沙盘，借助沙盘展示不同的桥在园林中的作用。他们还制作了如意桥的模型，对比古今如意桥的不同，一方面了解如意桥的隔景作用，另一方面借由研看桥身上取下的木板，感叹于古人的智慧创造。同时，他们还绘制如意桥、棕亭桥、上下天光曲桥和安佑宫白玉石桥的画作。精心挑选的这四座桥分别承载着隔景、休闲、观赏、祭祀的不同功能，令队员们叹赏桥在园林中的重要作用及其承载的文化内涵。

第三小队聚焦桥的装饰和文化内涵，从桥名、桥身上的纹饰和诗刻入手进行探究。他们还成立了文创设计团队，在美术老师的指导下，设计了碧澜桥环保购物袋，实用美观的鼠标垫、文件夹，精美图案的水杯，新颖别致的口罩，可爱的大水法便签纸……队员们借由文创产品展现桥的文化魅力。

环节四：展示桥韵芳华，共筑强国之梦

队员们完成研究报告的同时，辅导员组织了"圆明桥韵绽芳华，向美而行凝匠心"展示活动，展示活动面向学校各中队直播。活动中，三个小队的队员分享自己的学习收获。

第一小队，对照残桥的照片进行讲解，深入解析残桥结构。队员们还在现场为这座桥征集名字。经过现场投票，残桥最终被命名为"相识桥"。队员们期望通过这座"相识桥"继续开展对古桥的学习和研究，也开启对三山五园的进一步探索。

第二小队，配合自己制作的沙盘、模型和画作，细心讲解。他们还分享了制作模型中的故事。一同解决难题时的他们，展现了小队团结向上的精神。队员们赞叹这些桥的设计之巧妙，它们犹如一颗颗宝珠，点缀在圆明园中，连通了一处又一处风景，锻造了别样韵味。

第三小队展示中，队员化身说书人，为大家讲解，让所有人看到了中西交融的文化作品，感受桥与影一同营造出的典雅意境。他们现场展示乾隆皇帝所作的书法作品，抑扬顿挫地朗诵古诗，赞扬中华文字之美、文化之韵。借助诗句，他们将美好匠心，用桥传递给每一个人。第三小队文创组长带领团队讲述了设计文创产品的过程。通过动手制作，他们懂得了从细节到整体观察文物的重要性，也深刻理解了尊重与保护文物的价值意义。

活动现场立起了一个文创展台。展台上，队员们参观并挑选自己喜爱的文创产品，感受着桥的文化魅力。

最后，队员们纷纷举手发言，积极分享着感受。大家纷纷表示：古时的匠人之心，要靠我们去探索、去发现；古人的智慧之光，要靠我们去点亮、去传承。

百余年前，清政府抱残守缺，无力保护这座万园之园。如今，圆明园内一座座复建的桥，一件件回归的文物，共同诉说着今日中国之强盛，民族之复兴。"要让文物说话，让历史说话，让文化说话。"最后，中队长发出倡议："作为少先队员，我们是新时代的中国力量！让我们传承和发扬精益求精的工匠精神，立下以我少年之强，共筑强国之梦的铮铮誓言！"

【思想引导关键点和主要方式】

关键点1：圆明园鼎盛时期有着近200座桥，这些桥大小不一、形态各异，如何引发学习兴趣，让队员们感受到桥独特的精湛工艺和艺术价值，继而透过桥感受到中华优秀传统文化的魅力，树立文化自信。

引导方式：辅导员为队员们提供学习资源，借助网络、专业书籍、古画典籍、纪录片等资料进行学习。各小队整理学习资料，形成学习资料包。各小队根据兴趣，选取自己的探究学习方向。辅导员同时指导小队分工、组内的交流以及组间的学习分享，突破了信息茧房。广泛而深入的学习，让每一位队员感受到桥的独特魅力，惊叹于古人的智慧与创造。他们从近200座桥中筛选，作为下一步探究内容，唤起了对古代园林桥以及优秀传统文化的浓厚兴趣。

关键点2：立足校内学习和社会实践，形成课内与课外的双向互动，调动队员们的积极性，深入开展探究性的学习活动，并使其在学习中形成文物保护意识，自愿自发成为优秀传统文化的守护者和传承者。

引导方式：活动中，队员们在圆明园实地考察。他们测量数据、观察并探究桥的结构，反复试验材料，制作模型，体验传统造桥工艺，感受拱桥石块间巧妙的受力关系；他们绘图、临摹，借助文物大胆创新，设计文创作品，将对文物的尊重和保护融入自身行动中，真正让"收藏在博物馆里的文物活起来"。

【延伸活动设计】

1.积极参与圆明园文创设计大赛。大赛面向中小学生，征集绘画、书法、产品设计等作品，鼓励队员积极参加比赛，真正"让收藏在博物馆里的文物、陈列在广阔大地上的遗产、书写在古籍里的文字都活起来"。引导队员们在设计、制作的过程中，进一步了解传统文化内涵，宣传以圆明园为代表的优秀传统文化。

2.开展"我是圆明园小小讲解员"活动。指导队员选择圆明园内一处景观，撰写讲解词，并鼓励队员参与志愿讲解活动。引导队员深切感受传统文化既需要薪火相传、代代守护，更需要与时俱进、勇于创新，形成文物保护意识，明确作为少先队员所肩负的历史责任和所担当的未来。

3.以此次活动为起点，继续开展圆明园项目式学习。挖掘圆明园的丰富文化内涵，鼓励队员从动植物学、文学、建筑学、艺术、体育等方面选择丰富的学习主题，深入学习，感受圆明园的文化魅力。

【辅导反思】

1.小队合作，自主学习，在深度参与中收获成长。

从活动的计划制订，到具体的实施分工，再到最后的成果汇报，小队长全程组织策划，队员们全程参与其中。三个小队还围绕各自承担的主题设计了相应的学习单，形成了相关主题的资源包，供其他队员学习。活动中，他们遇到了各种各样的问题，面对问题，小队成员讨论并制订解决方案，不断尝试，不断调整，在失败中学习，提高了自身合作、沟通和表达能力，以及分析问题、解决问题的能力。

2.形式灵活，整合校内外多种资源，走进社会大课堂。

从准备到实践再到最后的活动课展示，活动持续了三个月的时间。队员们分三个小队开展学习活动，融合多学科的知识和技能，查阅资料，多次前往圆明园实地测量和探访，制作模型和沙盘，设计和创作桥主题文创产品，充分展现桥的文化魅力。

圆明园专家作为少先队活动的校外辅导员，为队员们的活动保驾护航。队员们走进圆明园的大课堂中，通过沉浸式学习，深切感受到传统文化既需要薪火相传、代代守护，更需要与时俱进、勇于创新。

3.成果多样，具有广泛的宣传作用。

在汇报和展示环节，学校还邀请了来自三山五园研究团队、海淀文旅部门和圆明园管理处的工作人员。队员们为他们送上了亲手设计的文创产品，他们也惊讶于队员们深入的学习成果和异彩纷呈的作品。后续，少先队活动会以此为助力，扩大影响力，让更多的人走进圆明园，了解圆明园的桥，传播中华优秀传统文化，让中华优秀传统文化深深植根于每名队员心中。

专家点评

崔青慧：全国少先队名师工作室带头人，北京市海淀区总辅导员

　　此次少先队活动课主题鲜明，切入点小，题目新颖而鲜活。此活动课以实践教育为基本形式，注重采用全景式、体验式、沉浸式的实践方式，引导队员积极参与丰富多彩、生动活泼的少先队活动，在实践中体验生活、感知文化、了解历史，提升活动的代入感、时代感和获得感，并对少先队员进行政治启蒙和价值观塑造。

　　活动准备充分，队员积极参与，设计合理，贴合队情，注重融合性，体现层次性。尤其是活动注重资源整合，充分调动校外相关资源，并增强其与学校的持续互动，通过校外辅导员的保驾护航，为队员拓宽了社会大课堂。

小学学段（四、五、六年级）

筑牢心中的"强军梦"
——红领巾寻访国防新成就主题活动

北京市海淀区实验小学中队辅导员　晁杨

【活动目标】

1.通过实践活动，引导队员学习海陆空武器装备的相关知识；了解党的十八大以来，我国现代军事装备取得的成就，激发队员的民族自信心和自豪感。

2.通过实践活动，引导队员了解人民军队的奋斗历史和光荣传统，学习英雄模范的感人事迹；探寻伟大成就背后的故事，引导队员缅怀革命先烈，赓续红色精神，培养爱党、爱国、爱军的思想情感。

3.通过走进军营考察和训练，实地感受中国军人的"四有"精神，向解放军叔叔学习，在实践活动中，立下报国之志，磨炼意志品格，争做"有理想、有本领、有担当"的新时代好队员。

【背景分析】

习近平总书记在党的二十大报告中指出："我们确立党在新时代的强军目标，贯彻新时代党的强军思想，贯彻新时代军事战略方针，坚持党对人民军队的绝对领导。"

在与队员们的接触中发现，他们对国防科技成就比较感兴趣。学校开展传承红色家风活动时，辅导员发现：很多队员家中的长辈都有着从军经历，有的还是身经百战的革命老军人，家长的职业基本囊括了从战争年代到如今各历史阶段的各军兵种。在与队员们的交流中，辅导员还发现：个别队员对党领导下的人民军队在不同发展阶段使用的武器装备讲述得有声有色，还能说出习近平总书记在党的二十大报告中提出的信息化、智能化战争的特点。少先队活动要"问需于童"，队员热议的话题恰恰是教育的入手点。于是，辅导员决定：抓住队员们感兴趣、熟悉的事物，引导他们学习、理解习近平总书记的强军思想和党的二十大精神；通过"红领巾寻访伟大成就"活动，引导队员了解近年来人民军队的发展，聆听老一辈革命军人的故事，探寻科技强军、人才强军之路，传承红色基因，赓续红色血脉，提升队员们的民族自信心和自豪感。

【活动准备】

辅导员准备：

1.提前前往寻访考察地点：军事博物馆、中国人民解放军军乐团，进行前期考察及协调。

2.动员中队家委会家长做好活动的后援保障工作。

3.召开队干部会，一起商定开展校外实践活动的内容和形式，形成活动方案。

少先队员准备：

1.分小队收集党的十八大以来习近平总书记阐述的强军思想的金句，绘制习爷爷视察部队现代军事装备的路线图，整理我国军事科技成就的视频、图片、文字材料；撰写采访老战士、老英雄的提纲。（充分发掘红色家风的资源。）

2.在中队辅导员的带领下，参观军事博物馆，搜集军事建设成就资料，拍摄参观视频。

3.走进中国人民解放军军乐团训练场，参加队列训练，体验军营生活。

4.其他准备，如提前邀请学校领导、大队辅导员、退伍海军教师朱葛老师和家长代表参加本次活动。

【活动形式和主要过程】

环节一：强军思想领航向

（播放庆祝中华人民共和国成立70周年阅兵式片段）

队员们为我们伟大的祖国、伟大的人民军队而感到骄傲和自豪，纷纷表达感受。

"海军小队"队员出示地图，队员事先用五角星在地图上标注出党的十八大以来，习近平总书记到全国各部队考察的足迹，小队长一一讲解，重点讲述习爷爷提出的强军思想。

聘请在原中国兵器部工作的甘雄叔叔为我们中队的校外辅导员，并专门开设 "军事微讲堂"，题目是《大国重器 使命必达》，感受国防科技的强大威力。

环节二：国防装备显神威

中队队员以"沿着习爷爷的足迹"为主题，利用课余时间，开展"红领巾研学"活动，探寻我国人民军队武器装备现代化的历史进程。

"陆军小队"出示了一份小调查报告，根据图片、数字及分析，介绍了我国军事科技的自主创新情况和人民军队强大的武器装备。队员们听了振奋不已。

光荣退役的海军战士——朱葛老师为我们带来了中国海军的建设成就讲座。

朱葛老师给队员们讲述了海军的发展和建设成就，还讲到过去我们从国外购买武器到今天完全自主设计建造，充分体现了习近平强军思想的引领。

（播放采访孙同学爷爷的视频）

孙爷爷给队员们讲述他在战争年代中经历的艰苦战斗岁月，以及自己勇敢战斗立功受奖的经历。通过鲜明的对比，让队员们感受党领导下的人民军队越来越强大，所向披靡！

"空军小队"队员利用周末来到军事博物馆参观，开展"红领巾寻访"活动。队会上，"空军小队"队员介绍了寻访考察的成果和收获。

播放"红领巾寻访"录制视频，讲述空军的发展历史，讲述空军英雄王伟、全军挂像英模张超烈士的故事。

环节三：未来祖国我守卫

为了体验部队的真实生活，队会前，中队利用"五一"假期，派"陆军小队"队员在中国人民解放军军乐团训练基地，参加了为期一周的军事化训练。让我们一起观看"小军人"的风采。

"陆军小队"队员，进行队列展示，同时通过PPT进行展示，并发表训练感想。

"陆军小队"在这一周内体会到了部队训练的艰苦，更理解了习爷爷在古田全军政治工作会议上提出的"四有"军人的目标。作为新时代的少先队员，我们要以"四有"军人为榜样，艰苦奋斗、不怕困难，争做"有理想、有本领、有担当"的新时代好队员。

环节四：百年强军绘蓝图

队员们畅想未来，用绘画、手抄报的方式，描绘心中的强军蓝图；展开热烈讨论，说出自己的"微心愿"。

各小队还讨论了近期行动：一是收集习爷爷关于强军梦的金句，制作"习语"展板，进行广泛宣传；二是军事科技爱好者将自发组建"军科迷俱乐部"，定期在中队发布军事科技成果。队员们还建议：中队建立校外实践基地，组织军事训练，举办军事夏令营。

在本次活动最后，中队辅导员进行了总结。

【思想引导关键点和主要方式】

关键点1：通过红色家风寻访活动，引导队员感受先辈浴血奋战的光辉历史，坚定从小听党话、跟党走的决心。

引导方式：身边队员讲述红色家风故事，采访老英雄。体会革命战争时期的艰苦，明白今天幸福生活的来之不易。

关键点2：帮助队员理解党的二十大报告提出的强军思想，认识到只有强大国防才能捍卫祖国主权，才能保卫我们奋斗数十年才获得的建设成果。

引导方式：引导队员们理解习近平强军思想，只有强大的人民解放军才是我们今天幸福生活的保障，我们建设国防正是维护世界和平的具体行动。

关键点3：通过在中国人民解放军军乐团训练基地进行队列训练，体会到了部队训练的艰苦，更理解了习爷爷在古田全军政治工作会议上提出的"四有"军人的目标：有灵魂、有本事、有血性、有品德的新一代革命军人。

引导方式：通过艰苦的队列训练，体会新时代人民军队的光荣品质，树立远大的志向，居安思危，关心国事，努力学习，不断超越自我。以"四有"军人为榜样，团结奋斗、不怕困难，争做"有理想、有本领、有担当"的新时代好队员。

【延伸活动设计】

1.在校外辅导员的带领和指导下，继续参观相关基地：昌平南口轻武器博物馆、小汤山中国航空博物馆、卢沟桥中国人民抗日战争纪念馆等，继续跟随习爷爷的脚步，了解习近平总书记提出的强军思想。

2.中队建立校外实践基地，组织军事训练，举办军事夏令营。定期进行队列训练、展演等活动。

3.继续收集习爷爷关于强军梦的金句，制作"习语"展板，进行广泛宣传；组建"军科迷俱乐部"，定期在中队发布军事科技成果。

【辅导反思】

1.本次少先队系列活动，紧紧围绕习近平总书记在党的二十大报告中所提出的，确立党在新时代的强军目标，贯彻新时代党的强军思想，贯彻新时代军事战略方针，带领队员们深入了解军事领域知识，树立热爱党、热爱祖国、热爱人民的朴素情感。提升民族自信，坚定队员们从小听党话、跟党走的决心。

2.通过军事学习及初步的军事训练，锻炼队员的意志品质，提升中队的组织纪律性，增强整个中队的向心力和凝聚力。争做"三有"好少年，树立争做"四有"军人的远大理想。

3.通过与队员们的深入沟通，发现部分队员对军事感兴趣是从对武器装备的兴趣开始的，需要特别注意引导他们，强军不是好战，而是为了保家卫国，为了更好地维护世界和平，保卫祖国、保卫人民。

专家点评

张志坤：首都师范大学初等教育学院副院长

　　本次少先队活动课主题选取符合《少先队活动课程指导纲要（2021年版）》要求少先队活动课要聚焦主责主业，发挥政治引领的主要功能的要求。军事教育对于少年儿童是重要的教育内容。本次活动准备充分，辅导员带领队员做好了任务分工和前期准备工作。活动目标具体可行，分别从队员的认知、情感、行动等维度进行设计，体现了活动育人的综合性、系统性、实践性。活动包括四个环节，充分发挥队员自主性、积极性。活动形式多样，包括社会调查、实践锻炼等形式，而且注意嘉宾资源的邀请和共育，体现了家、队、社协同育人的新模式。活动有很好的延伸，包括推荐队员到更多军事领域的博物馆、纪念馆、教育实践基地参观，有助于将军事教育入脑、入心、入行动。

小学学段（四、五、六年级）

让"国潮"永远是春天
——红领巾探秘"国潮热"

北京市海淀区实验小学中队辅导员　冯可心

【活动目标】

1.深入学习二十大报告中关于"推进文化自信自强，铸就社会主义文化新辉煌"的相关论述，通过上网查找资料了解习近平的文化情缘以及"真正把青少年培养成为拥有'四个自信'的孩子"的思想论述，明确传统文化是劳动人民智慧的结晶。

2.结合时下"国潮"产品及特色实践活动，发掘传统文化在当今时代流行的新成就，从优秀文化和文明成果中汲取智慧。采访《只此青绿》编导团队等文艺工作者以及非遗传承人，学习他们对待艺术创作的匠心精神，感受传统文化走向更大舞台的独特魅力，从而坚定文化自信。

3.引导队员回归校园精神文明建设，思考在新时代如何用行动彰显文化自信，把握传统文化中的现代元素，用现代手段去传承，以"青春之笔"描绘文化传承画卷。

【背景分析】

党的二十大报告指出，全面建设社会主义现代化国家，必须坚持中国特色社会主义文化发展道路，增强文化自信，围绕举旗帜、聚民心、育新人、兴文化、展形象建设社会主义文化强国，发展面向现代化、面向世界、面向未来的，民族的科学的大众的社会主义文化，激发全民族文化创新创造活力，增强实现中华民族伟大复兴的精神力量。

在科技蓬勃发展、时局风云激荡的当今时代，如何让优秀传统文化在新时代焕发生机，让优秀传统文化更好地延续，以合适的方式融入现代生活，这是我们需要思考的问题。让传统更流行，让传承更久远，我们认为最好的传承方式应是巧借创新活水，为文化赋能，才能为传统文化拂去历史尘埃，使之重新"活"起来。

【活动准备】

辅导员准备：

1.组织队干部策划本次活动，列出内容和步骤。

2.联系校外辅导员、《只此青绿》编导团队，做好采访工作的前期沟通。

3.指导队员查阅、收集有关"国潮"产品及文化内涵的资料。

4.和队员们共读党的二十大报告，收集习近平总书记关于"文化情缘"的故事以及他给江苏省淮安市新安小学少先队员的回信。

5.准备文创手工制作素材、国画颜料等必需品。

少先队员准备：

1.利用假期、周末，队员在家长的带领下，游览故宫、天坛公园等历史建筑；结合时下热点话题，收集"国潮"系列产品。

2.自主观看《只此青绿》《满庭芳·国色》春晚片段，以及《端午奇妙游》《中秋奇妙游》《中国诗词大会》《国家宝藏》等国风节目。

3.走访北京传统手艺人或非遗传承人，了解他们背后的故事。

4.走访校园，记录并拍摄校园中的传统文化元素以及校训元素。

【活动形式和主要过程】

环节一：对话非遗·燃国潮之热

1.国潮"出圈"，做文创打卡员。

2023年寒假，我校开展了做"守真、从善、修美"少年——五育践行奖评选活动，队员代表晒出春节假期的五育践行作品，比如：亲手剪的窗花、自己动手设计的"福"

小学学段（四、五、六年级）

字、手写的春联等。队员代表总结：近三分之一的队员与家人走进博物馆及文化景点，参观游览，在朋友圈纷纷"打卡"涵盖经典文物形象的"文物雪糕"、故宫盲盒、冰箱贴、书签等国风文创产品。在2022年冬奥会期间爆火"出圈"的"冰墩墩""雪容融"更让队员们直呼"一墩难求"。国潮热彰显了少年群体发自内心地认可自己所追求的中国元素。

2.萃取"青绿"，做文化展卷人。

春晚大热的舞剧《只此青绿》向我们传达了彰显中国传统美学的宋代舞韵，色彩美、舞姿美、意境美。中队特别邀请了《只此青绿》总编导周莉亚老师担任校外辅导员，对队员们关于舞剧的提问进行集中解答。

了解青绿颜色的寓意是对"绿水青山"的赞美，表现出春天万物复苏、生机勃勃的景象，也表达出作者对新时代中国奋发有为、积极向上的精神面貌的赞美。了解舞剧在排练时有什么细节或者令人感动的故事。例如，在《只此青绿》的创作初期，创作人员查阅了大量资料、书籍，在一年多的时间里，多次向故宫的专家老师们求教。他们走进故宫文物医院、书画院，了解了完整的书画展览过程以及文博工作者的工作环境。

队员们还了解到《千里江山图》千年不褪的色彩，由无数劳动者匠心创造，又由一代代的文物保护工作者接续守护。正是这样一群人，最终成就这独具一格的"青绿"，共同绘就了这层峦叠嶂、更具厚重深意的"千里江山"。

环节二：鉴古观今·铸强国之梦

各小队交流、研读习近平总书记文化思想以及党的二十大报告中关于"推进文化自信自强，铸就社会主义文化新辉煌"的重要论述。

队员们分小队交流研讨搜集的国潮流行成果，感受优秀传统文化在当今时代中与新科技交融的新成就。

角度1：科技强产业，弘扬民族精神。

麒麟是中华民族吉祥、和谐的形象大使。《山海经》四灵之一的玄武，寓意财富有余、健康长寿，体现了古代人民对于美好生活的向往。华为公司将旗下芯片命名为"麒麟"、操作系统命名为"鸿蒙"、实验室命名为"玄武"，或许恰是由于对传统文化的热爱，我们的"中国式浪漫"得以薪火相传。古时的嫦娥奔月变成了如今的"嫦娥"奔向太空，科技的发展与进步也让古老的中华文明焕发了新的生机与活力。

角度2：文化产业，汲取典籍力量。

国风热潮催生了《端午奇妙游》《国家宝藏》《上新了·故宫》等国风节目，那些深藏在各大博物馆的馆藏文物，频频借助新型的文化表达形式为大众所熟知。

角度3：国风品牌，彰显文化自信。

国产商品以前有不少被冠以英文或英译名，而现在出现了更多的中式名称，比如："莫言醉""布衣乐""百雀羚"……

队员分小组研讨曾经的国货愿意起个"洋名"来推销自己，但现在更多的商品更倾向于选择中国风的名字，而且寓意还很妙。队员们总结发现我国4000多年的茶文化正在以各种各样的方式呈现，其内涵正是大国崛起的文化自信自强。

环节三：寻根身边·扬传承之魂

队员以晒照片的形式展示走访校园的成果，包括：校训系列建筑"守真石、从善廊、修美亭"以及校园文化置景"老北京门楼""梦空间书法绘画作品""四季之景""非遗文化进校园展览""《海实少年说》标志牌"等，感悟优秀传统文化就在日常生活中，使我们耳濡目染，浸润身心。

我校多次开展了"非遗文化进校园"活动，比如京剧社团、空竹社团、脸谱绘画活动，等等。"非遗文化进校园"让学校成为充满文化气息的育人场所，不仅使队员们开阔了视野，感受优秀传统文化的魅力，还能逐渐生发自觉传承优秀传统文化的意识，使非遗保护和传承工作后继有人。《关于进一步加强非物质文化遗产保护工作的意见》提出："将非物质文化遗产内容贯穿国民教育始终，构建非物质文化遗产课程体系和教材体系"，"在中小学开设非物质文化遗产特色课程"。在中小学开设非遗课是为了培育中小学生对中华文化的情怀，唤醒文化自信。

辅导员为队员们的汇报做总结：在今天这个全球化的时代，文化越来越被看作是一个国家和民族的软实力，重视和挖掘我们深远的优秀传统文化，保持文化自信、自觉无比重要。国潮"新"起，亦是文化复兴的一种表现。盲目崇外已成为过去，人们对国货、国粹、国风等"国"字号的热情，是当下人们对中华文化认同并充满信心的体现。

【思想引导关键点和主要方式】

关键点1：点燃心中的"国潮热"。

引导方式：队员代表介绍自己在寒假完成的五育践行作品，并结合时下热点话题，发现"国潮热"彰显了少先队员们发自内心地认可自己所追求的中国元素。

关键点2：了解中华优秀传统文化，致敬"匠心"精神。

引导方式：中队特别邀请了《只此青绿》总编导周莉亚老师担任校外辅导员，针对队员们关于舞剧的提问进行集中解答。校外辅导员启发队员们透过这部精益求精的匠心之作，走进艺术，感受作品中传承的中华优秀传统文化。

关键点3：在古今交融中坚定文化自信。

引导方式：队员们分小队交流研讨搜集的"国潮"流行成果，包括科技、文化产业，国风品牌等。通过感受传统文化在当今时代与新科技交融的新成就，发现其内涵正是大国崛起的文化自信自强。

关键点4：挖掘传统元素，赓续优秀文化血脉。

引导方式：队员展示走访校园挖掘到的传统文化元素，如校训系列建筑"守真石、从善廊、修美亭"以及校园文化置景"老北京门楼"等，感悟传统文化浸润身心，从而逐渐生发自觉传承优秀传统文化的意识，使非遗保护和传承工作后继有人。

【延伸活动设计】

1.执笔创作，融汇对国风的思考。

队员们提议设计融合本中队元素和理念的系列文创产品，用自己的实际行动践行文化自信，传承中华优秀传统文化。队员们分为三支设计小队，分别是：中队徽章设计小队、中队国风书签设计小队、校训玩偶传统服装设计小队。初稿设计完成后进行中队内展示及修改完善工作。

结合自身特长和兴趣，队员们提议为三个校训吉祥物设计具有中华民族特色的手绘服饰，融入自己对于中国传统元素的理解。服饰既是物质文明的结晶，又具精神文明的含义，中华民族凭借自己的智慧，创造了绚丽多彩的服饰文化。中队充分利用校外辅导员资源，准备再次邀请《只此青绿》总编导周莉亚老师为队员们设计传统服饰进行艺术指导。

2.活动渗透，引领校园文化传承。

倡议队员们为校园内的公共设施，如中队文化墙、卫生间、水房、打饭处、操场等设计富有传统文化韵味的古诗词来作为宣传标语，一方面用极具"中国式浪漫"的语言提醒队员们如何在公共生活中维持秩序，另一方面让队员们感知中华优秀传统文化的底蕴之深。由中队活动拓展到全校的实践创新活动，号召队员们用实际行动践行文化自信。

【辅导反思】

化虚为实，以"具体"诠释"抽象"。传统文化是较抽象的概念，而一节少先队活动课恰好可以化概念为万象。本节队课用具体的舞剧、诗词、绘画、非遗作品等去诠释抽象概念的内涵，让文化的传承从无形变有形。

以小见大，以"元素"展开"画卷"。队课切入点小而具体，挖掘"国潮热"背后的传统文化元素，由此展开对文化"画卷"的思考：如何让传统更流行，让传承更久远。目标明确分为三步：发现问题、分析问题、解决问题。

实践育人，以"行动"传承"精神"。党的二十大报告中提出"坚持教育优先发展"，"为党育人、为国育才"。作为少先队辅导员，我们责任在肩，要以队员们喜闻乐见的方式引导他们领会党的二十大精神。本次队课选题正是从队员们参与的"五育践行"实践活动出发，开展参观、寻访、学习、讲解活动，在沉浸式体验中了解学习党的二十大报告中关于文化建设的论述，从而迈向实践层面的推进文化自信自强。

小学学段（四、五、六年级）

专家点评

张志坤：首都师范大学初等教育学院副院长

　　本次少先队活动课的主题聚焦中国优秀传统文化，并以"国潮"为题，一方面贯彻落实党的二十大精神，另一方面以少先队活动学习落实"文化自信"，凸显少先队活动课政治引领的要求。题目很有创意，具有时代特色。

　　活动目标清晰、系统，结合党的二十大报告和网络资源，展开学习，在认知层面打好基础；通过连线校外辅导员《只此青绿》总编导周莉亚老师，深入对话交流，队员们获得情感和精神上的激励与鼓舞；组织实践活动，比如校园传统文化调查、添色，进一步在行动上传承优秀传统文化。

　　活动准备充分，过程丰富，除了静态的知识、政策学习之外，还充分扩大活动时空，发掘校内外资源。活动贴近学生实际生活，充分体现"小切口、大纵深，小故事、小行动、大道理"。

探寻小校园中的大发展

首都师范大学附属定慧里小学大队辅导员　韩星玥

【活动目标】

1.引导队员们从身边入手、从校园入手，通过查找资料、采访，了解学校的各个方面的变化以及探究变化背后的原因。

2.通过寻找校园变化以及探究原因，引导队员们感悟学校的发展离不开党和国家的支持以及老师和学生的不断奋斗。

3.引导队员们从自身做起，从身边的小事做起，通过宣传、实践劳动等方式，为建设美好校园贡献自己的力量。

【背景分析】

为了帮助队员们理解党的二十大以来的中国伟大成就，以队员们熟悉的小事入手，以校园的变化为主题，引导他们了解身边的新成就，探寻新成就背后的成因，从而引发队员们对祖国发展、对党的二十大精神的进一步理解。

首都师范大学附属定慧里小学是一所年轻的学校，校园虽小，但设施齐全，环境优美，是一所充满自然的味道、儿童的味道、教育的味道和文化的味道的可爱校园。队员们在交流过程中，纷纷好奇："以前的校园到底是什么样的呢？""是什么让我们的校园变得这么美好呢？"……

小学学段（四、五、六年级）

163

因此，队员们共同商量，决定用一次队会来呈现小校园的大发展以及背后的原因。从身边的小事做起，在这个过程中树立主人翁意识，做自己、校园、国家强大的建设者与见证者。

【活动准备】

活动前，经大队队委会商议，由大队委员、红通社小记者以及红领巾社团组成联合中队。队员们按照自己的兴趣与共同活动目标，临时分成"红领巾摄影师""红领巾采访员""红领巾科技员"三个小队。

辅导员准备：

1.联系学校相关教师，做好采访的准备。

2.指导队员们收集资料、整理数据。

3.帮助队员们准备采访、拍照所需的设备，协调拍摄场地。

各临时小队准备：

1."红领巾摄影师"小队：收集老照片。

2."红领巾科技员"小队：制作采访视频；在校园中寻找与信息技术相关的物品。

3."红领巾采访员"小队：查阅人事档案，准备采访稿。

【活动形式和主要过程】

环节一：小校园里的大变化

1."红领巾摄影师"小队——同一场地，不一样的风景。

小队队员通过前期查阅校园大事记以及翻阅老照片，整理出部分建校初期的校园场景照片。他们根据老照片又重新走访场地，拍摄了现今的校园环境图。队员们制作了PPT，展示了同一场景下新、老照片的对比。

2."红领巾科技员"小队——从自制教具到智慧课堂。

小队队员还对黑板的演变进行探究。他们上网查阅资料，也翻阅了大量的校园老照片，对黑板的历史做了梳理。小队成员还为大家展示了如何用希沃来制作思维导图。通过他们的展示，队员们深刻体会到科技发展为我们的教育教学提供了很大的便利。

3.“红领巾采访员”小队——数据变化知多少。

小队队员们通过采访、调查，了解到建校以来教师、学生的整体情况，并向队员们进行了表格呈现。从数据可以看出，学校的教师数量有很大的变化，教师团队日益强大，更多的教师加入中国共产党，更多的教师成为区级骨干以及学科带头人。

环节二：小校园发展的大力量

1.党的光辉指引前进方向。

各小队成员从不同的方面梳理出小校园发展背后的大力量。其中最重要的就是依靠党的正确领导，国家政策的支持。小队通过采访财务老师了解到，目前学校的专项经费更加多样，学校对于环境改造与信息化的投入比以往更多了。我们国家在义务教育领域出台了很多支持政策，大力保障义务教育财政经费投入，加大教育质量经费支持力度。这组数字背后，是祖国对教育的重视。

2.实现科技强国。

各小队发现，除了教育政策上的支持，还有极其重要的一点，就是中国社会主义制度的优越性带动国家经济、科技的发展，从而将最新的科学技术应用在我们的校园中。

小队成员通过采访人工智能团队项目负责人，进一步了解计算机从诞生到现在一路飞速发展的过程。此外，小队成员也汇报了参加大、小协同的科技论坛活动的收获。队员们通过实际体验，感受到科技的前沿理念。

3.捧着一颗“奉献”心。

“红领巾采访员”小队分别采访了退休老教师，以及在校资深教师、青年教师、工人师傅。一代又一代的教职工见证了学校的发展，他们虽然在平凡的岗位上做着平凡的事情，却为我们的校园带来如此大的变化。正是这种无私奉献的精神，才让我们的学校得以不断地进步与成长！

环节三：小校园培育大志向

1.“红领巾摄影师”小队。

队员们成立了挂牌小组，回家后上网查阅资料，采访科学老师以及环卫工人，为校园

植物设计挂牌，标注植物的名称与习性，这样就可以很清楚地对应上每种植物的特征了。

2. "红领巾科技员"小队。

小队成员发现校园的铺张浪费现象，自觉成立监督小组，自主设计一份倡议书，呼吁广大少先队员做到节能用电，爱护校园公共财产。

3. "红领巾采访员"小队。

为了表达对教师们的感激之情，小队成员向学校征集到了117名教师的照片，为他们制作了风采展示视频。在结尾处，队员们还录制了献给老师们的祝福与感谢的话。

辅导员讲话：大家能够集思广益，从身边的小事做起，从自身做起，积极参与校园建设，其实，不光校园新貌要有你们，祖国的未来也需要你们去建设。作为祖国的孩子，你们一方面要珍惜现在来之不易的幸福生活，更要明白身负祖国的希望。你们应该努力学习，不忘初心，用少年无畏的底气和智慧与汗水打拼出一个更加美好的中国！强国有我，定会不负时代、不负韶华！

【思想引导关键点和主要方式】

关键点1：引导队员明确在中国共产党的领导下，充分发挥社会主义制度优越性，我

们的校园才得以进一步发展与变化。

引导方式：通过采访老师、收集数据、调查研究的方式，对校园资产、校园物品等资产的使用情况进行对比，从而强调我们都是党的孩子，如今的幸福生活离不开党的正确领导。

关键点2：引导队员将党的百年奋斗史与队员们的现实生活相联系，正确认识和理解党的二十大以来中国的伟大成就。

引导方式：通过翻阅老照片，以及采访老教师，从身边小事发现与感悟，实现队员自我教育；通过与工人师傅共同劳动，感知我们的幸福生活离不开教职工的无私奉献。队员们不仅完成自我教育，还对其他队员进行爱国、爱党教育。

【延伸活动设计】

主题队会结束后，联合中队一起开展以下拓展活动，为建设美好校园献出自己的一份微薄之力。

1.队员们自主成立了植物宣传小组，负责为校园的每一种植物拍摄宣传片，还特地邀请园林局的叔叔阿姨们介绍植物特征。拍摄的宣传片发布到学校公众号，呼吁队员们积极参与到环保的事业之中。

2.自主成立清扫小组，定期擦拭健身器材，为队员们提供健康、安全的器械。

3.定期开展科技阅读活动。队员们从阅读中感受到了信息科技的力量，之后制作手绘科技立体书，并向全校进行展示。

4.成立退休老教师慰问小队，专门走访慰问退休老教师。为他们制作精美的贺卡和手工花，准备精彩的节目。

【辅导反思】

1.以变明理。本节队会以小学校的变化为主线，队员们寻找校园的变化，并探究变化的原因，从中明白了校园的变化离不开党的正确领导，离不开一代又一代的教职工的努力奋斗，从而激发队员们热爱祖国、童心向党的信念。

2.以趣激励。本节队会从队员们感兴趣的主题入手，引导队员们主动发现问题、提出问题，探究原因，总结收获。引导队员们结合自己的特长分小队进行探讨，以实际行动为建设美好校园贡献自己的力量。

3.以小见大。校园的小变化是祖国大变化的缩影。在本次队会中，队员们从身边小事入手，从小小的校园入手，进而理解祖国的大变化，理解党的二十大报告中强调的祖国伟大变革。

4.以行见志。队会的最后一个环节引导队员通过力所能及的行动表达建设美好校园的决心。不光校园新貌要有"我"，祖国的未来也需要"我"去建设，从而激发队员"不忘初心，强国有我"的坚定信念！

专家点评

许长明：北京市海淀区教师进修学校少先队教研员

本活动通过三个"关注"为少先队开展相关活动作出了很好的示范。

少先队活动要关注队员身边的资源挖掘。少年儿童更容易对身边的人和事产生共鸣，所以开展少先队活动要特别关注队员生活。本活动就突出体现了这一点，活动从队员最熟悉的校园切入，通过采访、调查等多种方式，聚焦学校的发展变化，让更多的队员产生兴趣，从而积极地参与到活动中。

少先队活动要关注队员精神素养培育。本活动在实施过程中让队员采访工人师傅、退休老教师，以及在校教职工等榜样，让队员认识到他们虽然在平凡的岗位上做着平凡的事情，却为校园带来巨大的变化，从而学习他们这种无私奉献的精神。

少先队活动要关注队员亲身实践体验。实践性是少先队活动的重要特征之一，本次活动就特别关注知行合一。通过为校园植物设计挂牌、自主设计一份倡议书等活动，激发队员的创造意识，潜移默化地培植其爱校爱国的朴素情感。

我与海淀"金腰带"有个约会
——探寻家乡巨变，助力清河绿洲

北京市海淀区第二实验小学中队辅导员　陈文艺

【活动目标】

1.通过"我与海淀'金腰带'有个约会"寻访活动，引导队员们了解清河的历史，了解在生态文明建设中的家乡巨变与清河之美。

2.通过讲述清河"前世今生"的故事了解清河绿色建设规划，带领队员们感受绿色发展理念造福民生，激发队员们了解、赞颂党和政府在生态建设和改善民生方面作出的努力和取得的成绩。

3.通过认识生态持续发展离不开市民的努力，引导队员形成保护环境、热爱家乡的意识，并制订"共建绿洲"计划。开展少先队争章活动，激励队员发挥家乡小主人作用，做美好家园的见证者、生态保护的行动者。

【背景分析】

清河是海淀天然的"金腰带"。北京市海淀区第二实验小学就坐落在美丽的清河边。队员们在这优美的环境中学习和生活，感受着家乡生态的发展和巨变。

清河原来水质良好，故有"清河"之名。随着社会发展，大量污水排入，清河水质变差。为了解决清河两岸环境问题及由此带来的城市病，海淀区积极落实绿色生态发展理念，制定了《清河两岸综合整治提升规划》，对清河河道开展了分段治理，对河堤

小学学段（四、五、六年级）

169

进行了防渗修复，推动清河绿色发展。学校少先队曾开展调查研究，深入探究当年清河河道治理和污水处理情况，并取得了一定的研究成果。如今"绿色未来"中队队员接过"探寻家乡清河之变"的接力棒，继续开展调查研究活动。

五年级的队员拥有发现美、欣赏美的眼睛，已经具备了一定的探究能力，但没有闲暇时间来探寻家乡的美丽变化，真正感受生态文明建设下的"金腰带"的"前世、今生与未来"。

【活动准备】

辅导员准备：

1.搜集、整理习近平总书记及党和政府提出的有关生态发展理念的视频等资料。

2.联系清河发展与管理建设的相关社会资源，并走访对接。

3.指导队员寻访、采访并收集老照片制作视频、排练情景剧。

4.组织本中队校外辅导员成立"未来"小队，开展实地调查及研究。

少先队员准备：

1.组建"绿色未来"中队，分六个小队，制订任务计划书；队员根据自己的兴趣爱好和特长自主选择小队，并做好分工。

2.查找资料，编写问卷调查表并发放、整理，搜集清河生态变化背后的故事。

3.确定寻访目标，撰写采访提纲，录制采访视频；撰写剧本，排练情景剧。

4.实地调查清河两岸情况并详细记录当下生态环境，拟定调查研究及提案方向。

【活动形式和主要过程】

环节一：双脚探清河巨变

通过小队讲述寻访故事，学习、了解清河的"前世今生"；通过观看视频，了解清河污水治理研究成果，以及家乡巨变下居民的幸福生活。

"挺膺担当小队"讲述寻访故事：清河第一闸口附近，清河街道文史顾问、海淀区教育科学研究院生态文明与教育创新工作室指导专家杜泽宁老师详细讲解了清河历史并送给队员们他撰写、签名的《京北畿甸清河镇》，嘱托队员们热爱清河、热爱家乡，长大后接过研究接力棒。"岁月流转小队"接力讲述清河历史。其他队员通过故事了解清河重要的交通运输作用，以及因河道变窄而引发的灾难和水质变差的原因。

观看2005年少先队员调查清河污水治理视频，感受清河的华丽变身。本中队队员大受鼓舞，做好了接过研究接力棒的准备。

观看"小记者队"自制视频——《清河居民访谈录》，队员分享清河居民在家乡巨变下的幸福生活，感受绿色生态发展理念深入人心，并通过朗诵活动赞美家乡清河。

环节二：双耳听生态理念

中队《红领巾爱学习》开课。大队干部带领队员深入学习习近平总书记的绿色发展理念；中队长组织队员观看阐述党的二十大报告中关于"人与自然和谐共生"理念的视频。队员深入学习新的生态发展理念并结合关键词谈感受，进一步了解新生态发展理念，充分彰显了国家推进美丽中国建设的坚强意志；坚定不移践行习近平总书记的绿色发展理念，做家乡清河发展的见证者和传承人。

队员结合《清河两岸综合整治提升规划》进行资料的整理与寻访、调查，介绍"清河之洲"项目发展规划，为队员们畅想清河美好未来并亲身实践打下基础。

环节三：双手建绿水青山

各个小队进行了沿河调查与寻访活动，活动过程中分小队展示"与清河十年后的约会"畅想，为保护清河建言献策。

"绿色种植小队"通过实地调查记录了清河沿岸绿化情况，与队员分享自制的"沿河生态植物图谱"。队员们参与"沿岸植物推荐会"，为清河沿岸绿化多样性推荐适合的植物，并准备参与沿岸志愿植树活动。

"鸟类调查小队"通过制作"清河禽类卡片"，向队员介绍目前清河水域附近禽类情况；组织队员开展"我想让你在这安家"交流会，为珍稀鸟类来清河安家建言献策。

活动现场，队员们宣读并发放《我爱清河之安全文明倡议书》，呼吁其他队员保护清河环境，宣传环保理念。队员们争当清河小河长，分别在"文明安全宣传、设施管理、河道治理"等方面提出清河管理建议，争当家乡小主人。

小学学段（四、五、六年级）

环节四：双眼看幸福未来

观看情景剧《未来幸福金点子》，该剧现场演绎"沿岸设施小队"为清河未来设施"移动图书馆、亲子骑行休息亭、夕阳红河边音乐广场"的建设建言献策的热闹场面。接着转换场景，小队队员成立"小导游团"，"穿越"时光，向其他队员介绍十年后的清河沿岸打卡地。队员纷纷畅想美好生活，立志接过研究与实践的接力棒，身体力行地加入到家乡清河的保护与建设中。

【思想引导关键点和主要方式】

关键点1：引导队员发现家乡变化及背后原因，做家乡发展的见证者和传承人。

引导方式：听清河故事，了解家乡的前世今生；观看自制视频——《清河居民访谈录》，了解清河居民在家乡巨变下的幸福生活。了解随着政府实施一系列措施后，清河华丽变身，从而造福了当地居民。通过诵读活动赞美清河，抒发对家乡的热爱之情。

关键点2：引导队员将党的绿色发展理念与家乡的美丽变化相联系，深刻认识到今天的幸福生活归根结底来源于党的正确领导。

引导方式：通过学习习近平总书记的绿色发展理念，观看阐述党的二十大报告中关于"人与自然和谐共生"理念的视频，了解新生态发展理念充分彰显了国家推进美丽中国建设的坚强意志。引导队员们践行党的绿色发展理念，畅想美好未来，用自己的实际行动加入到家乡清河的保护与建设中。

【延伸活动设计】

后续活动由中队辅导员及中队干部组织队员们继续开展。首先，队员们将寻访和研究成果通过"红领巾电视台"进行宣讲，在宣讲的过程中不断完善学习成果。其次，开展"红领巾奖章"争章活动。

【辅导反思】

1.主题来源于队员生活。队员用自己的眼睛去发现，用自己的办法去学习，用自己的方式去思考。"红领巾寻访"活动的过程紧紧围绕队员们的发现和调查展开，引发队员的深入探究，以小课题的方式解决问题，并提出解决问题的策略。

2.活动的内容不拘泥于形式。"红领巾寻访"活动充分调动了队员的积极性。队员以小队合作探究的形式，搜集资料，学习知识，采访相关人员。不管是历史资料的搜集还是对老专家的访谈，队员们都做得有声有色。

3.活动的过程助力队员成长。活动充分发挥了队员自主性，通过一系列实践探索，在小队长的带领下，队员能够践行自己的学习计划并开展实践探索活动和汇报工作。活动激发了队员的想象力、创造力和积极性。

专家点评

柯英：《辅导员》杂志社原社长兼总编辑

活动从队员生活的地域入手，主题鲜明，选材新颖，且紧跟时代步伐，教育意义强。

少先队辅导员紧紧围绕"绿色发展理念下的家乡环境变化"这一主题，敏锐抓住队员身边的真实情境，善用资源，以"已启动的'清河之洲'项目"为切入点，引导队员探寻清河的"前世今生"，了解家乡清河在习近平新时代中国特色社会主义思想指导下，生态环境发生的巨大变化；深刻理解"绿水青山就是金山银山"和"生态可持续发展"的理念，将治国理政的"大道理"转化为践行绿色文明的"小行动"。

活动设计突出了以下特点：一是依托家乡环境资源和校外阵地，开展实践活动；二是强化思想政治引领，巧抓教育契机；三是坚持"实践育人"原则，符合教育规律。

牢记习爷爷殷殷嘱托
育英劳动精神我传承

北京育英学校中队辅导员　赵艳

【活动目标】

1.了解北京育英学校校史中劳动明星的故事，理解育英劳动精神的核心就是听党话、跟党走，勤勉吃苦，自强不息，为中国式现代化建设做贡献。

2.通过查找资料，开展"红领巾寻访"等实践活动，带领队员们以小队形式开展研究性学习，感悟育英劳动精神的发扬与传承，激发队员们继续用实际行动传承育英劳动精神的责任感与使命感。

3.在活动中培养合作意识和创新精神，全面培育新时代少先队员核心素养。在自查反思与日常生活中传承育英劳动精神，为投身中国特色社会主义事业的伟大实践做好准备。

【背景分析】

2023年5月31日，习近平总书记来到北京育英学校，看望慰问师生，向全国广大少年儿童祝贺节日。习近平总书记强调，育英学校具有光荣的革命传统和鲜明的红色基因。要加强革命传统教育，让每一位育英学校的学生牢记学校的光荣历史，铭记党的关怀，赓续红色传统，传承红色基因，从小听党话、跟党走，立志为党成才、为国奉献。

育英学校的少先队员们听后备受鼓舞。队员们牢记习爷爷殷殷嘱托，开展了"育英红色精神我传承，争做新时代好队员"系列活动。习近平总书记一直很关注少先队员的劳动教育，要求育英学子从小养成热爱劳动的良好习惯，将来为全面建设社会主义现代化国家做贡献。本次少先队活动以"牢记习爷爷殷殷嘱托，育英劳动精神我传承"为主题开展，作为系列活动之一。

【活动准备】

辅导员准备：

1.设计、制作"寻访育英劳动明星学习单""育英劳动精神传承计划单""活动评价单"。

2.帮助小队明确任务清单，指导小队按照任务要求自主分工。

3.指导队员查阅、搜集、整理育英校史相关资料。

4.引导各小队创新展示研究性学习成果。

5.联系、邀请育英劳动明星参加活动。

少先队员准备：

1.以小队为单位策划"寻访育英劳动明星"活动方案。

2.小队根据任务要求进行内部分工、合作。

3.做好讲故事、展品分享、视频拍摄、PPT资料介绍的准备工作。

【活动形式和主要过程】

环节一：劳动明星我寻找

1. 红色基因我发现：在辅导员带领下，队员以小队为单位走进育英校史馆，通过研究性学习发现红色基因，寻找育英劳动明星，了解他们的故事，拍摄照片并做好记录。

2.劳动明星我了解：各小队通过寻找育英劳动明星、采访育英劳动明星、了解校史展中老物件及老照片背后的故事等多种形式，开展研究性学习，发现和提炼他们身上的劳动品质。

环节二：劳动精神我感悟

1.劳动明星我发布：各小队以独特视角和多种形式展示育英劳动明星。

"育小英"小队：

（1）介绍学校历史。

（2）讲述老校长们的故事。

（3）采访北京市劳动模范、育英学校党委书记、校长——于会祥。

（4）汇报发现：育英的历任校长都是劳动明星。

"育小花"小队：

（1）展示育英学校李若冰老师的备课本：认真备课、上课，培养学生。

（2）诵读育英学校严华书记回忆老师的文章：尊重劳动，精益求精。

（3）介绍身边的老师：认真负责，让育英学校的发展蒸蒸日上。

（4）汇报发现：育英的老师都是劳动明星。

"育小虎"小队：

（1）分享老红军与元帅的故事：坚守岗位，尽职尽责。

（2）介绍校工韩师傅：巧手打造美丽校园。

（3）介绍育英守夜人王亮叔叔：夜间值班巡视，关灯关窗关门。

（4）汇报发现：育英的校工都是劳动明星。

"育小桃"小队：

（1）展示一个老袜楦、一个铜盆：安民学长从小参与劳动、苦练本领，养成爱劳动的好习惯。

（2）展示一张新闻照片：创新劳动，勇挑重担。

（3）采访校友人物：在各自岗位默默为大家服务，发光发热。

（4）汇报发现：育英桃李遍天下，育英的校友都是劳动明星。

2.劳动精神我探究。

（1）三代育英人共话劳动精神。

姥姥：育英学校退休的王老师——一代代育英人把劳动的精神传承下来。

妈妈：育英学校毕业生——热爱劳动、创新劳动。

儿子：感谢大家投票给我，让我成为班级的劳动明星。参加团十九大的代表们是各行各业的劳动明星，我要向他们学习。

（2）共议育英劳动精神。

各小队现场向榜样提问互动。

用关键词聚类的方式，结合校史馆资料和老校友的文章进行提炼总结。

（3）劳动精神我发布： 育英劳动精神就是，听党话、跟党走，勤勉吃苦，自强不息，为中国式现代化建设做贡献。

环节三：劳动精神我传承

1.对照榜样找差距：结合参加团代会的经历，明确学习榜样。通过小队讨论，找到自己在劳动方面存在的问题，明确自己努力的目标。填写"育英劳动精神传承计划单"。

2.制订计划要落实：在小队帮助下，明确一个劳动岗位，制订一个劳动计划，解决一个劳动问题，并做好记录和总结。

【思想引导关键点和主要方式】

关键点1：劳动明星我寻找。

引导方式：队员们在辅导员带领下，以小队为单位走进育英校史馆，通过研究性学习发现红色基因，寻找育英劳动明星。各小队通过寻找育英劳动明星、采访育英劳动明星、了解校史展中老物件以及老照片背后的故事等多种形式，开展研究性学习，发现和提炼他们身上的优秀品质。在"劳动明星我发布"中，各小队以独特的视角和多种形式展示育英劳动明星。

关键点2：劳动精神我探究。

引导方式：第一，三代育英人共话劳动精神。老育英人：一辈辈育英人热爱劳动，不怕吃苦；年轻校友：创新劳动，自强不息；新一辈育英人：找到榜样，用行动传承育英精神。第二，共议育英劳动精神。各小队向榜样提出问题，用关键词聚类的方式，结合校史馆资料和老校友的文章进行提炼总结。

【延伸活动设计】

1.活动后，队员将开展"育英劳动精神传承行动"，通过创编儿歌、讲述故事、朗读文章等形式，利用课余时间向身边人宣传育英劳动精神，让更多人了解育英劳动精神；通过"大手拉小手"活动，带领学弟学妹们一起参与校园劳动和公益服务，从"小"做起，传承育英劳动精神。

2.根据队员填写的"育英劳动精神传承计划单"，反思自己的劳动问题，依据队员自己提出的劳动目标，请手拉手小伙伴进行评价；总结自己成功或是失败的原因，思考传承育英劳动精神的下一步计划。

3.活动评价与中队劳动岗位申领相结合。中队制定劳动岗位条件，根据对活动中各项表现情况的评价，共同商议上岗资质。评价内容包括：育英劳动明星库探秘；劳动明星寻访展示评价积分；发现育英劳动榜样的优秀品质；"育英劳动精神传承计划单"填写及具体实施情况；能够通过小报、儿歌、广播等多种形式宣传育英劳动精神；能够走到学弟学妹们中间，为他们讲解育英劳动精神，为他们做一件实事。

【辅导反思】

1.对少先队活动课要有清晰的认识，要在组织活动中，在思想意识、劳动精神等方面对队员们进行引领。作为中队辅导员，要把少先队工作落实在政治启蒙，培养社会主义事业接班人的工作之中。

2.在活动中，辅导员是亲密的朋友和指导者。辅导员要引导队员们发现问题，给队员布置任务，并及时帮助与指导队员。关注他们的成果，更关注他们的困惑，答疑解惑，指点迷津。

3.关注少先队活动的趣味性。少先队的活动要吸引少先队员，根据他们的身心特点，激发他们的兴趣，让他们喜欢参与，在活动中有所收获，感受成就感。

4.重视队员核心素养的提升。在少先队活动中，队员们要把所学的知识进行综合的梳理与运用。从理解任务，到整理素材，撰写文字，选取图片，制作PPT，拍摄视频……队员们分工合作，综合素养在活动中逐步提高。

5.活动评价与中队劳动岗位申领相结合，还可以借助量表让队员了解活动的目标，激发队员的内驱力。

6.重视少先队活动课，研究乐趣多。

专家点评

杨一鸣：中国教育科学研究院副研究员

　　本次活动创新学习方式，聚焦培育新时代少先队员核心素养，引导队员围绕探索育英劳动精神内涵开展项目化学习。队员利用学习单在校史馆中开展研学活动，通过与三代育英人对话提升思想认识，在主动体验中完成学习任务。

　　新时代少先队活动课程化建设，要求活动系统化、科学化和规范化。本次队会作为一次"破题"活动，开启了后续的育英劳动精神宣讲、中队劳动岗位申领、队员劳动习惯养成等一系列活动，初步形成中队活动的"滚雪球"模式。

"一核两翼"新规划

北京市海淀区五一小学大兴一分校副校长　张宁

【活动目标】

1.通过实地走访，结合网络资料、报刊了解"一核两翼"是我们国家的一项发展成就，知道"一核两翼"具体指的是什么。

2.引导队员们深入探究"一核两翼"新规划的发展过程，了解"一核两翼"新规划的意义及其成就。

3.通过了解"一核两翼"的发展成就，感受在党的带领下祖国和家乡的巨大发展变化，并能联系生活实际，知道少先队员能为首都的发展建设做什么。

【背景分析】

京津冀协同发展是习近平总书记亲自谋划、亲自部署、亲自推动的重大国家战略。"一核两翼"新规划是党中央推进京津冀协同发展的一项重大决策部署。作为探索人口经济密集地区优化开发模式的实践，实施以来其成效明显，习近平总书记擘画的宏伟蓝图正在不断变成美好现实。作为新时代的少先队员，更应该深刻认识和理解新时代的伟大成就。

本节少先队活动课落实《少先队活动课程指导纲要（2021年版）》五年级课程目标——政治启蒙中第二个活动目标：理解中华民族伟大复兴中国梦的含义，知道自己肩负的责任。学校地处首都最南端——大兴，作为首都面向区域协同发展的重要战略门户，最为重要的一个功能定位是：面向京津冀的协同发展示范区。这些年，随着北京大兴国际机场的建设通航，队员们见证了家乡的发展与变化。但是，如何引导队员们从"家乡小变化"看到"祖国大成就"是值得我们思考和实践的。

五年级的队员有一定的调研能力和团队协作意识。其中，本节活动课的实施中队——五（5）中队的队员百分之九十以上来自大兴国际机场建设中征地拆迁的家庭，他们更能深切感受到国家发展给百姓生活带来的变化。

【活动准备】

辅导员准备：

1.组织队员参与策划本节少先队活动课。

2.参与队员的活动过程，适时进行点拨与指导。

3.设计活动课后的延伸活动任务。

少先队员准备：

1.队员们分成"先锋小队""实践小队""未来小队"，各小队分别确定调查任务。

2.各小队分别进行实地调查走访，搜集查阅资料，从不同角度调查了解首都发展变化以及实施"一核两翼"新规划的背景资料。

3.整理"一核两翼"新规划建设成就的有关图片、视频。

4.准备画笔，用于活动课上绘制观光路线图。

【活动形式和主要过程】

环节一：找找"一核两翼"在哪里

活动开始，中队长先让各小队汇报自己的调查结果，首先由"先锋小队"介绍"一核两翼"是在《北京城市总体规划（2016年—2035年）》中提出的北京发展新结构。"一核"为首都功能核心区，"两翼"为北京城市副中心和河北雄安新区，并找出它们在地图上的位置。

然后，各小队通过仔细观察地图上的位置发现"雄安新区"作为其中一翼位置却在河北省。此时中队长介绍"京津冀协同发展战略"，队员们由此了解到"一核两翼"新规划是党中央为推进京津冀协同发展作出的一项重大决策部署。

环节二：说说"一核两翼"背后的故事

为了让队员们更好地了解"一核两翼"新规划的意义，本环节设计了小队的调查任务。

"实践小队"从"北京的大城市病"入手汇报了他们的调查结果。他们带领队员们跟随习爷爷的足迹发现了首都北京飞速发展背后隐藏着许多让人头疼的问题：环境污染、交通拥堵、房价高涨等"大城市病"，让习近平总书记很揪心。多次视察北京后，习近平总书记为首都的发展开出了"疏解非首都功能"的"药方"。

队员们通过实地走访、查阅资料，了解"一核"与"两翼"的不同战略任务。在此环节，队员们分别汇报了自己的认识和发现，切实感受核心区进一步确立"全国政治中心""文化中心""国际交往中心""科技创新中心"的首都城市战略定位的必要性和"疏解非首都功能"的紧迫性。

环节三：看看"一核两翼"取得的新成就

队员们特别想知道"两翼"的"疏导"是否顺利。辅导员和"未来小队"带领其

他小队队员们通过观看视频、联系生活实际再次感受"一核两翼"新规划给我们的生活带来的变化。

1."一核"慢慢"静"下来。通过实地走访核心区的居民，发现百姓身边的变化，感受"静"下来的北京。

2.城市副中心逐渐"热"起来。从城市副中心行政办公区启用、北京市通州区被授予"国家森林城市"称号以及北京环球影城这一文旅新地标启用等变化中，感受城市副中心的建设"热"、环保"热"、投资"热"。

3.雄安新区同步"兴"起来。通过视频感受雄安新区"地下"、"地上"和"云上"三座城，一窥未来世界的雏形，对比雄安新区建设前后的变化体会雄安的科技感。

环节四：画画"一核两翼"新地标参观路线图

各小队开展绘制"一核两翼"新地标参观路线图活动。在艺术创作中，队员们将自己看到的、了解到的"一核两翼"三个地区的新地标绘制成一幅参观路线图。队员们绘制的路线图内容清晰、画面丰富多彩：有核心区腾退之后的口袋公园、有穿过城市副中心的千年大运河、有文旅新地标北京环球影城、有华丽"变身"的雄安新区白洋淀……

环节五：议议如何争做首都小主人

绘制路线图环节后，队员们化身小小导游，介绍着沿途的美妙风景和文化景观，同时也介绍着自己的实践收获，介绍着"一核两翼"新规划取得的成就。

在这一环节，辅导员适时参与，引导队员们展望"一核两翼"未来发展。如何才能更好地发挥"一核引领"作用？如何让"两翼"加速成形，联动起来？这不仅考验着城市建设者的智慧，也考验着我们每一个为首都发展贡献力量的普通人。

队员们畅想2035年的自己将如何为首都发展作出贡献。经过小队讨论，发现：新时代的少先队员既是实现第一个百年奋斗目标的经历者、见证者，更是实现第二个百年奋斗目标、建设社会主义现代化强国的生力军。只有牢记习近平总书记殷殷嘱托，刻苦学习知识，坚定理想信念，磨炼坚强意志，锻炼强健体魄，从点点滴滴关心首都发展，长大后才能继续把北京建设好、管理好、发展好，在实现民族复兴的历史进程中握好使命的接力棒。

【思想引导关键点和主要方式】

关键点1：引导队员了解祖国的发展成就，牢记习近平总书记对少年儿童的希望要求，立志践行"请党放心，强国有我"。

引导方式：将抽象的国家规划内容通过找一找、说一说、看一看、画一画、做一做这样明确具体的方式进行诠释与表达，符合少先队员的心理特征。活动课上，队员们畅谈自己的调查发现；活动之后，辅导员有目的、有计划、有组织地引导队员们参加各种社会实践活动，促使队员们在实践中形成良好的思想品德和行为习惯。

关键点2：引导队员增强自主学习能力和团队合作能力。

引导方式：活动课前，三个小队领到不同的调查任务。他们分别按"一核两翼"新规划的位置、意义、成就三个不同的角度做了分工。通过任务驱动培养队员的团队协作能力，充分调动队员自主学习的能力。队员们通过上网查阅、亲自走访、小队讨论等方式自主搜集"一核两翼"相关资料。活动既锻炼了队员的个人能力，又能使他们形成团队合作的意识。

【延伸活动设计】

1.举办"我是首都小导游"活动，鼓励队员向身边的人介绍"一核两翼"建设的伟大成就。有机会在家长的带领下参观游览"一核两翼"地区，亲眼看看伟大成就的壮丽景象。

2.让队员们了解更多的国家发展成就，知道今天的幸福生活归根结底来源于党的正确领导，来源于革命先烈的英勇牺牲，来源于人民群众的艰苦奋斗。

3.指导队员们参加一次志愿行动，为首都的发展建设作出自己的贡献。

【辅导反思】

1.小切口，大纵深。通过开展本次活动，队员们深入了解了"一核两翼"新规划是什么，它的意义和成就有哪些。国家规划离队员生活较远，所以活动的设计尤为注重体现队员主体原则，希望能用队员们"愿意听""听得懂""记得住"的语言和方式，引导队员通过观察"家乡小变化"来理解"国家发展的大规划"。

2.小行动，大发现。为了锻炼队员们实地走访、调查研究与团队合作的能力，辅导员带领中队干部进行调查、走访，查阅资料。分小队开展调研，从不同角度调查了解首都发展变化。通过绘制"一核两翼"新地标参观路线图，向身边的人介绍国家发展新成就。最终，引导队员树立作为首都小主人要从现在做起，从身边的小事做起，为首都的发展建设作出自己的贡献的责任意识。

专家点评

柯英：《辅导员》杂志社原社长兼总编辑

本次活动主题明确，时代感强。习近平总书记在党的二十大报告中强调，五年来，我们党团结带领人民推动党和国家事业取得举世瞩目的重大成就，并指出，新时代十年的伟大变革，在党史、新中国史、改革开放史、社会主义发展史、中华民族发展史上具有里程碑意义。如何用新成就激发少先队员的新梦想是少先队组织长久不衰的政治启蒙任务，这节活动课就是很好的展示。

活动中，辅导员有意识地引导队员从"小处着手"看身边变化，从"大处着眼"看举世瞩目的巨大成就，将小与大、近与远有机结合。通过"找一找""说一说""看一看""画一画""做一做"等方式引导队员们看变化、听变化、讲变化，开展生动的成就教育。帮助队员们正确认识新时代伟大变革的历史意义，理解伟大成就的取得根本在于党的正确领导，归根结底是为了人民幸福、民族复兴，从而激发他们握好实现民族复兴的接力棒，用实际行动为首都发展作出自己的贡献。

从小敢奋斗
立志正当时

北京市大兴区第五小学大队辅导员　梁静琳

【活动目标】

1.认知目标：通过收集资料，引导队员学习党的二十大报告中关于奋斗的金句，了解习爷爷青少年时代的奋斗经历，理解奋斗的含义，明确奋斗的目标。

2.情感目标：通过"红领巾寻访"活动，引导队员学习"最美奋斗者"的感人事迹，了解身边追梦人的奋斗故事，从他们身上感知奋斗的力量，明确我国取得的一切成就都离不开建设者的奋斗。培养队员吃苦耐劳、团结奋斗的精神，将来担负起时代赋予的使命。

3.行为目标：引导队员牢记习爷爷教导，充分认识实现中华民族伟大复兴的中国梦需要一代代人接续奋斗，当代少先队员要不惧困难，在奋斗路上携手同行。

【背景分析】

党的十八大以来，习近平总书记高度重视少年儿童和少先队事业的发展，每年"六一"国际儿童节，他都和少年儿童一起度过。殷殷关怀温暖人心，谆谆教导催人奋进。2023年"六一"国际儿童节前夕，习近平总书记来到北京育英学校看望慰问师生时，殷切提出："新时代中国儿童应该是有志向、有梦想，爱学习、爱劳动，懂感恩、懂友善，敢创新、敢奋斗，德智体美劳全面发展的好儿童。"习近平总书记第一次对少年儿童提出"敢奋斗"的要求，意义重大。

当代中国少年儿童是实现第二个百年奋斗目标、建设社会主义现代化强国的生力军。实现中国梦的新征途上，不会一帆风顺，需要一代代人不惧风暴，勇毅前行。所以，培养少先队员"敢奋斗"的品质，是时代的命题。

依据《少先队活动课程指导纲要（2021年版）》分学段目标，六年级的队员要明白共产主义社会是值得追求的最美好的社会形态，明白实现共产主义需要一代又一代人接续奋斗。因此，辅导员决定：引领队员们牢记习爷爷教导，按习爷爷要求去做，了解奋斗的含义，学习奋斗者的事迹，从小立下奋斗的志向，培养敢奋斗的精神，做有理想、敢担当、能吃苦、肯奋斗的新时代好队员。

【活动准备】

辅导员准备：

1.成立四个临时小队："拼搏奋斗小队""艰苦奋斗小队""接续奋斗小队""团结奋斗小队"，和各小队探讨各自任务。

2.联系大兴区榜样人物，带领小记者参与采访活动。

3.征集队员们心中最美奋斗者的照片，制作合集。

少先队员准备：

1.查阅党的二十大报告中关于奋斗的论述，编辑"习语讲奋斗"手册。

2.绘制习爷爷青少年时期奋斗经历的绘本。

3.观看《最美奋斗者的故事》，搜集最美奋斗者事迹。

4.采访身边的亲人，记录他们的奋斗点滴。

引导队员思考：

1.习爷爷为什么对我们提出"敢奋斗"的要求？

2.怎样理解奋斗的意义？

3.新时代少先队员如何做到"敢奋斗"？

【活动形式和主要过程】

环节一：奋斗新内涵

队会伊始，"拼搏奋斗小队"队员首先亮出了一组数据：党的二十大报告中，多次提及"奋斗"一词，如：奋斗、团结奋斗、艰苦奋斗、接续奋斗、奋斗精神……报告中为什么多次提及"奋斗"？如何理解"奋斗"的含义呢？

队员们在百度百科中找解释："奋斗"是指"为达到一定目的而努力干""奋斗是为一个目标去战胜各种困难的过程"，他们又在习爷爷对青少年寄语中找答案："幸福都是奋斗出来的""奋斗是青春最亮丽的底色"……

此时，辅导员适时点拨，告诉队员们："团结奋斗是贯穿党的二十大报告的鲜明主题，也是贯穿我们党百年历程的一个重要启示，培养少先队员敢奋斗的精神品质是党的事业的需要。你们是实现第二个百年奋斗目标的生力军，实现奋斗目标需要一代代人接力前行。在未来的征途上，你们也会遇到艰难险阻，有奋斗精神才能战胜困难，取得胜利。"

环节二：奋斗有榜样

习爷爷给少先队员提出了"敢奋斗"要求，其实他的青少年时代也是历经坎坷，一路奋斗过来的。队员们讲述着习爷爷"七年知青岁月"的故事：在陕西插队时，面对艰苦环境，习爷爷不怕困难，勇敢闯过了跳蚤关、饮食关、生活关、劳动关、思想关这"五关"，磨炼了吃大苦、耐大劳的意志，锻造了不避艰险、不怕困难的品质。

队员们拿出绘本，绘声绘色地讲起习爷爷领袖领航的故事：党的十八大以来，以习近平同志为核心的党中央带领全国人民接续奋斗，实现了近一亿农村贫困人口全部脱贫，实现全面建成小康社会的梦想；我国科技也走向高速发展，载人航天、探月探火等取得了举世瞩目的成就，这都是习爷爷带领全国人民一道拼出来、干出来、奋斗出来的。在祖国这艘大船上，习爷爷掌舵领航，奋力前行，带领人民驶向胜利的彼岸。

队会前，"艰苦奋斗小队"队员们观看了纪录片《最美奋斗者的故事》，其中我国科学家、被授予"最美奋斗者"称号的刘永坦爷爷的故事最令队员们感动。队员们讲述了刘爷爷在我国海防科技事业中奋斗40多年的故事。刘爷爷带领团队攻克一个又一个的难题，被称为"雷达铁军"，他们自主创新、团结奋斗，为中国铸起了一道"海防长城"，奏响了这个时代最高昂的强国之声！

通过大榜样和科学家的故事，队员们感受到奋斗精神的可贵，决心向榜样们学习，接过奋斗的接力棒，传承奋斗精神。

环节三：奋斗在身边

队员们身边也有一群用自己的实际行动诠释奋斗精神的追梦者。中队的小记者们采访了身边的榜样，了解他们的追梦奋斗故事。

采访大兴五小的乔校长。乔校长从队员身边入手，介绍了五小教师们"不用扬鞭自奋蹄"的敬业精神和奋斗故事。她希望队员们努力学习知识、磨炼意志品质，不怕吃苦、不怕困难，做新一代的"五小人"。

播放小记者采访大兴榜样人物——宋薛宣的视频，了解宋师傅30多年志愿服务的奋斗经历。从几个人到志愿服务队成立，宋师傅用自己的奋斗为周边社区的居民提供服务，为大家解决了大大小小、不计其数的困难。

队员们还采访了自己的爸爸、妈妈，播放了队员采访武警爸爸的视频。武警爸爸立足本职岗位勇挑重担、不畏艰难的奋斗精神感动了在场的队员。

队会上队员们展示了爸爸妈妈奋斗在工作岗位上的照片合集，给予爸爸妈妈热烈的

掌声，表达心中的敬意，也认识到：每个人都在自己的岗位上努力奋斗着，人人都是追梦者，只有奋斗才能取得成功。

环节四：奋斗要立志

每个时代的人都在用行动诠释着对"奋斗精神"的理解。引导队员们思考：习爷爷要求我们从小敢奋斗，作为新时代的少先队员，怎样培养奋斗精神呢？

队员们展开了热烈讨论。

"接续奋斗小队"提出：我们要继续寻找"奋斗者足迹"，讲述"奋斗者故事"，讴歌"最美奋斗者"。

"团结奋斗小队"提议：中队人人制订奋斗目标、计划，在中队墙布置"奋斗园地"，采用贴小红旗的方式，实现一个个奋斗的小目标，并作为争戴"立志章"的考章依据。

结合本学期开展的"立志章"争章活动，队员们写下自己的奋斗目标和计划并进行了分享。

有的队员提出在学习中，攻克难题；有的说在生活中，不怕吃苦，设立小目标并向着目标而努力；有的提出在科技社团活动中，团结合作；还有的说在少年军校中，强健体魄、砥砺品格。

【思想引导关键点和主要方式】

关键点1：习近平总书记为什么对少先队员提出"敢奋斗"的要求？

引导方式：通过查找党的二十大报告中"奋斗"一词出现的次数，以及自主搜集习近平总书记对青少年的寄语，引导队员理解，作为第二个百年奋斗目标的生力军，必须具有敢奋斗的品质，才能在实现中国梦的新征途上战胜困难，取得胜利。

关键点2：怎样理解奋斗的意义？

引导方式：队员们通过查百度百科，找到对"奋斗"的解释，初步了解奋斗的含义。讲述习爷爷和科学家的奋斗故事，树立奋斗榜样，感受奋斗精神的内涵。分享身边榜样的奋斗故事，帮助队员理解每个人都在自己的岗位上努力奋斗着，人人都是追梦者，只有奋斗才能取得成功。

关键点3：新时代少先队员如何做到"敢奋斗"？

引导方式：通过讨论，队员们提议继续讲述身边奋斗者的故事，立下奋斗目标和计划。结合学校开展的"立志章"争章活动，引导队员们从不同方面提出自己的奋斗目标和计划，并能够按照目标和计划而努力奋斗。

【延伸活动设计】

队会结束后，队员们将写下的"立志卡"贴在中队角里；成立"攻关奋斗小组"，力争解决学习上的困难；开展争戴"立志章"活动，用奖章激励队员们成为更好的自己，向着目标努力奋斗。

【辅导反思】

1.辅导员要注重思想政治引领。党的二十大精神和习爷爷的寄语是开展此次活动的灵魂、主线。在实践活动中，引导队员们理解和学习奋斗精神是核心要义。

2.辅导员要善用"大思政"资源。结合我校科技社团、少年军校、家长等身边资源，校内校外结合，丰富教育活动素材，使内容更翔实。

3.辅导员要进行"有温度"的教育。入脑入心的教育一定是由生动故事引发而来的。科学家和身边人的奋斗故事，是队员看得见、摸得着的榜样，他们的事迹真实而生动，最能打动人心。

小学学段（四、五、六年级）

专家点评

柯英：《辅导员》杂志社原社长兼总编辑

　　活动有三大亮点：一是讲好大榜样的故事。讲述习近平总书记七年知青岁月"过五关"的故事、"最美奋斗者"刘永坦的故事，为队员们树立了榜样，通过大榜样的事迹更加明确奋斗精神的内涵，明确肩上的使命和责任，接过奋斗的接力棒，传承奋斗精神。二是寻访身边的追梦人。寻访校长、宋薛宣和身边的爸爸妈妈们奋斗的故事，帮助队员们理解奋斗并不遥远，身边的每一个人都在自己的岗位上奋斗着，只有奋斗才能取得成功。三是践行奋斗精神。辅导员引导队员进行讨论，"敢奋斗"就要先立志，并结合红领巾奖章"立志章"的争章活动，写下自己的奋斗目标和计划，让奋斗精神落到行动上，培养队员们敢奋斗的品质。此活动紧扣主题，善用资源，突出敢奋斗的时代价值，对队员们的意志品质培育起到关键的作用。

探寻首都新地标
——北京大兴国际机场

北京市育才学校大兴分校教师　卢雨

【活动目标】

1.引导队员了解新机场的建设情况，打卡新机场建设中的新科技、新成就，感受家乡和祖国日新月异的变化，增强少先队员的民族自豪感和自信心。

2.引导队员深入探究新机场建设背后的感人故事，学习科技人员和建设者们不怕吃苦、乐于奉献、勇于创新的精神，激励队员们积极向上。

3.引导队员们将对党和祖国的热爱之情转化到争做小主人的实际行动中，为新机场的建设贡献一份力量，争做有理想、敢担当、能吃苦、肯奋斗的新时代好队员。

【背景分析】

《中共中央关于全面加强新时代少先队工作的意见》中指出，要根据各地现实需要，充分利用新时代文明实践中心、社会资源，建设少先队校外实践教育营地（基地），让少先队员就近就便参与校外实践活动。鲜明的导向，明确的要求，为挖掘社会教育资源，推进课堂内外有机结合赋予了新的含义。

大兴国际机场是首都的新地标，也是中国面向世界的窗口。机场位于北京市大兴区，这里是大多数队员及其祖辈、父辈生长、生活的地方，对家乡的眷恋和情感使孩子们格外关注身边事、身边人。机场就建在自家门口，队员们迫切地想实地去看看，辅导

员意识到这是一次对少先队员进行"成就教育"的好机会。于是，辅导员决定带领队员们沿着习近平总书记的足迹，走进家乡的新地标，让他们了解大兴国际机场的建设，体验家乡的发展成就，感悟祖国改革开放40多年来的巨变。

【活动准备】

辅导员准备：

1.组织队干部策划本次少先队活动课的内容和步骤。

2.联系相关部门，指导队员搜集新机场的相关资料。

3.准备飞机模型、双面胶、数字牌、书签，以及纸飞机45个。

少先队员准备：

1.搜集新机场相关的背景资料，准备编辑文件。

2.搜集整理新机场有关图片、采访视频，排练"三句半"和情景剧，准备相关材料。

3.准备碳素笔，为最后的书写志愿环节做准备。

【活动形式和主要过程】

环节一："红领巾"寻机场靓模样

在前期的活动中，队员们通过上网搜集资料和采访，对新机场有了全面的认识、深入的了解，当见到真的新机场时，无不感叹机场的壮观，科技的发达。

队员们从外形犹如一只展翅欲飞的凤凰的机场说起。通过走访新机场的航站楼，感受屋顶12800多块玻璃带来的壮观景象。在机场工作人员的讲解下，了解到新机场的抗震能力和材料之环保都是相当惊人的，货运区和工作区的下凹式绿地设计更是非常巧妙，以及围绕新机场构建的临空经济区，就像一个聚宝盆一样，能给周边地区带来很大的经济效益。

队员们总结出新机场"美、大、奇、妙、宝"这五方面的特色，不仅感受到新机场的气势磅礴、美轮美奂，而且都为家乡的这一新地标感到骄傲和自豪。

环节二： "红领巾"探机场新故事

新机场是国家的重点工程，在建设如此庞大、复杂的工程过程中，有着很多鲜为人知的故事。

队员们着力挖掘在新机场建设过程中的感人故事。他们根据采访和查阅网上的资料，最后锁定了"最美国门人"——董家广，这位无人不知、无人不晓的"董超人"。学校宣讲团的队员向大家讲述了董家广为了机场工程的如期推进甘愿吃苦奉献的故事，队员们纷纷表示要学习他的优秀品质，从现在起为成为社会主义事业的合格建设者和接班人做好准备。

新机场安置房项目是推进新机场建设的重要保障，也是一项重大的民生工程，被列为国家重点工程。学校"红通社"的小记者们也对搬进回迁房的居民进行了采访，并拍摄了他们对新生活的幸福体验与大家分享。队员们看到这些居民居住环境发生的翻天覆地的变化，非常感谢党带领人民过上了幸福的生活，从而更加坚定了听党话、跟党走的决心。

环节三： "红领巾"做机场小主人

寻访后，队员们对家乡的新地标充满了自豪和骄傲，决定用实际行动做新机场的小主人，让红领巾飘扬在新地标之上。

有的队员绘制了机场内部线路图，向行人发放，为大家提供便利；有的队员利用学校的"红通社"，联手大兴广播电台，开设《新机场故事我来说》专栏，为大兴国际机场代言，并组织"红领巾小百灵"们走进新机场，创编新童谣，给出入机场的人们带去欢乐；有的队员结合学校的科技课程，创建航模俱乐部，开展"红领巾小课题"研究，带动身边更多的人为中国制造点赞、出力；还有的队员在辅导员和父母的带领下，利用课余时间到新机场开展志愿服务活动，体会奉献的快乐。

在寻访过程中，队员们不仅亲历了新机场整个建设过程，而且感受到了"中国精神"和"中国力量"，见证了祖国发展的新貌，从而更加热爱国家，热爱家乡，决心做好家乡的小主人，树立目标，努力学习，将来为建设家乡、建设国家贡献自己的一份力量。

【思想引导关键点和主要方式】

关键点1：通过居民生活环境的对比，感受老百姓的生活变化，引导少先队员感受家乡的新变化。

引导方式：通过上网查资料、拍照、录制视频、寻访社区等形式，让队员亲自去探索发现，帮助队员获得丰富的材料，在汇报活动中真切地体会到家乡的新变化。

关键点2：让队员感受大兴国际机场建设取得的巨大成就，引导队员热爱党和国家。

引导方式：通过情景剧、"三句半"、小队讨论、发言互动等形式凸显队员的主体性，在活动中真正地感受到国家建设取得的巨大成就，增强民族自信心和自豪感。

关键点3：树立主人翁意识和责任意识，有目标，有梦想，努力学习，为建设国家贡献力量。

引导方式：通过志愿服务，提高服务意识，增强队员的奉献精神，激励少先队员怀揣梦想，为建设国家而努力学习。

【延伸活动设计】

1.鼓励队员们化身家乡发展"小小宣传员"，进行爱党、爱国、爱家乡的宣传活动，比如以快板、歌谣等形式进行汇报展示。

2.在中队辅导员和家长志愿者带领下，"红领巾"志愿小分队去新机场做志愿服务，如帮保洁员打扫卫生、帮外地游客指路，等等。

3."红通社"小记者沿着习爷爷的足迹再次走进新机场开展直播活动，带领全区少先队员共同探寻新机场。

【辅导反思】

1.抓住"新地标"这个具有时代性、能反映家乡建设新成果的城市名片，引导队员用眼睛去发现、寻找家乡的新地标——大兴国际机场，充分体现了"少先队活动要源于孩子们的生活"的教育理念。

2.从儿童视角出发，带领队员们先搜集资料，再走进建设工地，"探"心中疑惑，"探"眼中趣事。在对大兴国际机场建设"美、大、奇、妙、宝"的系列探索中，突出以队员为主体，注重参与，让队员们深切感受到祖国、家乡的建设成就，激发爱国之情。

3."有温度"的教育活动，一定是由生动的故事引出的。以社会生活为背景，队员们根据搜寻的资料，选定了"最美国门人"，进行了深入探访，知晓了建设者的感人事迹，了解了他们吃苦奉献的精神，并立志以他们为榜样，为家乡和祖国的建设做贡献。

专家点评

柯英：《辅导员》杂志社原社长兼总编辑

本节活动课以社会生活为背景，彰显时代特征，聚焦家乡建设成果，又突出队员主体，注重实践体验，以充满活力、体现童趣的内容诠释出一个宏大主题。活动形式符合队员年龄特点。队员们用自编的"三句半"，表达了对家乡"新地标"的赞美；通过情景剧幽默的喜剧形式再现了新机场建设给人们出行带来的便利，描绘出首都新机场作为"大型国际枢纽"的美好图景。辅导员善于捕捉教育契机，充分抓住习近平总书记参观大兴国际机场这一契机，引导队员沿着习爷爷的足迹，探寻新机场的新貌，既让队员们亲历、见证了国家建设的成就，又让队员们树立远大理想，作为实现第二个百年奋斗目标的生力军，时刻奋斗着！

小学学段（四、五、六年级）

197

饮食巨变赞幸福
今昔对比感党恩

北京市丰台区大红门第一小学中队辅导员　王亚威

【活动目标】

1.聚焦政治启蒙，通过祖孙三辈人介绍的饮食，了解改革开放以来人民饮食的巨大变化，进一步了解改革开放史。

2.通过调查研究、交流等形式树立主人翁意识，了解国家饮食日益丰富的情况以及需改进的问题。

3.通过制作广告宣传标语等形式，响应党的号召，为"光盘行动"尽自己的一份力，进而培养助力党和祖国发展的责任感。

4.重点引导少先队员感受在中国共产党领导下，人民生活水平日益提高，国家繁荣强盛，培养孩子们对中国共产党的热爱之情和感恩之心。

【背景分析】

2023年5月31日，习近平总书记在北京育英学校看望慰问师生时指出，党中央始终关心关怀少年儿童的健康成长，采取了一系列政策举措，努力为孩子们健康成长创造更好环境。

本节少先队活动课落实《中共中央关于全面加强新时代少先队工作的意见》，依据《少先队活动课程指导纲要（2021年版）》分学段目标，强化政治引领，聚焦政治启蒙，在中队辅导员引领下，让队员了解改革开放史，感受改革开放40多年来在中国共产党领导下，人民生活实现从"解决温饱"走向"健康丰富"的巨大变化。

五年级的队员们已有一定的调研能力，孩子们、家长们是饮食变化的见证者，对现今能吃上健康、丰富的饮食深有感触，有浓厚的探索兴趣。在积极寻访、探究中，队员们了解到以往祖辈、父辈的饮食状况以及感受，进而知党情、感党恩、听党话、跟党走。同时充分发挥主人翁精神，探究避免餐饮浪费的方法。

【活动准备】

辅导员准备：

1.指导队员从多个角度探究、寻访，搜集整理资料，指导汇报作品。

2.协同小队长制作多媒体课件，准备多媒体设备。

少先队员准备：

1.召开前期研讨会，确定研究主题，开展探究、寻访活动。

2.小手拉大手，联合家长整理活动课所需音频、视频素材。

3.进行调研结果的梳理整合，分小队设计汇报形式。

【活动形式和主要过程】

环节一：队仪式

中队长讲话：今天我们少先队活动课的主题是"饮食巨变赞幸福，今昔对比感党恩"。

百年风雨兼程，世纪沧桑巨变。40多年以来，我们的生活有了翻天覆地的变化。今天就让我们以"饮食"为切入点，从饮食变化的角度来学历史，感受在党的领导下我们生活发生的巨大变化，表达对党的敬爱之情。

环节二：古诗猜谜，感知饮食之"重"

古诗猜菜名，看谁猜得出古诗描述的是哪道菜。

环节三：今昔对比，见证饮食之"变"

1.亲历变化，感受饮食之"丰"。

小队代表以汇报形式，介绍自己亲身经历的饮食的变化，包括："学校营养餐""网络视频速成大厨""送'菜'上门""外卖便利""点评软件找美食"等。

设计意图：通过"古诗猜菜名"活动，队员感受从古至今，饮食对人们的生活至关重要，产生探索的兴趣。

2.回眸历史，体会变化之"大"。

展示队员们收集的祖辈、父辈们关于饮食的深刻记忆的音频、视频，了解"持粮票购买食物，且经常不够用""油不够吃，肥肉炼猪油""冬天只吃大白菜、大萝卜""改善伙食靠野外采集、打猎"等，感受以往饮食的单一、定量，营养不足。

设计意图：今昔对比，发现饮食结构变化之大，感受如今饮食的丰富多样，产生幸福感。

环节四：探寻成就，激发爱党之情

1.张开翅膀，探寻饮食成就。

各小队展示探究成果（见表1）。

表1　各小队探究成果

小队名称	展示形式	作品题目	展示目的
香飘十里小队	诗朗诵	《您的杂交水稻》	通过赞颂杂交水稻使人民饮食无忧，队员们明白党带领众多像袁隆平一样的人，不懈奋斗，让人们吃饱饭
五味俱全小队	情景剧	《干沙滩变金沙滩》	队员们通过表演，赞美精准扶贫借助改进食物供给提高了贫困地区人民生活水平，党不断改善全国各地人民的生活
花样百出小队	交流汇报	《交通改变饮食》	通过讲解手抄报的形式，介绍因为交通便利让饮食更多样化，队员们联想到想吃天南海北的食物都很容易吃到的现状，体会现在不仅能吃饱，还能吃好
食指大动小队	数据分享	《恩格尔系数图表》	通过讲解，让队员们感受到在党的带领下我国人民生活水平不断提高，人们不仅能吃得好，还能吃得精

设计意图：队员通过谈自己见证的饮食变化，感受到现今饮食的丰富多样，产生喜悦之情。

2.交流感受，赞颂党的正确领导。

（1）队员们交流自己对人民生活水平提高的喜悦之情，以及对党的感激之情。

设计意图：通过多种形式的介绍，让队员们更直观地感受到人民饮食方面的变化和人民生活水平的提高，进而产生自豪之情。

（2）队员创编歌曲《我们的生活充满阳光》，边弹奏乐器边带领全体队员一同演唱。队员们感受到党领导国家从站起来，到富起来，到强起来，从而也让人们从吃得饱，到吃得好，到吃得精，抒发爱党情怀。

设计意图：队员通过歌唱的形式歌颂党的正确领导，抒发自己的爱党情怀。

环节五：关注问题，助力饮食发展

辅导员：听了大家的介绍，我也感受到在党的领导下中国人民饮食发生的可喜变化，人民的生活水平有所提高。但是在饮食变化过程中，也出现了一些不和谐的"音符"，我了解到活动课前，一些小队针对这个情况进行了调查。我们请他们谈一谈。

1.分类汇报，发现餐饮浪费。

队员介绍调查到的餐饮浪费方面的问题，主要出现在家庭、饭店和外卖等处。

2.家长协助，追寻问题原因。

队员采访从事餐饮行业的父母，总结出餐饮浪费问题的共同原因——人们的节约意识不强。

3.深入思考，为"光盘行动"出谋划策。

队员畅谈自己的解决办法。

4.付诸行动，争做宣传卫士。

队员展示会前设计好的广告语，并号召队员们向《北京少年报》等报刊投稿。

设计意图：队员汇报自主发现的身边餐饮浪费的现象，了解问题背后的原因，为宣传节约食物的"光盘行动"出谋划策，助力队员们建立节约粮食意识。通过设计、宣读广告语，倡导节约粮食，培养队员为党奉献的责任感。

环节六：畅谈收获，总结提升

队员畅谈本节活动课的收获。师生共唱自编歌词的《饮食之歌》。

辅导员总结：

民以食为天。两个月以来，我们五（2）中队队员们了解了人们饮食的变化，从亲眼所见，到父辈、祖辈讲述，从身边人饮食的变化，到祖国各地的饮食变化，队员们感受到了在党的领导下改革开放给我们的生活带来的巨大变化，感受到了我们现在的生活是多么幸福，也明白了这幸福归功于党的领导，所以我们要更加热爱、感恩中国共产党。

不仅如此，队员们发现了饮食变化中也有一些餐饮浪费问题，并努力为解决问题出谋划策，体现了与党同行的小主人翁精神。队员们，让我们从小听党话，跟党走，铭记党的关怀，立志为党成才、为国奉献。

环节七：队仪式

设计意图：队员畅谈收获，通过演唱抒发感情，把此次队会推向高潮。

【思想引导关键点和主要方式】

关键点1：聚焦少年儿童政治启蒙和价值观塑造。

引导方式：通过祖孙三辈人的饮食记忆，了解改革开放以来饮食的巨大变化，进一步了解改革开放史。重点引导队员感受人民生活水平日益提高，国家繁荣昌盛，这些都归功于党的正确领导，加深队员对党的热爱和感恩之情，进而促进少年儿童的价值理念、精神意志的形成。

关键点2：坚持课堂内外相结合和家校社协同育人。

引导方式：通过小队介绍交流队员自己家的饮食情况，把少年儿童的个人生活作为教育资源，使队员感受到现今饮食的健康和丰富。通过寻访家长、餐饮店负责人，增强与家庭、学校、社会单位的互动，为队员深切感受党的正确领导提供了直观材料，整合了社会资源，形成了共育机制。

【延伸活动设计】

1.继续宣传"光盘行动"，作出更多更好的宣传计划，在下次队活动时到周边去实

地宣传，为党和祖国发展献力。

2.继续探寻改革开放40多年以来的"衣""住""用""教育""科技"等领域的发展，感恩党的正确领导。

3.带领队员畅想2035年中国基本实现社会主义现代化、2049年中华人民共和国成立100周年时，我们的生活会发生怎样的可喜变化，你又将为之作出哪些贡献。引领队员从小树立成长为祖国需要的合格的建设者和接班人的远大理想。

【辅导反思】

1.以队员为主体，获得真实感受。

在活动课前，队员自主商议、寻访、设计作品；在活动课中，队员通过讲、诵、唱、演等多种形式把自己探索到的饮食变化向全体队员和老师展示。队员自主汇报探索到的餐饮问题并针对问题出谋划策，动手为"光盘行动"设计广告语，充分调动了队员的积极性，发挥了队员的主体地位。

2.推动了探索旅程，进一步亲党爱党。

此次少先队活动课体会饮食发展，把队员探索祖国发展的进程向前推进，给队员的探索热情加一把"火"。队员表示会继续探索改革开放40多年以来在"衣""住""用""教育""科技"等领域的发展，感恩党的正确领导。在"2035年、2049年展望未来"的活动中，少先队员抒发成长愿景，立志成长为祖国需要的合格的建设者和接班人。

专家点评

李晓季：北京市丰台区少工委办公室主任

从政治启蒙这个维度，带领队员从"饮食"这个视角，感受改革开放以来饮食变化之"巨"，人们生活变化之"大"，进而增强队员对中国共产党的热爱、感恩之情。

以实践教育为主要形式，通过中队投票选定探索视角。在辅导员的引导下，队员自主设计方案，搜集资料，访问家长，整合资料，设计呈现形式，带着探索中发现的餐饮浪费问题开展实践活动，并身体力行地进行宣传。本节队课做到了引导少年儿童在辅导员的指导下自主设计、开展活动，让队员在活动过程中主动感受党给我们生活带来的可喜变化，激发了队员对党的感恩之情。

高铁缩短回家路

北京市第十八中学时光学校中队辅导员　郭跃

【活动目标】

认知目标：通过队员前期的调查，对数据进行收集、分析、整理、比较的过程，使队员对中国铁路，特别是高铁的发展，以及对人们出行方式的改变有所了解。

情感目标：通过对祖孙三代回家路的对比、对中国高铁发展进程的感知，使队员感受到中国高铁背后的中国力量，激发队员的自豪感和自信心，从而进一步增强队员的爱国热情。

行为目标：通过"回家之路，因我更加美好"等环节的设置，引导队员以高铁精神激励自己，从自身做起，从小事做起，完善自己的行为。

【背景分析】

主题分析：爱国主义教育就是教育引导青少年肩负起时代赋予的重任，志存高远，脚踏实地，努力在实现中华民族伟大复兴的中国梦的生动实践中放飞青春梦想。作为国民经济的大动脉，铁路在基础设施建设中有着举足轻重的地位。从绿皮车到复兴号，从普速铁路到高速铁路，从中国制造到中国标准。队员对中国铁路发展与变迁的调查与研究，是切身感受国家发展与变化，激发爱国情感的有效途径。

队情分析：六（2）中队33名少先队员中，大多数队员的家人都是来京工作人员，

小学学段（四、五、六年级）

他们每年春节都要回老家过年。乘坐高铁是队员回家最重要的出行方式，特别是学校所在区内有北京西站、北京南站和新建的丰台站三大火车站，队员能切身感受到高铁给人民的生活带来的便捷。

【活动准备】

辅导员准备：

1.设计问卷，带领队员进行数据分析。

2.制作多媒体课件，布置活动课现场。

少先队员准备：

1.按照调查问卷进行全员调查，填写问卷。

2.按要求对数据进行分类。

3.结合自己所需，提炼内容。

【活动形式和主要过程】

环节一：中队调研，回家之路引关注

1.谈话导入，引出回家之路。

第一小队：宣布年末大家最关注的事情及出行方式的调研结果。

2.数据分析，聚焦高速铁路。

绘制队员所属省市统计图。

中队百分之八十五的队员来自外省市。

绘制队员老家与北京的距离统计图。

绘制队员回家交通方式的选择统计图。

发现选择乘坐高铁的最多。

引出主题队活动：高铁缩短回家路。

环节二：调查分析，回家之路发展变化

第二小队：组织、汇报高铁购票方式的发展变化。

1.从小窗口到互联网，乡愁是一枚小小的车票。

（1）从小窗口到互联网，购票方式便利化。

队员爸爸介绍购票方式的变化，用照片呈现当时买票的情况。

队员汇报现在购票的方式：12306网站、手机App、自助售票机等多种途径，还可以网上选座。

（2）从纸质票到电子票，车票形式数字化。

第二小队：汇报车票形式的改进（见表2）。

表2　车票形式的改进

年代	火车票	特征及其他
2010年前	广州东 —— 潮州 235次 1997年09月05日21:27开 C2车061号 全 价121.00元 新空调硬座特快 限乘当日当次车 在3日内到有效 T0009409 23711101040904T0009409	纸质、粉色、没有姓名和身份证信息
2010年	郴州 L7621次 广州东 Zhuzhou Guangzhoudong 2010年02月22日21:17开 18车 62号 全51.00元 43	纸质、粉色或蓝色、实名购买、有姓名和身份证信息；2010年，乘客可以使用自动售票机购票
2011年	北京南站 G2021次 天津站 Beijingnan Tianjin 2014年08月28日10:35开 01车03号 全57.00元 二等座 6221261980****3456 1 X X 9999234548765A123456 北京南售	纸质、蓝色、实名购买、有姓名和身份证信息；2011年12月起，大多数火车票都可以通过网络购买
2018年	电子客票	网络化电子客票在海南环岛高铁试运行。2020年春运，电子客票全面使用

队员们听完介绍，谈感受。

2.从"千里走单骑"到高铁"复兴号"，回家之路囧途变通途。

第三小队：汇报一家三代人回家之路的发展变化。

（1）高铁让回家更方便。

第三小队：汇报速度的变化。

小学学段（四、五、六年级）

呈现表3：祖孙三代年少时的回家路。

表3　祖孙三代年少时的回家路

	主要选择的回家方式	速度	平均回家时长	平均回家间隔	感受
祖辈	步行	4公里/时	1天	至少1~2年	累、脏、烦 环境差，买票太难
	自行车	10公里/时	1.5天		
	长途汽车	60~80公里/时	1~2天		
父辈	长途汽车	80~120公里/时	8小时	每年	累，票不好买
	绿皮火车	120~160公里/时	12小时		
我辈	高铁	350公里/时	1.5小时	随时	舒服方便

队员们看完图表，听完介绍后谈感受。

第三小队：2022年北京冬奥会部分比赛在张家口举办。之后，队员可以乘坐高铁前往张家口，感受中国速度。

呈现表4：北京—张家口交通方式比较。

表4　北京—张家口交通方式速度比较

交通方式	北京—张家口距离	速度	用时
长途汽车	220公里	120公里/时	2.5小时
自驾车	220公里	80~100公里/时	3小时
高铁	220公里	350公里/时	47分钟

（2）高铁让回家的路更舒适。

第四小队：通过"图片+描述"的方式讲述回家路。

展示第一组图片：回家路上带点啥？

祖孙三代讲述。

爷爷："由于路途遥远，我们几乎把所有物品都带着，甚至会带着锅碗瓢盆上火车，还要给家里人带一些特产回去。随身大大小小的包就得好几个，终于上了车，东西都没地方放。"

爸爸："我们这一代人基本上就会给家人带些当地特产、家里边买不到的新鲜物品，作为礼物送给家里人就好了。方便了不少，一个大箱子就搞定了。"

我："我现在和爸爸他们回老家只带随身物品出行，下了车想买什么都有，可方便了。回家一点都不累。"

展示第二组图片：行李怎么拿？

祖孙三代讲述。

爷爷："以前带上火车的行李全部需要自己拿，上车前一个包接一个包往上拉，可费劲了。到了车上还要码放好，行李有地儿放，把人挤得没地方站。"

爸爸："到后来可以找车站的'小红帽'帮忙，省了不少劲。"

我："现在更方便，一些行李快递回家。随身物品往兜里一揣就轻松上车。"

展示第三组图片：火车上听见啥？

祖孙三代讲述。

爷爷："以前火车上可以说是充斥着各种各样的声音，大人叫，小孩哭，一路上特闹心。"

爸爸："我们回家还好，大家凑在一起虽说不认识，也都聊一聊天，热闹却也有一点吵。"

我："现在，我们坐高铁，秩序井然，安静了许多。高铁特别平稳，放个硬币都不会倒。我觉得很舒服。"

展示第四组图片：车上吃点啥？

祖孙三代讲述。

爷爷："以前，大家常常自备干粮在火车上吃，都是自己烙好的饼、煮好的鸡蛋带在路上吃。"

爸爸："我们可以在车站买点饼干、煎饼、零食等，当然最经典的还是泡面，热乎乎的，吃饱了就行。"

我："现在，在高铁上可以轻松地在网络上点餐，种类丰富。妈妈再也不用给我提前准备好多吃的了，只要想吃，我就在网上点餐。"

展示第五组图片：车上怎么睡？

祖孙三代讲述。

爷爷："以前，车慢路远，有时不得不在车厢里席地而睡。到处都特别挤，还特别脏。"

爸爸："后来，有了卧铺车，旅客们终于能盖着被子睡了。不过路远的话，睡醒一觉还要等半天才能到。"

我："如今坐高铁再远也能朝发夕至，速度很快。我看一部电影就能到站了。有时候看看窗外风景，一会儿就到了，一点都不闷。"

队员们看完图片，听完讲述，谈感受。

（3）高铁让回家之路更美丽。

第五小队：介绍京张高铁给家乡崇礼带来的巨大变化。

a.回家之路更美丽。

出示京张高铁示意图，标注地标性景观，并进行讲解。

京张小导游：重点对京张铁路沿线的风景进行了探究，走访了宣化站的京西第一府、明长城，下花园站的鸡鸣山，怀来站的官厅水库，延庆站的龙庆峡，昌平站的居庸关长城、八达岭长城，最引人关注的就是张家口的冬奥胜地——崇礼的滑雪场和油菜花风景区。

b.我的家乡更美丽。

第六小队：介绍京张高铁给沿线的居民带来的崭新生活。

播放视频的同时由队员讲述：京张高铁给沿线居民带来了新收入。（怀来的葡萄和葡萄酒，乌兰察布的大土豆，包头的莜麦制成的美食，瑜伽第一村的爷爷奶奶变身网红在卖特产……）

看完视频后，队员讲述高铁给自己的家乡带来的新变化。（天津、山东、南京……）

环节三：高铁"织"网，回家之路更美好

中队辅导员介绍多条和队员相关的高铁线路。

1.高铁"织"网，改变生活方式。

出示我国高铁示意图：感知高铁的开通给人们的生活和情感带来的美好，体会祖国的飞速发展，激发民族自豪感。

2.回家之路，因我更加美好。

活动：以回家之路因我更加美好为主题，组织讨论。

辅导员总结：高铁的发展，让我们体会了生活的美好和祖国的强大。作为一名中国人，我们自豪，我们自信。我们把决议付诸行动，立志成为建设祖国的主力军。

【思想引导关键点和主要方式】

关键点1：队员学习的自主性。

引导方式：以高铁的发展变化为活动资源，通过自主调研、整理、分析、交流、小结来完成整个学习活动，理解高铁精神，感受中国速度，感知祖国科技的发展和实力的强大，激发爱国情感，体现队员学习的自主性。

关键点2：队员活动的多元性。

引导方式：以丰富的活动形式引领队员，通过组内调研、一家三代人出行对比、家乡发生的巨大变化等创新性形式，吸引队员，感染队员，体现队员活动的多元性。

关键点3：队员思想的政治性。

引导方式：以习近平总书记的话为依据，以探究中国铁路发展变化为主线，落实爱国主义教育，激励队员做共产主义事业的接班人，体现队员思想的政治性。

关键点4：队员参与的民主性。

引导方式：以全员参与为活动导向，小队成员互帮互助、交流感悟，形成人人都参与的良好氛围。

【延伸活动设计】

延伸活动主题：我是奋进追梦人。

在队活动中，队员认识到高铁的飞速发展让我们的生活越来越美好。于是，我们继续开展探寻高铁精神的活动。队员查找为高铁的建设作出贡献的人，挖掘他们身上的精神。

这个活动主要是让队员在调研中发现高铁的建设和发展离不开可爱的建设者。队员利用课余时间观看关于"高铁人"的纪录片，书写观后感，让高铁精神扎根于队员心中，激励他们勇往直前。向"高铁人"学习，开展"我是××小达人"的比赛活动，使队员积极奋进，成为奋进追梦人，肩负起建设祖国的重任。

【辅导反思】

1.队活动内容植根于队员生活。

小学学段（四、五、六年级）

本次活动以"高铁缩短回家路"为主题，以队员的生活实际为切入点，通过队员对铁路发展相关知识的搜集、整理、探究，引导他们了解高铁的发展，激发他们的兴趣。

2.队活动方式基于队员特点。

六年级队员已经具备了较强的资料搜集、整理、提炼的能力，而且乐于在活动中运用。队员在课前进行了大量的收集、采访、调查工作，深刻认识和体验了高铁的迅速发展。

3.资源利用更加丰富。

本次活动充分利用了家长资源，成功吸引了队员的注意力。在祖孙三代分述不同年代的出行工具时，对比强烈，队员听得认真，时时发出惊讶之声，在对比中感悟到祖国的飞速发展。

专家点评

李晓季：北京市丰台区少工委办公室主任

本节少先队活动课弘扬了爱国奋斗精神，积极培育和践行了社会主义核心价值观。活动课中，少先队员通过探究"高铁回家路"，在感受到中国高铁背后的中国力量的同时，增强了自豪感和自信心。在辅导员老师的引领下，队员充分见证了祖国发展的成就，进而树立了远大理想。

活动课通过队员对高铁相关知识的搜集、整理、探究，引导队员对中国铁路，特别是高铁的发展，以及对人们出行方式的改变增加了解，把少年儿童的社会生活和个人生活作为教育资源，根植于队员以及家长的生活实际，充分发挥少先队员主体作用，拓宽了实践活动项目和载体，引领少先队员在实践中体验生活、感知社会、了解国情，提升活动的代入感、时代感、获得感。

"红手印"里的家国情怀

北京市通州区张家湾镇中心小学大队辅导员　李丹

【活动目标】

1.通过查找资料，走访网上博物馆，了解党的历史中有关"红手印"的故事，并理解"红手印"所蕴含的精神。

2.感悟不同时期"红手印"彰显的家国情怀，引导队员总结"红手印"背后的红色精神，增强队员爱党、爱国、爱社会主义的朴素情感，厚植家国情怀。

3.鼓励队员积极参与"传承章"的争章活动，引导队员争当"红色讲解员"，完成"红领巾爱首都"红色研学等活动，以实际行动传承红色基因，做党的"红孩子"。

【背景分析】

理论背景：《中共中央国务院关于深化教育教学改革全面提高义务教育质量的意见》中明确提出要"突出政治启蒙"，强调把在少年儿童心目中埋下共产主义理想种子作为一项重要的政治任务，设计务实、具体、时代感强的少先队思想政治启蒙活动，讲好"儿童化"政治要求，传承红色基因，形成正确的政治认知、政治情感、政治信念，教育引导少先队员了解党、热爱党、拥护党、跟随党、做党的好孩子，成长为堪当民族复兴大任的合格建设者和可靠接班人。

实践背景：学校少先队大队成立了"蒲公英公益服务社"红领巾小社团，在一次活动中，队员们对"红手印"的理解不够深刻。为了让队员们了解"红手印"所承载的含义，本次活动课将带领队员探寻党的历史发展中不同时期的"红手印"故事，激发队员爱党、爱祖国、爱社会主义的朴素情感，并从"红手印"中汲取奋进力量，厚植爱国主义情怀。

【活动准备】

辅导员准备：

指导队员一起设计活动环节，帮助小队搜集整理资料，筛选队员们搜集的"红手印"故事，协助队员设定汇报内容。引导队员们制定"传承章"争章内容。辅导队员们制作PPT，绘制"传承章"承诺卡片。

少先队员准备：

充分发挥队员的自主性、主动性、组织性。将队员分为四个小队，即：争先小队、星星之火小队、朝阳小队和清风小队，以小队为单位查阅资料，探寻党的历史发展脉络中的"红手印"故事，形成汇报稿件，制作汇报PPT，与其他小队分享。

【活动形式和主要过程】

环节一：重温"红手印"印记，点亮红色行动

活动开始前，队员代表组织全体队员回顾党的二十大召开时的场景，一起重温按有"红手印"的请战书和回战书，宣布主题活动课开始。

设计意图：通过引导队员回顾党的重要会议以及发生在身边的真实事件，激发队员进一步探索和分享"红手印"故事。

环节二：探寻"红手印"故事，感悟红色力量

各小队根据前期的调查研究结果，将党的不同时期的"红手印"故事进行分享交流。

争先小队通过查阅资料、探寻网上博物馆的形式，整理抗日战争时期的"红手印"故事，介绍四川省建川博物馆"中国壮士·老兵手印广场"、中国人民抗日战争胜利受

降纪念馆的两幅残缺的"红手印"故事，以及留下红手印的人物作出的贡献及其精神；星星之火小队探寻改革开放初期的"红手印"故事，并通过查阅资料、实地走访（国家博物馆）、编排剧目等形式向大家还原小岗村人四次按下红手印的情景，带领队员感悟红手印背后小岗村人敢为人先的首创精神；朝阳小队以搜集资料的形式，通过视频和文字向队员展示脱贫攻坚时期驻村书记李洪文的故事，带领队员感悟共产党人勇于担当、开拓进取、吃苦耐劳、为人民谋幸福的初心使命；清风小队通过查阅资料、隔空采访等形式，将搜集到的医务工作者的"红手印"故事与大家分享，带领队员感悟红手印背后所践行的医护人员保卫家园的承诺、忠诚为民的奉献精神。

设计意图：整个环节，充分遵循少年儿童心理发展特点，注重形象化的教育，用故事的方式展现不同时期"红手印"的故事。各小队在探寻"红手印"故事的同时，感悟红手印背后的天下兴亡、匹夫有责，敢为人先，忠诚为民，无私奉献的红色精神以及共产党员为人民谋幸福、为民族谋复兴的初心使命，并在实践活动中，提高队员核心素养和关键能力。

环节三：践行"红手印"承诺，传承红色精神

以"如何传承'红手印'精神"这个问题入手，向队员们介绍"传承章"的含义，并与队员们讨论如何弘扬"红手印"精神，共同制定"传承章"的争章内容。最终确定"传承章"争章"四个一"活动内容，即：学习并践行一种"红手印"精神；争当一次"红色讲解员"；积极参与每一期的"红领巾爱学习"活动；完成一次"红领巾爱首都"红色研学打卡活动。随后，队员们将制定的争章内容撰写在"传承章"争章承诺卡上，并签字按上自己的红手印。

设计意图：引导队员们将感悟到的"红手印"精神内化于心，外化于行，激发队员"国强才有我""有我国更强"的责任担当意识，用自己的实际行动去践行这样的精神，传承红色基因，成为祖国合格的建设者和接班人。

【思想引导关键点和主要方式】

关键点1：队员们提出"中国历史的不同时期，都有哪些'红手印'故事呢？"
引导方式：引导队员们通过查找、搜集、采访获得资料。

关键点2：中国共产党怎样践行"为中国人民谋幸福""为中华民族谋复兴"的初心和使命呢？

引导方式：在引导队员们探寻不同历史时期"红手印"背后的事迹后，挖掘其背后的红色精神，产生思想和情感的共鸣。

关键点3：活动结束后，如何将"红手印"的故事和更多的红色精神讲给更多的队员听呢？

引导方式：引导队员们通过制作手抄报、写心得感悟、争当红色讲解员等方式，并利用国旗下讲话或走进各中队的机会，将"红手印"的故事和精神讲述给更多的队员。

【延伸活动设计】

家庭活动：组织队员与家人一起继续挖掘党的百年光辉奋斗史，并组建"党史宣传服务小队"，参与志愿活动，宣传党的丰功伟绩，为家乡城市副中心建设贡献自己的力量。

校级活动：基于"蒲公英公益服务社"红领巾小社团《红色声浪》栏目，鼓励各小队队员化身"红色讲解员"，走进各中队开展"红手印"的故事巡讲活动，以实际行动践行并传递红色革命精神。

【辅导反思】

"红手印"承载大情怀。本节活动课，聚焦"思想引领、政治启蒙"，生动、具体、准确且有效地向队员传播党的意识形态。以"探寻党的历史发展中有关'红手印'的故事""感悟不同时期'红手印'中彰显的家国情怀""以实际行动传承红色基因"三个维度展开，激发队员责任担当意识，增强对党的信任感与追随感，帮助队员在深切体悟革命先辈崇高的道德品格和价值追求中，在深刻体悟中国共产党"为人民谋幸福""为民族谋复兴"的初心使命中，逐渐形成对"自身是祖国未来接班人"的深刻思考。

小奖章激发大志向。此次活动课，无论对辅导员还是对少先队员而言，都是一次思想的洗礼。课前队员探寻"红手印"故事的过程中，辅导员作为"辅导者、引领者和服务者"，积极引导队员用儿童化的语言讲好故事，发挥了问题生成时的指导作用；队员们积极开展"传承章"争章内容的设定，在阶梯上升、分层递进的奖章体系中，持续增强光荣感。

专家点评

王瑛：北京教育科学研究院研究员

这个活动课选题好，活动目的明确，突出了少先队工作传承红色基因的主责主业。辅导员从曾经开展的活动中队员在请战书落款按红手印的情节，引申到"我为红手印代言"，引导队员"从红手印中汲取奋进力量，厚植爱国情怀"。活动具有延伸性，凸显了少先队活动课的政治属性和少先队辅导员的政治敏感性，很好地发挥了少先队的政治启蒙功能。

标题醒目、形象生动。活动内容紧扣主题，以"红手印"为主线，通过查资料、走访、探寻的活动准备过程，将一个个鲜活、生动、感人的事迹，采用图片、视频、故事、小话剧的形式展示，步步深入，将"红手印"在中国共产党的历史发展进程中所蕴含的家国情怀、爱党含义与奋进精神展现得淋漓尽致。视觉的冲击、故事的感动、先锋榜样的激励都让人产生共鸣，令人难以忘怀，非常符合少先队政治启蒙儿童化的要求，符合儿童的年龄特点和教育规律。

活动注重以少先队员为主体，以少先队小队为单位，与研学和争章活动相结合，彰显了少先队的组织属性，强化了少先队员的组织意识。活动过程沿着各个历史阶段推进，不同内容和不同人物环环相扣，脉络清晰。这次活动激发了少先队员的真情实感，激励少先队员传承红色基因，是一次很成功的少先队活动课。

小号手 先锋情

北京市通州区东方小学大队辅导员　杨红

【活动目标】

1.增进政治认识。通过平家疃人民可歌可泣的革命史教育，引导队员体会革命先烈视死如归、英勇抗日的顽强斗争精神，进一步意识到今天的幸福生活来之不易。

2.培育政治情感。激发少先队员保家卫国的爱国情怀，使其不忘前辈的艰苦奋斗作风，并以家乡英雄模范为榜样，进一步坚定共产主义信念，听党话、跟党走，不断深化热爱党和热爱社会主义祖国的朴素情感。

3.强化政治行为。在党史学习和宣讲中，自觉将小我融入中华民族伟大复兴中国梦，从小事做起，以点滴行动报答党和人民的培养。传红色基因，立报国志向，历练建设本领，争做新时代好队员。

【背景分析】

《中共中央关于全面加强新时代少先队工作的意见》明确指出，要大力培养少先队员对党和社会主义祖国的朴素情感，从小培育少先队员共产主义理想和道德的萌芽。要突出实践育人特色，构建资源有效整合、阵地有效利用的少先队社会化工作体系，推动新时代少先队社会化发展，传承红色基因。

通过对通州区域内的红色资源进行梳理发现，通州区宋庄镇平家疃村，村民曾积极投身于中国共产党领导的抗日战争和解放战争中，被誉为"大运河畔的红色村落"。根据少先队员活泼好动、喜欢探究的特点，采用"红通社"社团实践的方式，指导少先队员以小记者的身份开展对平家疃红色文化的寻觅，在增强少先队员家乡荣誉感的同时，加强对党史的了解，坚定理想信念。

【活动准备】

辅导员准备：

1.场地联系，和平家疃村领导进行联络，获得组织支持。

2.现场考察，了解村史馆的参观条件，做好相关准备事项。

3.明确参与本次活动的英烈后代，做好沟通及任务安排。

少先队员准备：

1.活动前，"红通社"小记者与中队代表自愿结合，组成小号手第一小队、小号手第二小队、小号手第三小队，分工负责各项参观、采访和宣讲红色历史的任务。

2.通过查阅网络、查找书籍、询问家人等方式了解平家疃历史。

3.在辅导员指导下自主设计活动方案，自主践行红色传承目标。

【活动形式和主要过程】

平家疃村革命斗争史迹完整，一个个红色故事和丰富的红色文化资源为北京城市副中心少先队员传承红色基因提供了鲜活史料资源。

环节一：走进红色村落，感知红色历史

本校"红通社"小记者，翻开通州区政协为纪念抗战胜利60周年编写的文集《烽火通州》，知晓宋庄镇平家疃村人民用献血和生命书写的运河儿女抵御外敌、保家卫国的红色历史。平家疃村的革命斗争历史，一个个红色故事，深深吸引并教育着少先队员。

"红通社"小记者走进平家疃村村史馆，大运河文史专家陈喜波教授为小记者介绍该村落的红色历史。队员们仔细观看抗日战争时期的地道战遗址、地雷战遗址西大堤的历史照片和支援前线的各种实物，在小本上留下珍贵记录；队员们在平家疃惨案纪念浮雕前，

向抗日游击队长王子厚、宁死不屈的党员张振庭等英雄先烈敬献鲜花，表达缅怀之情。

队员们体验到今日的幸福生活来之不易，纷纷表示一定要发扬红色传统，砥砺前行。他们拿起纸笔创作诗歌或散文传扬前辈英勇的奋斗事迹，他们关心村里的发展，用力所能及的方式表达爱心。

环节二：小队寻访实践，体会革命精神

小号手第一小队走进平家疃抗日游击队长王子厚烈士的家。通过倾听其侄子回顾往事了解到：王子厚是一名神勇的游击队长，从最初没有枪支弹药到通过缴获战利品让队伍武器齐全，再到英勇杀敌令敌人闻风丧胆。解放战争时期他转战东北，在激烈的斗争中光荣牺牲。通过采访，队员们深刻感受到，英雄的故事其实就在我们身边。小号手们表示会将王子厚烈士的英勇事迹广泛传播，铭记先烈流血牺牲创造的伟大历史，用星火人特有的方式进行传承。

小号手第二小队拜访党支部书记，聆听支部书记介绍建设红色教育基地的初衷、建设经历和建后各方面的反响。队员们深切体会到老一辈高昂的革命斗志，更加拥护党的领导，共同奋力追求美好的理想。

小号手第三小队在田间地头随机采访村民，有位80多岁高龄的老人说的"永远忘不了那一天"指的就是发生在1945年5月7日的平家疃惨案。村民们谈论着抗战时期奇袭东坝、偷袭铁桥炮楼的辉煌事迹，以及战斗英雄张振庭、劳动模范贾存德和时代楷模王秀红、刘海楠不怕牺牲、无私奉献的果敢行动。先辈们创下的红色传统使队员们感慨万分，在队员心中熠熠生辉，不断强化队员一心一意为人民的核心价值观的培养。

环节三：开展红色宣讲，共享红色精神

队员们会集在村史馆小广场，汇报交流寻访实践成果，宣讲平家疃村这片沃土涌现出的英雄人物故事。各小队代表依次进行宣讲。

队员们宣讲着平家疃村的光荣历史，眼前树立起前辈不忘初心、传承红色基因的丰碑。他们纷纷反思说："我们在学习、生活中会遇到各种困难和不如意，但是和那些革命先烈比起来，今天的困难又怎么比得上革命岁月里遇到的艰难险阻呢？！我相信，无论是家乡平家疃的红色历史，还是伟大的革命史，都将成为激励我不断奋进的强大动力！"

小号手们在英烈纪念墙前表达决心：作为"红通社"小记者、新时代小号手，要弘

扬先烈精神，继承先烈遗志，砥砺奋进，勇于担当，把伟大红色历史、红色精神积极宣讲出去，带动更多的小伙伴都来学先锋、做先锋！努力成长为祖国和人民期待的共产主义接班人。

活动临近尾声，在烈士们曾经抛洒鲜血的红色土地上，平家疃村党支部委员崔阿姨作为校外辅导员带领队员们重温入队誓词。村党支部委员、村主任、校外辅导员邓叔叔带领少先队员郑重呼号。

鼓乐声声，队旗鲜艳，满怀着感动与振奋，"小号手 先锋情"校外少先队活动课参观采访宣讲活动落幕。

【思想引导关键点和主要方式】

关键点1：了解家乡人民的革命史、斗争史，感受在中国共产党的领导下革命群众坚不可摧的革命意志，认识到今天的幸福生活来之不易，坚定共产主义信仰，树立从小听党话跟党走的革命志向。

引导方式：参观村史馆，分小队采访烈士亲属、村民、大运河文史专家和村领导。

关键点2：以运河畔的革命先烈为榜样，用其精神激励队员自觉将自身成长和祖国命运结合在一起，从小事做起，刻苦学习，树立理想，砥砺品格，增长本领，全面发展，努力成长为中国特色社会主义事业的合格建设者和可靠接班人。

引导方式："红通社"小记者、"红领巾讲解员"在查阅资料、走访中了解运河畔革命先烈英雄事迹，进行红色宣讲活动，在思想激励、精神感召中带动更多少先队员升华情感、明确行动方向。

【延伸活动设计】

大队部组织的"红通社"小记者团活动是本校传承红色基因教育的排头兵。少先队组织很快将这项活动普及到各个中队和小队。宣讲革命历史成为一项持续不断的教育活动，是培育共产主义接班人，使党的事业能够薪火相传、后继有人的有效途径。

【辅导反思】

在党的二十大精神鼓舞下，小号手们吹响了传承红色基因的进军号。本校少先队员在红色榜单的带动下集结，在行走的活动中参观通州更多的革命圣地，寻访各行各业的先锋榜样，绘制练好本领为国争光的蓝图。一寸山河一寸血、一抔热土一抔魂，用切实的学习、体验和行动传承红色血脉，努力成长为德智体美劳全面发展的栋梁之材。

当然，在这片红色热土上仍有许多红色资源有待挖掘，有许多红色故事亟待传扬，少先队员红色传承行动将会得到更好的普及与提升。

专家点评

吴云清：北京青年政治学院教授

这个案例是基层学校很好地发挥"红通社"作用的一次典型示范，也是传承红色基因、赓续红色传统的有力证明。红领巾通讯社的队员就是高举红色大旗的小号手，体现出学先烈、做先锋的壮志豪情。本次活动有四个值得肯定的鲜明的特点。第一，主题深刻透明。聚焦红色村落的历史，层层深入这个节点，队员感受多、收获大。第二，揭示传播红色基因的规律。充分开发运用红色资源，从历史到人物，从认知到行动，知行合一渗入血脉。第三，充足的校外实践手段。小号手的红色研学活动，离不开参观、访问、调查、宣讲的形式与载体，使学英雄活动近在眼前，可信可行。第四，浓厚的红色文化氛围。村史馆、雕塑像、文物册，彰显红色精神，给队员留下难忘的记忆。

科技助力农业发展
做新时代小农人

【活动目标】

1.初步了解习近平总书记对"三农"工作的重要论述，深刻领会全面贯彻党的二十大精神，书写中华民族伟大复兴的"三农"新篇章，为全面建设社会主义现代化国家积蓄力量。

2.了解农业发展现状和农业伟人故事，厚植爱农情怀，练就兴农本领，激发对祖国农业发展的朴素感情。

3.走进科技农业现场，开展劳动实践，培养劳动素养和科学素养，提高观察、动手能力，养成劳动习惯。

【背景分析】

教育背景：每年的中央一号文件对"三农"工作作出战略部署，党中央对"三农"工作高度重视。习近平总书记指出现在一些城里的孩子接触农村、接触大自然少，不光"四体不勤"，而且"五谷不分"。希望同学们通过学农劳动实践，养成热爱劳动、珍爱粮食、尊重自然的良好习惯，为建设美丽中国贡献力量。

主题解析：本次少先队活动以队课形式呈现，围绕"务农重本，国之大纲"，助力乡村振兴、加快建设农业强国，落实《中共中央关于全面加强新时代少先队工作的意见》，突出实践育人特色，推动新时代少先队社会化发展。

小学学段（四、五、六年级）

队情分析：本次队课讲授对象为北京市通州区潞城镇大东各庄小学六年级少先队员，各中队在往期实践中参与过农作物土壤种植活动。本次课程设计主要是以植物生长周期为轴，结合农业其他业态，并链接到课堂，对课堂知识广度和深度进行拓展，引导队员养成独立生活的意识，培养队员的创新和实践能力，提升劳动素养。

【活动准备】

辅导员准备：

了解队员往期实践经历，根据队员认知情况制定队课实践内容，准备实践材料；根据队员人数情况，确定分小队活动内容计划。

少先队员准备：

队员以小队为单位，制作观察记录表，观察日常生活中的衣食住行与农业的联系；查询我国的农业发展历程，以及为农业发展作出突出贡献的伟人。

【活动形式和主要过程】

导入：通过图片，引入与生活息息相关的农业生产，我们的食物、衣服、木材以及新能源都和农业紧密相连。

"民以食为天"，粮食是人类最基本的生存资料，我国是世界第一大粮食生产国，以不足全球百分之九的耕地面积解决了14亿多人的吃饭问题。"三农"发展状况，直接影响农民的安全感和获得感，关系社会的安全稳定大局。

"强国必先强农，农强方能国强。"习近平总书记指出，只有农业强起来，粮食安全有完全保障，我们稳大局、应变局、开新局才有充足底气和战略主动。

环节一：传承农耕文明

共唱二十四节气歌，以小见大了解农耕文明。农耕文明承载着中国人民自强不息的精神追求，滋养着中华民族的精神家园。

我国自古是农业大国，二十四节气和农业谚语是先贤们总结的农耕文化，传统农业文化与现代科技碰撞出农业发展新形势。

环节二：科技助力农业起飞，打造科技农业盛果

观看视频，深入了解"杂交水稻之父"——袁隆平对农业的贡献。袁隆平爷爷一生都在研究杂交水稻，他有两个梦想，一个是"禾下乘凉梦"，一个是"杂交水稻覆盖全球梦"。

农业发展总体上经历过三个阶段：刀耕火种阶段、传统农业阶段、工业化农业阶段。在农业发展过程中涌现出许多伟人，为农业的进一步发展作出巨大贡献。古有贾思勰、徐光启等，现有稻田里的"追梦人"——袁隆平，他是中国杂交水稻事业的开创者和领导者，"共和国勋章"荣誉获得者，被称为"杂交水稻之父"。

环节三：助力乡村振兴，做新时代小农人

现场观摩：队员现场认识无土栽培技术，现场讲解无土栽培类型，认识到基质栽培、水培、气雾培间的区别和联系，观看不同类型的水培种植设备，感受科技为农业发展带来的变革。

辅导员介绍无土栽培的优点：产品质量好，安全卫生；可在植物工厂内量化生产；不分淡旺季，受自然环境影响小；节省肥料，无须中途更换营养液；经济效益高。

实践：在校外实践基地，开展蔬菜水培种植，并用不同颜色的植物设计"中国少先队"标语，每小队完成一个字，共同完成。各小队相互配合，有序完成菜苗的清理、设计、定植，并将拼好的漂浮板按照次序放入栽培池中，相互连接成为一整块种植区。

交流：队员相互分享整个过程中自己的发现、觉察、感悟。活动之后，学习委员布置课后学习实践任务。

小结：引导少先队员关注农耕文化，了解为农业作出巨大贡献的伟人，并参与到现代农业实践中，感受科技带给农业的变革。通过劳动，深刻体会"一粥一饭，当思来处不易"，培养少先队员热爱劳动、珍惜劳动成果的品德。

【思想引导关键点和主要方式】

关键点1：了解习近平总书记对"三农"工作的重要论述。

引导方式：以乡村振兴和"三农"工作为切入点，介绍习近平总书记对"三农"工作的战略指引，宣传贯彻党的二十大精神，激发少先队员对祖国农业发展的朴素感情。

关键点2：了解农耕文化，理解劳动精神。

引导方式：认识在农业发展过程中作出贡献的农业科学家，认识传统农耕技艺体现了人类的智慧和经验，而科技的发展为农业生产提供了更多的工具和解决方案。

关键点3：科技助力农业发展。

引导方式：通过对现代农业的观摩和实践活动，激发队员的科学探索能力，强化少先队实践育人作用，使校内外形成互为补充、有机联动的少先队实践教育体系，在实践中提高队员的观察、动手能力，为乡村振兴，为实现民族的伟大复兴积蓄力量。

【延伸活动设计】

1.将部分菜苗带回，与队员一起完成蔬菜的种植、养护和采收环节，完成观察记录表，体会农作物的生育期。

2.各小队队员一起总结在后期的养护过程中出现的问题及解决方法，并在中队会上进行分享评价。

【辅导反思】

本次课程以乡村振兴和"三农"工作为切入点，通过观摩和实践，引导队员感受习近平总书记的"三农"情怀，激发少先队员知农爱农情怀。

本次课程采取校内外相结合的方式，从校内课堂延伸至校外实践基地，充分利用社会资源。通过自主查找材料、实践体验、互动分享等形式，队员在劳动中获得对集体、国家的真实体验和感受。

走进农业现场，在实践中有所创新，从做中学，通过实践充分激发队员的积极性和探索精神；课程分享，让每一位队员表达自己对农业的看法和期待，畅想农业的发展未来，用知识创新未来农业。

本次课程有两点不足。一是实践基地老师对队员前期指导时间不够充分，未能与队员共同探索身边的农业现状及农业发展历程；二是蔬菜生长并非一朝一夕，队员校外实践仅是蔬菜种植的某一阶段，后期需要加强学校与校外实践基地合作，整合教育资源，为队员全面认识农业提供途径。

专家点评

刘开江：北京市通州区少先队总辅导员

本节队课特点是主题突出、内容丰富、实效性强。充分发挥校外农业实践基地资源优势，设计开展有意义、有趣味的少先队活动，队员获得感满满。队课各环节紧紧围绕"科技助力农业发展，做新时代小农人"主题，安排课前调查学习、课中劳动实践、课后延伸交流等层层递进的学习实践步骤，并充分调动队员多感官参与：引导队员"看"——农业成就与科技发展，"听"——农业谚语与农业伟人故事，"做"——无土栽培实践与菜苗种植养护，"悟"——感悟科技助力农业发展与劳动实践体会交流。在学习实践中培养队员热爱祖国、心有榜样、热爱劳动、勇于创新的良好品质，树立劳动者最伟大、劳动最光荣的劳动意识，培养勤俭、奋斗、创新、奉献的劳动精神。

跟着课文学党史
致敬英雄话党恩

北京市房山区良乡镇官道中心小学中队辅导员　高秀

【活动目标】

1. 依托课文了解党的历史上的重要事件和人物，进一步丰富少先队员对党旗、国旗、队旗图案产生的背景和含义的认知。

2. 结合党史重要人物和事件，重温先烈的事迹和精神，将学科教学与少先队员思政教育相统一，进而体会先辈们无私奉献、不怕牺牲的高尚品质。

3. 在活动中体会到"没有共产党就没有新中国"，感悟幸福生活的来之不易，明晰责任、笃定信念。

【背景分析】

时代背景：少先队要以建党百年和党的二十大的胜利召开为契机，让少先队员进一步了解中国共产党的发展历史；知道为了中华人民共和国的成立，无数英雄奉献了青春与生命；引领少先队员坚信"没有共产党就没有新中国"；增强少先队员的幸福感、责任感。

主题分析：小学阶段部编版教材中，有多个红色教育主题单元，课文包含大量感人至深的红色故事，这些课文不仅仅是语文学科知识，也是民族精神的重要体现，是对广大少先队员进行思想引领和政治启蒙教育的有力资源。

队情分析：六年级的少先队员在语文课中了解了大量党史知识及红色故事，有了一定的知识积累和情感积淀，但对中国共产党党史的认知还比较表象。通过少先队活动课的整理与建构，能够增进队员的对党的认识和情感升华。

【活动准备】

辅导员准备：

1. 整理活动课中涉及课文的背景知识。

2. 提炼课文知识的情感升华关键点。

3. 指导学生制作活动课PPT。

少先队员准备：

1.复习与整理红色课文资料。

2.搜集与学习党史基础知识。

3.准备相关图片和视频。

【活动形式和主要过程】

环节一：少先队活动准备环节

1.中队长：全体队员起立，整装。

2.中队长：各小队整队报告人数。

环节二：少先队活动仪式环节（略）

环节三：活动过程

1.童心向党明方向。

（1）由建党百年和党的二十大胜利召开话题引入，激发学生对新时代少先队员责任的思考。

（2）明确中国共产党的百年辉煌可以分为四个重要的历史时期：开天辟地，救国大业；改天换地，兴国大业；翻天覆地，富国大业；惊天动地，强国大业。

（3）交流：在学习过的语文课文中，有大量的围绕"开天辟地，救国大业"时期的红色经典课文，文中刻画了一个个激动人心的时刻、一位位感人至深的英雄。接下来，我们就跟着课文深入了解这一重要时期。

2.跟着课文学党史——开天辟地，救国大业。

（1）"开天辟地，救国大业"（红色革命时期）的阶段划分：

第一阶段（1921—1927年）"大革命"时期；

第二阶段（1927—1937年）"土地革命"时期；

第三阶段（1937—1945年）"抗日战争"时期；

第四阶段（1945—1949年）"解放战争"时期。

（2）"大革命"时期。

a."大革命"时期的党史简介。

b.交流：在党的创建史上被称为"南陈北李"的人，你知道他们是谁吗？

在课文《十六年前的回忆》中，有对李大钊同志的描写。谁来结合课文谈谈你眼中的李大钊？（少先队员交流分享）

c.补充介绍李大钊。

d.介绍中共一大的相关材料，提炼"红船精神"。

（3）"土地革命"时期。

a."土地革命"时期党史简介。

b.谈话：你们还记得"面壁十年图破壁，难酬蹈海亦英雄"是谁说的吗？

结合与周恩来有关的诗和课文，介绍周恩来、南昌起义及"八一"建军节的由来。

c.分享课文《三黑和土地》背景，体会三黑在拥有土地前后的心情。

d.结合南昌起义、秋收起义，介绍党旗的诞生。

e.分享课文《清贫》，体会方志敏等共产党人忘却自我，一心为革命、为人民的精神。

f.简介日寇侵华历史，结合图片了解二万五千里长征。

g.队员分享《丰碑》《金色的鱼钩》《飞夺泸定桥》《马背上的小红军》等课文简要内容，谈谈阅读感受。

h.齐背毛泽东的《七律·长征》，体会共产党人、革命战士坚定的革命信念，笑对艰难困苦的精神。

（4）"抗日战争"时期。

a."抗日战争"时期的党史简介。

b.交流"卢沟桥事变"爆发背景，结合图片，认识日寇的恶行。

c.为了更好地与日寇周旋，我国很多革命根据地开展了游击斗争，党和军队开创了很多史无前例的斗争方法，比如地道战。（课文分享《冀中的地道战》）

d.在抗日斗争中，涌现了大量的抗日英雄。狼牙山五壮士就是为了人民视死如归的英雄典范。队员分享参观狼牙山的图片，与父亲共聊"狼牙山五壮士"的视频。

e.在共产党的积极努力下，国共两党实现了第二次合作，建立起了抗日民族统一战线，中国人民经过八年艰苦卓绝的斗争，最终将日本侵略者赶出了中国。

（5）"解放战争"时期。

a."解放战争"时期的党史简介。

b.这四年中，我党英雄辈出，让我们一起交流分享《董存瑞舍身炸暗堡》《灯光》《狱中联欢》的阅读感受。

c.有了这些英雄共产党员鲜血的凝结，1949年10月1日，代表着最广大人民根本利益的中华人民共和国成立了。让我们再次走进《开国大典》那激动人心的时刻。（播放视频）

d.1949年10月1日，第一面中华人民共和国国旗——五星红旗在天安门广场首次升起。（介绍五星红旗及其诞生）

（6）小结：自1921年至1949年，这28年间，中国共产党挽救了风雨飘摇中的中国，开辟了新的历史篇章。

3.致敬英雄话党恩。

（1）交流中，我们认识了一位位英雄的共产党员，方志敏、董存瑞、狼牙山五壮士……这些英雄，都是共产党的好战士。（播放视频《革命英雄谱》）

（2）说一说：观看完《革命英雄谱》后，你有什么感受？

（3）据不完全统计，从1921年至1949年，为了人民的革命事业牺牲的可查的革命烈士达370多万人。这些共产主义战士真正用行动诠释了"为有牺牲多壮志，敢教日月换新天"的豪情与壮志。

4."红船精神"我传承。

（1）听了这些，作为中国共产党领导下的一名少先队员，是否油然而生出一种浓烈的自豪之情？请队员们摸一摸你胸前的红领巾，你知道红领巾的含义吗？

（2）队员展示视频《红领巾的来历》。

（3）谈话：队员们，你们知道吗？在中华民族伟大复兴的征程上，中国共产党是先锋队，共青团是突击队，少先队是预备队，这一点从队旗上也能够体现。

（4）回顾队旗知识。

（5）谈话："红船精神"从百年前传承至今，一代又一代共产党人，传承红色精神，践行"爱党、兴国"的誓言。今天的你，也许就是十年后的共产党员，你准备怎样传承"红船精神"呢？

5.活动总结。

（1）辅导员总结。

（2）借《少年中国说》提出希望。

（3）辅导员与少先队员对读《少年中国说》重要句段。

（4）布置延伸活动。

【思想引导关键点和主要方式】

关键点1：在课文学习中渗透党史教育。

引导方式：在课堂中潜移默化地渗透思政教育，是教育的更高境界，这种影响是"润物细无声"的。本次活动的一个重要的思想引导关键点就是带领队员们通过梳理、回顾学过的语文课文，系统认识中国共产党成长与发展的历程，从中感受"没有共产党就没有新中国"。这种形式让理想信念教育变得生动、容易感知，也增进了队员们对课文中心思想的理解，情感上也得到了升华。

关键点2：在活动中培育爱国情怀。

引导方式：本次活动中诸多耳熟能详的历史事件和感人的英烈故事，经过梳理再呈现，让队员们经过了一场精神洗礼。无数英烈之所以能够抛头颅洒热血，心中无怨无悔，其精神本质就是爱国情怀的体现，这也是活动设计的另一个思想引导的关键点，而大量音频、视频、文字资料的呈现方式，为增进队员们情感体验起到了很好的教育效果。

关键点3：依托活动升华责任。

引导方式：在对课文人物和事件的回顾中，经常会感悟到共产党人在个人与国家利益、个人与人民利益、现实与理想之间的冲突与碰撞。每一位革命先辈的抉择，都会使少先队员产生共鸣，进而潜移默化地使他们产生对责任的思考与担当。

【延伸活动设计】

1.选做（任选一至二项完成）。

（1）制作一期"党史小报"。

（2）画一幅建党百年宣传画。

（3）画画党旗、国旗和队旗（注意用学过的知识：黄金比）。

（4）爱党、爱国从爱家、爱校、爱社会开始，做一件服务他人的实事。

2. 调查整理"改天换地，兴国大业（1949年10月—1978年12月）"相关党史资料、典型课文、代表人物及事迹，为下一次党史学习活动课做准备。

【辅导反思】

少先队活动课立足于价值观塑造，将传承红色基因、赓续红色血脉融入活动主题。通过梳理语文课本来学习党的历史事件，了解革命烈士、英雄人物的故事和精神品质，引领队员们树立人民利益高于一切的意识。依托课文学习，不但完成了学科教学任务，也为少先队员了解党史、建国史、"红船精神"提供了有力的支撑材料。材料取自语文课本，用于学科思政教育，同时又增强了队员们的民族自豪感，起到了一举两得的学习和教育效果。

专家点评

张志坤：首都师范大学初等教育学院副院长

　　本次少先队活动课聚焦党史学习，主题分明，充分体现少先队教育的主责主业，彰显"革命精神""共产党人精神谱系"的教育与传承。主题活动形式新颖，以语文学科教学为学习基础，巧妙挑选、挖掘语文教材中的党史材料、英雄事迹，对队员进行认知、情感、精神的培育与引领。活动具有突出的少先队活动特点，活动课前后仪式部分完整有序，注重仪式教育的内涵与作用。活动具有延展性，注重在活动课之后给队员布置相关学习和实践，进一步把党史认知，转化为传承和发扬红色基因的"小"行动，知行合一，学以致用。

　　活动可以进一步关注整体活动课容量，做好内容详略安排；进一步凸显党史学习核心，突出主题；优化活动评价，增加活动效果的深入性和长效性。

我们"铮"青春

北京市石景山区古城第二小学分校大队辅导员　林汝卿

【活动目标】

1.换戴"大红领巾",提升责任感,增强队员的光荣感和自豪感。

2.聆听"微团课",了解共青团,认识共青团的先进性,树立党、团、队衔接的组织意识,激发队员向往共青团的美好愿望。

3.寻访青年榜样,了解榜样事迹,学习他们自强不息、踔厉奋发的奋斗精神,培养队员积极向上的人生态度。

4.制订成长计划,立鸿鹄志向,知道美好生活是努力奋斗出来的,引导队员将目标转化为计划,落实到自己的行动。

【背景分析】

《少先队活动课程指导纲要(2021年版)》对六年级组织认同模块要求:初步了解共青团,进一步了解党、团、队的组织关系;全面发展模块要求:明确"自主、自立、创新"的劳动教育目标,弘扬劳动精神。《北京市少先队活动课实施细则》六年级第二板块要求少先队员应该展望未来的中学生活,学习将目标转化为计划、落实到自己的行动。同时,队员要认识团旗与团徽,通过组织与团组织结对子、优秀团员进课堂、寻找身边的团员榜样等活动,初步开展从少先队到共青团的组织意识衔接教育。

小学阶段重在启蒙道德情感，要引导高年级学生逐步形成相对理性的情感认知，打牢理想信念和思想品德基础。12岁的儿童，思维已经发展到抽象逻辑推理水平阶段。通过前期的调查发现，大多数队员不知道如何能加入共青团，对未来也没有清晰的规划、努力的方向及奋斗目标。

【活动准备】

辅导员准备：

1.帮助队员联系青年榜样。

2.帮助队员邀请嘉宾。

3.对汇报内容进行梳理。

少先队员准备：

1.自主成立三个小队，明确分工，确定任务。

2.确定青年榜样，收集资料了解榜样事迹。

3.寻访青年榜样，设计问题，实地采访。

4.整理汇报内容，制作PPT。

5.商议确定嘉宾名单。

【活动形式和主要过程】

环节一：换一换——大红领巾，新起点

活动形式：换戴大红领巾仪式。

活动步骤：

1.珍藏"小红领巾"。队员们摘下小红领巾放进"红领巾珍藏封"，珍藏过去的荣光。

2.传递"大红领巾"。党员、团员教师代表为队员们发放大红领巾。

3.佩戴"大红领巾"。队员们统一佩戴大红领巾，把今天作为人生的一个新起点，为祖国灿烂的明天做好接班准备。

4.分享成长感言。队员分享自己换戴大红领巾后的成长感受，觉得自己长大了，应有新的责任，要向更高的目标努力。

环节二：听一听——微团课，新愿景

活动形式：微团课。

活动步骤：

1.邀请本教育集团中学团委书记讲微团课。

向少先队员们介绍共青团组织；介绍青年追求政治进步的"人生三部曲"；介绍团组织生活。初步开展从少先队到共青团的组织意识衔接教育，让少先队员了解青年追求政治进步的"人生三部曲"，激发队员向往共青团的美好愿望。

2.队员们分享学习感受，明确作为一名少先队员要有较高的政治追求，在下一个人生阶段中，要向团员榜样学习，争取早日加入共青团。

环节三：寻一寻——微访谈，新榜样

活动形式：队会、采访、微访谈。

活动步骤：

1.寻访身边的青年榜样。

在队会准备阶段，各小队寻找身边的青年榜样人物，了解他们的事迹后对榜样进行采访，梳理本小队寻找的青年榜样材料。

2.分享榜样事迹。

第一小队：新时代青年运动员——朱雪莹。

（1）探寻中收集资料。观看视频了解"中国青年五四奖章"获得者朱雪莹的事迹。

（2）采访后梳理材料。通过讲述形式分享朱雪莹的成长历程。

（3）分享后交流感受。分享学习朱雪莹事迹后的感受。

（4）汇报发现：朱雪莹通过脚踏实地、坚持不懈的努力，站上了最高领奖台。作为新时代的青年要敢于担当，敢于创新，作为党的后备力量，更要争当新时代伟大理想的追梦人。

第二小队：新时代创新人才——史晓刚。

（1）实地采访"中国青年五四奖章"获得者史晓刚。

（2）聆听采访故事，畅谈采访感受。

（3）队员间交流榜样精神。

（4）汇报发现：史晓刚用专注与坚持的态度，以永不懈怠的精神状态和一往无前的奋斗姿态全面投身于建设社会主义现代化国家的新征程中。

第三小队：新时代育人先锋——何云。

（1）现场微访谈：采访校长何云。

（2）交流感受：聆听现场采访，交流感受。

（3）汇报发现：青年时期何校长通过自己的努力，稳扎稳打，实现了自己的教育理想，成为一名优秀的校长。她将劳动创新的理念融入教育教学中，使队员们学会劳动技能，提高劳动意识，端正生活态度，树立新时代劳动价值观。

环节四：划一划——青春梦，新征程

活动形式：队会。

活动步骤：

1.回忆成长经历。队员畅谈自己的目标是否实现了？实现或未实现的原因是什么？

2.制定成长目标。明确自己新阶段的成长目标。

3.分享成长目标。将目标转化为计划，落实到自己的行动中。

辅导员总结：

通过换戴大红领巾仪式，队员们感受到了大红领巾的意义，对青年追求政治进步的"人生三部曲"有了初步认识，明确了自己的政治方向；习近平总书记强调"幸福都是奋斗出来的""奋斗本身就是一种幸福"，今天队员们看到了奋斗的身影和奋斗的力量，制订了自己未来的规划。希望队员们将目标转化为计划，落实到自己的行动中，做对祖国建设有用的人才，为实现伟大复兴的中国梦时刻准备着。

【思想引导关键点和主要方式】

关键点1：激发队员对少先队组织的热爱。

引导方式：通过换戴大红领巾仪式，增强队员的荣誉感、自豪感、责任感，感受少先队组织的温暖，进一步激发队员对队组织的热爱。

关键点2：增强政治引领。

引导方式：通过微团课，引导队员向往共青团，热爱共产党，渴望将来成为共青团、共产党中的一员。

关键点3：学先锋，做先锋。

引导方式：通过搜集、查找、采访等方式，寻访身边的青年榜样，引导队员们进一步了解榜样事迹和精神，从小学先锋，长大做先锋。

关键点4：聚焦根本任务。

引导方式：通过制定成长目标，展望未来，引导少先队员爱学习、爱劳动、爱祖国，德智体美劳全面发展，加强少先队的思想引领。

【延伸活动设计】

1.成立"青春榜样"宣讲团，鼓励队员以小队的形式走到其他中队、集团校、社区等地，进行榜样故事的宣讲活动。

2.继续了解共青团知识，认识团旗、团徽、团歌，了解共青团的性质、地位、任务，在"大手拉小手"为队龄前儿童做队前教育时渗透更多的团队知识。

3.即将毕业的队员除了制订个人成长计划外，还可以制订中队成长计划，增强中队

小学学段（四、五、六年级）

的凝聚力，感受集体温暖，增强少先队员的组织归属感。

4.到社区、公共场所积极参与志愿服务活动，将所学榜样精神落在实处，奉献社会。

【辅导反思】

本次队会活动结合新时代背景，精心设计，充分准备，主要体现出两个特点。

一是主题鲜明，富有时代感，活动内容丰富、形式多样。组织"换一换""听一听""寻一寻""划一划"四部分活动，引导队员们在小升初这个特殊的阶段，通过换戴大红领巾，体会不同阶段的责任担当；通过邀请集团校团委书记开展微团课，识团、知团、向往团，引导队员初步建立人生信念；通过寻找身边的优秀青年榜样，交流榜样事迹，引导队员学习青年榜样的精神品格。二是铭记习近平总书记的深切厚望，找准当代青年砥砺奋进的时代坐标。做好团队衔接工作，确立更高的目标，管束好自己的行为规范，为从一名优秀的少先队员到一名优秀的共青团员打好基础。

专家点评

宋雪：北京教育学院石景山分院德育研究中心主任

本次少先队活动课的亮点在于能抓住儿童价值观培养的关键期，根据六年级少先队员的认知水平和发展需要，关注队员的理想志向教育和组织意识教育。

课前队员自主成立小队明确分工，课中各小队将前期开展的调研、访谈形成汇报，通过寻找身边的优秀青年榜样，帮助队员们学习榜样的先进事迹，明确个人的努力方向；通过学习共青团的知识，树立"入队、入团、入党"的政治成长目标；通过系列的小队活动，增强队员的组织归属感，体验组织活动的趣味性与教育性；通过制订自己的成长计划，并决心为实现目标不懈努力，坚定理想信念，为实现中国梦做好准备。本节队课，以"换戴大红领巾"的活动为契机，着力推动党、团、队育人链条相衔接、相融通，育人活动有实效。

初中学段

（七、八年级）

探秘朝阳新地标
五宜朝阳我出力

首都师范大学附属中学朝阳学校团委书记、大队辅导员　杨康

【活动目标】

1.围绕以北京朝阳站为地标，通过搜集查阅各种资料了解北京朝阳站的前世今生和建设发展历程，感受家乡巨变，为家乡的新成就点赞，从而培养队员的爱党爱国情怀，增强政治认同感。

2.通过红领巾寻访活动，体会北京精神文化与建筑艺术的高度契合，体味传统人文与现代科技的完美融合，增强制度自信和文化自信。

3.通过探究建筑设计背后的故事，致敬辛勤建设者，传承与弘扬工匠精神，激发为社会主义现代化建设添砖加瓦的决心，树立远大理想，增强社会责任感。

【背景分析】

2023年是全面贯彻党的二十大精神的开局之年，也是加快推动"十四五"规划实施、开启全面建设社会主义现代化国家新征程的关键一年，同时也恰逢北京市朝阳区建区65周年。

通过设置"探秘朝阳新地标，五宜朝阳我出力"这一主题，让家乡的巨变，激发队员们心中的自豪感和荣誉感，厚植队员们爱家乡、爱朝阳、爱首都北京、爱党、爱国的情怀。

初中学段（七、八年级）

队情分析：七年级的队员普遍阳光积极向上，充满求知欲，善于思考和探索发现，但真正了解北京朝阳站发展历程的队员少之又少，大多数人只看到它的新颜，却未曾见过它的旧貌，更不了解它的未来规划，也不知道它对我国铁路和朝阳区建设发展的重要意义。

【活动准备】

辅导员准备：

与中队委、骨干队员一起讨论商定并完善实践活动和活动课的实施方案、流程，做好分工和布置。

引导队员们有序地筹备与开展实践活动，查找资料、绘制小报、制作PPT课件等，跟进各小队任务完成情况。

少先队员准备：

以小队为单位，通过多种方式和途径，分别负责搜集、查阅北京朝阳站的有关背景资料，搜集、选取活动素材，为汇报分享做准备；梳理北京朝阳站建设发展历程，并了解它的未来发展规划等，提前思考要交流的问题等。

【活动形式和主要过程】

环节一： 话说北京朝阳站——星火涅槃现代范儿

主持人出示两幅照片（北京朝阳站前后对比图），引导队员们关注北京朝阳站的变化，激发好奇心。

"成德小队"聚焦北京朝阳站的历史，进行了搜集与调查，了解到了星火站到北京朝阳站的沧桑蜕变史，带着全体队员一起回顾了北京朝阳站的前世今生。它的星火涅槃，见证了北京铁路在首都建设和发展进程中的沧桑巨变，也体现了家乡的发展。

在"成德小队"的讲解回顾下，队员们仿佛亲历了一遍北京朝阳站的发展历程，不禁感慨发展变化之迅猛，由衷地为家乡的发展成就感到欣慰和自豪。

环节二： 数说北京朝阳站——高端先进科技范儿

作为"十四五"开篇北京亮相的首座大型交通枢纽，北京朝阳站始于星火，向阳重生，以全新的姿态向世人递上了一张位于高铁动脉上的朝阳"新名片"。它的设计建设有哪些亮点呢？背后又有哪些不为人知的故事呢？

"达才小队"的队员代表通过上网搜集资料以及采访北京朝阳站相关工作人员，为队员们出示了有关北京朝阳站的一系列数据。

这一系列亮眼的数字数据，彰显了北京朝阳站的匠心设计，显示出了浓浓的科技范儿。这一系列的创新设计，见证了首都的科技发展，更加凸显了北京全国科技创新中心的首都城市战略定位，而这些成就的取得都离不开工匠精神的传承与弘扬。队员们无一不为建设者们点赞和致敬，因为他们的辛勤付出，才有了我们国家现在一个个的超级工程、中国奇迹。

环节三： 图说北京朝阳站——古今交融北京范儿

北京朝阳站不仅有现代范儿和科技范儿，它还饱含浓浓的文艺范儿和古今交融的地道首都北京范儿。"笃行小队"为队员们呈现了他们用镜头记录的北京朝阳站。

通过欣赏"笃行小队"的摄影展，队员不禁感叹："北京朝阳站真是细致到了骨子里，每一个毛孔都散发着中国铁路的时代气息，每一处细节都彰显着中国铁路人的精益求精。这一系列匠心独具的创新设计，让首都的科技发展成果和人文气质完美融合到一

起，传统人文与现代技术在这里完美交融，相得益彰，饱含浓浓的文艺范儿和古今交融的地道首都北京范儿。"

环节四："五宜"朝阳新期待——美好朝阳我出力

辅导员引导队员在为家乡成就感到自豪和骄傲的同时，进一步思考能为"五宜"朝阳的建设贡献哪些"红领巾"力量。

队员们展开了热烈讨论，群策群力，各小队既有表态，又纷纷分享了自己设计的行动方案，决定用实际行动做家乡朝阳的小主人，让红领巾和队旗在朝阳高高飘扬。

【思想引导关键点和主要方式】

关键点1：用身边的实例讲"活"家乡的新成就。

引导方式：以小见大，通过"红领巾"寻访身边成就这样一个小切口、大纵深的方式，引导少先队员了解祖国建设的伟大成就，认识到今天幸福、便捷、舒适生活的背后离不开大国工匠的精益求精，离不开党的正确领导，进而认识到党的伟大，在无形中升华爱党爱国爱社会主义的朴素情感。

关键点2：用真实的体验讲"好"新时代的故事。

引导方式：通过实地走进北京朝阳站参观学习，直观地感受建筑之壮美，体会北京精神文化与建筑艺术的高度契合，体味传统人文与现代技术的完美融合，增强制度自信，树立文化自信。

关键点3：用红领巾行动"点亮"未来的新梦想。

引导方式：通过后期参与朝阳站的公益志愿服务活动，以及为朝阳站后期规划发展建言献策等，引领广大少先队员弘扬劳动精神和志愿者精神，坚定理想信念，传承红色基因，听党话跟党走，德智体美劳全面发展，学习党的二十大精神，争做好队员。

【延伸活动设计】

1.和北京朝阳站建立联系，定期参与北京朝阳站后续的公益志愿服务活动，弘扬劳动精神和志愿者精神，体验劳动之乐。

2.进一步了解北京朝阳站未来的发展规划，积极为家乡发展建言献策。

3.继续搜集和打卡朝阳其他新名片、新地标，寻访伟大成就，增强"四个自信"，畅想展望朝阳的2035年、2050年。

【辅导反思】

1.为实现中华民族伟大复兴的中国梦时刻准备着，是少先队教育的时代主题，也是少先队育人的重要目标。一定要引领队员认真学习领会党的二十大精神等，用党的二十大精神激励少先队员健康成长。

2.大处着眼，小处入手。要善用身边资源，以小见大，用小切口反映大主题，关注宏大叙事背景下的微观视角，按照规律设计和优化活动环节。同时要充分发挥队员作用，让队员有充分的实践体验，有汇报、交流、分享，有评价，有激励，有展示、深化和行动，知情意行相统一，最终一定要落实到行动上。

3.辅导员在组织活动时要善用资源配置。充分利用身边典型社会资源，融合教育目标，多元主体参与，家校社协同育人，形成育人合力，在实践活动中激发和深化队员爱家乡、爱党、爱国、爱人民、爱社会主义的朴素情感。

专家点评

李萍：首都师范大学附属中学朝阳学校德育副校长

此次少先队活动课充分体现了生活即教育、社会即学校的教育理念。队员们通过寻访家乡新地标，在亲身经历和所见所闻中了解和感受家乡的发展成就，探究和挖掘背后的故事，并力所能及地参与到家乡建设发展实际当中来。主题鲜明，活动目标设置科学，符合队员身心发展特点。各环节设计意图清晰，结构紧凑，衔接自然，突出了队员主体性，极大地调动了队员们的积极性，队员参与度较高，同时也在无形中增强了队员们爱党、爱国、爱社会主义的朴素政治情感，思想引领和教育价值明显。

初中学段（七、八年级）

少年英雄我学习
先锋岗上展风采

北京市海淀区清华附中上庄学校大队辅导员　李方园

【活动目标】

1.通过岗前培训的思想引领教育，带领队员们学习、了解中国少年英雄纪念碑的历史故事和精神；通过队员队礼训练等工作，使队员们充分认识到少年先锋岗活动的重要意义，增强队员的光荣感、责任感和使命感。

2.通过站岗、参观、志愿服务等沉浸式实践教育活动，展现我校少先队员的精神风貌和优秀品质，表达队员们的爱国主义情怀和对革命英烈的无比崇敬，并用实际行动表达爱党、爱国、爱社会主义的朴素情感。

3.通过岗后的拓展延伸教育活动，持续深化培养队员们朴素的政治情感，激励少先队员不忘革命遗志、传承民族精神、热爱伟大祖国，争做新时代好少年。

【背景分析】

英雄烈士是民族的脊梁、时代的先驱。为深入学习贯彻党的二十大精神，聚焦少先队员的政治启蒙和价值观塑造，引导少先队员从小学先锋，长大做先锋，大队委组织参加了"2023年海淀区（中国少年英雄纪念碑）少年先锋岗"活动，以"红领巾"的名义，为少年英雄站岗。

"少年先锋岗"是培养少先队员爱党、爱国、爱社会主义情感最直接、最生动、最鲜活的沉浸式实践教育。大队委组织"岗前培训的思想引领教育""少先队礼仪教育""站岗期间的沉浸式实践教育""岗后的持续深化教育"等活动，旨在将思政教育与实践教育相融合，使队员们对革命英烈的崇敬之情在思想上和行动上形成统一，引领少先队员们传承红色基因，赓续精神血脉，争做新时代少年，为实现中华民族伟大复兴的中国梦而努力奋斗。

【活动准备】

辅导员准备：

1.制定站岗队员选拔标准和方案，选拔站岗队员代表。

2.指导队干部做好岗前、站岗期间、岗后活动策划、组织与实施等工作。

3.邀请专家老师进行站岗队礼培训指导。

4.做好外出活动申请材料的上报并带领队员参与活动。

5.指导队员做好岗后拓展活动的具体实施。

少先队员准备：

1.队员搜集、整理材料，了解中国少年英雄纪念碑的背景故事，演绎少年英雄的事迹。

2.认真参与岗前队礼训练和站岗实践活动。

3.积极参与岗后的拓展活动。

【活动形式和主要过程】

环节一：少年英雄我学习

活动前，大队委带领各队队员查阅、搜集、学习与少年英雄相关的资料，根据不同历史时期的少年英雄的故事划分为三个小队，以"戏剧演绎"汇报的形式，生动演绎"放牛娃"王二小、"小萝卜头"宋振中和邱少云等英雄的英勇事迹，全体少先队员观看本次演出。

演出结束后，大队长进行汇报总结：三个小队的队员通过"戏剧演绎"汇报的形式，生动再现了少年英雄的爱国事迹。这些少年虽然只有小小年纪，但他们在民族危亡的时刻跟父辈一起用自己稚嫩的肩膀担起沉重的抗争，以年幼的身躯支撑起对国家和民族最强大的信仰，永远是我们学习的精神榜样。

本环节的设计意图：通过学习、了解少年英雄的故事和精神，加强队员们对少年英雄的敬畏之心和崇敬之情，使队员们充分认识到少年先锋岗活动的重要意义。

环节二：先锋岗上展风采

少先队礼仪文化是少先队组织文化的标志性因素，规范开展少先队礼仪教育与训练是增强少先队员组织意识、培养朴素感情的最佳方式。为站好先锋岗，大队委邀请少先队礼仪老师规范培训队员的站岗队礼技能。每组队员要将站好少年先锋岗的使命感和责任感化作动力，重复练习站岗、发令敬礼、行进上岗、换岗、队旗交接、拔军姿和撤岗等动作和礼仪，为站好少年先锋岗做好充分准备。

大队委组织24名优秀少先队员代表在玉渊潭公园中国少年英雄纪念碑前为英雄烈士们站岗。队员们身着整齐的校服，胸前系着鲜艳的红领巾，高擎中国少年先锋队队旗，为英雄站岗，向英雄致敬。在站岗中，重温荡气回肠的峥嵘岁月，感悟坚忍不拔的革命精神，用实际行动表达自己对革命先烈的崇敬和怀念。

本环节的设计意图：通过岗前礼仪培训活动进一步规范我校少先队员的队礼标准，增强队员们的组织意识。"少年先锋岗"实践活动的开展充分展现了少先队员的精神风貌，表达了队员们的爱国主义情怀和对革命英烈的无比崇敬之情，用实际行动表达了爱党、爱国、爱社会主义的朴素情感。

环节三：红色精神我传承

站岗结束之后，大队委组织开展了"基地参观""志愿服务"等教育活动。通过参观红色基地，队员们可以了解更多少年英雄的红色故事，以及中国少年英雄纪念碑背后的故事。此外，大队委在玉渊潭公园内开展"文明游园小使者"志愿服务活动，组织队员们在客流相对集中的区域进行游园疏导，在公园热点区域提醒游客踏青赏樱时要注意文明，为游客义务指路，随手捡拾公园内的垃圾等，引导游客共同营造良好的游园环境和有序的游园氛围。少先队员们以志愿服务的形式发挥先锋的示范引领作用，展现青春风采。

对于24名少先队员来说，这次活动是他们人生中一次重要的经历、一次心灵上的洗礼。完成这次光荣的任务后，他们收获颇丰，纷纷分享了自己的感想。

本环节的设计意图：通过"基地参观""志愿服务"思想教育和行动教育的进一步开展，引导队员们在活动中充分感受革命英烈的爱国精神，并激励队员们用志愿服务这一实际行动传承爱国精神，争做先锋，勇当先锋，增强队员们的荣誉感、责任感和使命感。

【延伸活动设计】

站岗活动结束之后，为持续深化培养队员们朴素的政治情感，大队委组织开展了"国旗下的讲话""志愿服务""主题征文"等拓展延伸教育活动。

开展一次"国旗下的讲话"活动。大队委计划组织队员代表围绕"红领巾心向党"主题开展一次"国旗下的讲话"活动，向全校师生讲述少年英雄的生动事迹，分享参与站岗活动的感受，激发学生爱党、爱国、爱社会主义的朴素情感。

开展一次"志愿服务"活动。组织站岗少先队员以校内志愿服务的形式继续站立先锋岗，发挥示范引领作用，并将本次志愿活动计入"志愿北京"服务时长。

开展一次"主题征文"活动。组织站岗少先队员参加"红领巾心向党""红领巾爱首都"主题征文活动，畅谈岗前、岗中、岗后活动的综合体会，并在校内开展评选表彰活动，将优秀文章推荐至区少工委。

【辅导反思】

创新之处：一是依托"海淀区少年先锋岗"这一活动契机，通过岗前、岗中、岗后一系列活动的具体实施，将思政教育与实践教育充分融合，让队员在活动中充分感受革命英烈的爱国精神，增强队员们的荣誉感、使命感；二是充分发挥了"先锋"队员的示范引领作用，向社会展现了少先队员的精神风貌和优秀品质；三是丰富了校园志愿服务项目，激励队员将志愿服务精神内化为一种先锋品质。

不足之处：本次活动开展的范围局限在部分队员当中，没有在全校队员中深入开展，所以大部分队员在思想和行动上感受不深、体会不足。

初中学段（七、八年级）

总的来说，"少年先锋岗"活动对队员们而言不仅是一次锻炼的机会、一次成长的体验，更是一份责任和担当、一种特殊的荣誉和使命，对队员的成长有着特殊的意义。英雄的史诗不应只被雕刻和书写，更要传承和发扬。通过此次活动，队员们更深刻地体会到当今中国的强大与稳定来之不易，不能辜负先辈们的努力，要学好本领，用实际行动表达对党、对祖国、对社会主义的热爱之情！

专家点评

许长明：北京市海淀区教师进修学校少先队教研员

本次少先队活动课通过"三个转变"为开展少先队常规活动创新，增强少先队教育实效性提供了很好的范例。

1. 变单次任务为系列活动，增加教育广度。

传统的"少年先锋岗"活动就是少数队员参加的组织活动，其不足之处在于活动时间短、参加人数少等。本次活动以站好少年先锋岗为契机，设计了前后联系紧、参与范围广、持续时间长的系列活动，大大增加了教育受众面，让更多的队员参与其中。

2. 变简单任务为专业培训，挖掘教育深度。

本次活动在组织过程中加入了少年英雄学习和少先队礼仪规范培训等相关内容，把简单的站先锋岗活动变成了深刻的教育活动。队员在活动过程中，不仅站了先锋岗，更了解了站先锋岗的光荣所在，从内到外都接受了一次全面的爱国主义洗礼。

3. 变单一任务为知行合一，提升教育高度。

传统的先锋岗活动强调站的过程，本活动的创新之处还在于站岗之后的志愿服务活动。让队员们用实际行动践行光荣使命，时刻牢记"从小学先锋，长大做先锋"。

探寻校史馆里的红色基因

北京育英学校中队辅导员　赵新瑜

【活动目标】

1.了解校史，深入理解学校的红色基因。按照习近平总书记的指示要求，牢记育英学校光荣历史，理解、牢记习近平总书记对于"传承红色基因"的要求。

2.了解校友故事、访谈优秀校友，引导队员们在校友红色力量的鼓舞中立下高远志向，激发"为党成才、为国奉献"的决心与志向。

3.明确自己传承红色基因的路线，用实际行动传承好红色基因。

【背景分析】

习近平总书记2023年5月31日在北京育英学校看望慰问师生时说过："育英学校具有光荣的革命传统和鲜明的红色基因。要加强革命传统教育，让每一位育英学校的学生牢记学校的光荣历史，铭记党的关怀，赓续红色传统，传承红色基因，从小听党话、跟党走，立志为党成才、为国奉献。""探寻校史馆里的红色基因"主题活动，重点是引导队员理解红色基因，传承红色基因，可分解为三个层次：第一，探寻红色基因；第二，理解红色基因；第三，将所学落实到行动中。

活动坚持课堂内外相结合，带领队员们参观校史馆，充分感受学校的光荣历史，注重协同教育，理解红色基因，牢记习近平总书记对于"传承红色基因"的要求，进而将个人的成长与共产主义事业相结合。

【活动准备】

辅导员准备：

1.明确活动主题，对接相关资源。

2.组织、带领队员们完成校史馆参观活动。

3.指导队员们完成校友访谈的设计，陪同队员们开展访谈活动。

4.指导队员们以小队为单位开展实践活动，帮助各小队完成分工并跟进任务进度。

5.指导队员们整理活动成果，完成活动总结。

6.完成相关延展活动的设计与开展。

少先队员准备：

1.组建"追寻红色基因"分队，共四个小队，制订任务计划书，根据兴趣爱好和特长明确分工。

2.搜集习近平总书记关于"红色基因"的金句及背景资料。

3.确定校友寻访目标，撰写采访提纲、新闻稿，录制采访视频。

4.准备校史介绍、校友访谈的图文、视频等材料。

【活动形式和主要过程】

活动形式：实践活动队会。

环节一："红领巾"走进校史馆

1.诞生在党中央身边：展示队员发现——学校的历史非常"红"。通过一张老照片说明建校背景，理解学校和祖国一起走来的红色基因。

2.在党中央的关怀下成长：校史馆中有很多红色的墙壁，墙壁上书写着很多国家重要领导人对学校的寄语。北京育英学校建校以来，一直受到党中央和革命前辈的亲切关怀。引导队员理解红色基因是党的关怀。

3.史料中见基因：校史馆中的"寻宝"——发现老物件承载的红色基因。

（1）通过分享陈知建将军在学校先锋团校中的讲解视频，了解校史文物"袜板"的故事，引导队员发现红色基因中蕴含的"自立自强""自力更生"精神。

（2）展示"铜盆"，铜盆上都是当年校友们洗刷的痕迹。展示采访校友讲"铜盆"的故事视频，引导队员理解红色基因中蕴含的"艰苦朴素"精神。

（3）展示校史馆中陈列的教育资料：手写教案、队员情况分析材料等。以此为依托，讲述育英老教师的事迹，引导队员体会红色基因中蕴含的"有信仰""有担当"，以及其中"爱岗敬业"的工作态度和"乐于奉献"的精神。

环节二：探秘育英人的红色基因

1.按时间线讲述校友故事。

讲述50年代校友故事；分享采访到的80年代校友故事；讲述90年代校友故事；讲述新时代校友故事。引导队员们进一步体会红色基因的重要意义和传承的必要性。

2.学习习近平总书记有关"红色基因"的嘱托，深化对于"红色基因"的理解认识。

环节三：传承红色基因，我们在行动

1.以"红领巾小主播"的方式，播报队员们传承红色基因的既有行动。

2.引导队员讨论：我们还应当如何传承红色基因？队员分享交流想法。

环节四：争做"红色基因"传承新星

结合队员们整体表现，鼓励队员们自主设计活动，丰富"传承章"争章标准。讨论后，队员展示可以补充的争章内容，为后续争章活动奠定基础。

【思想引导关键点和主要方式】

关键点1：理解红色基因。

引导方式：带领队员走进校史馆，带着"什么是红色基因"的问题去看、寻、访、探。看展览，要知道校史馆的基本内容和分布都有几个板块；寻展品，寻找发现展品中一些特殊的老照片、老物件、文字史料及镇馆之宝；访人物，了解当年那段革命历史，探寻老照片、老物件背后的故事；探精神，挖掘每个展品所蕴含的精神内核，从而理解习近平总书记提到的革命传统、红色基因的含义。

初中学段（七、八年级）

关键点2：新时代少先队员如何赓续红色传统，传承红色基因？

引导方式：引导队员们认识到，作为育英学校的少先队员，"传承红色基因"已经在行动了。"红领巾小主播"们传播党的声音，讲好队员们传承红色基因的故事；随着活动深入，队员们思想不断提升，对红色基因有了更深入的认识，达到内化于心的同时，对"赓续"和"传承"也有了新的拓展和延伸，交流想法，制定自己的传承路线。

【延伸活动设计】

1.继续开展"传承章"争章活动，完善相关争章标准。

2.以各小队为单位，整理出"校史馆中的红色基因"，制作成册。

【辅导反思】

1.中队辅导员一定要善于学习。

要仔细研读《少先队活动课程指导纲要（2021年版）》。中队辅导员一定要认真学习纲要的内容，领会不同年级的活动主题、活动目标、活动载体和相应的评价激励。把工作开展得更科学，更贴近少年儿童的生活和思想实际。

2.中队辅导员的引导作用很重要。

在少先队活动中，少先队辅导员起到一个引导的作用，这个作用至关重要。辅导员应该在活动前明确主题，合理安排队会过程，在整个活动过程中应该做到主题鲜明、思路清晰、层层推进。

3.少先队活动课要真正体现队员在队会中的主体作用。

正如专家所言：中学少先队大有可为，在于队员的独立性、自主性更强，在于教育思想挖掘得更有深度，在于队员思辨性特点更加显著。少先队要"强化政治引领，旗帜鲜明培养共产主义接班人"，就要坚持组织教育、自主教育、实践教育的统一，"活动育人"是其本质特征。活动中，给予队员的当然更多的是认同，要设计吸引队员的活动，走进队员们的心田，收到好的教育效果。

专家点评

柯英：《辅导员》杂志社原社长兼总编辑

本次少先队活动课的题目是"探寻校史馆里的红色基因"，这既点明了教育主旨，又凸显了中学活动具有探究性的特点。在内容设计上，辅导员以问题为导向，注重思想引领，引导队员思考，帮助队员获得真知，找到问题答案，呼吁付诸行动，符合思想政治教育的"知情意行"。在认知的基础上，辅导员还带领队员们学习重温习近平总书记的金句；在深入的讨论中，队员们思想提升，信心增强，光荣感油然而生，做红色传承人的志向更加坚定。"赓续"和"传承"，这两个关键词是动词，就是要找到路径和方法，要有赓续和传承的行动。辅导员努力探索思想引领的有效方式，这一点值得借鉴。

寻访运河文化
走进"海绵城市"

北京市第五中学通州校区团委书记、大队辅导员　蔺晓亮

【活动目标】

1.学习习近平总书记关于北京城市副中心规划建设系列重要指示精神、党的二十大精神、北京市第十三次党代会精神等，了解大运河历史文化、"海绵城市"建设理念与成效、"通州堰"分洪工程体系等，强化政治认同，培育文化自信，增强科学素养。

2.在调查、寻访、交流、体验、志愿服务等活动中，增强实践能力、研究能力，了解北京城市副中心的现代化治理成效。

3.通过团、队集体活动，强化组织意识，自觉做"海绵城市"建设理念的宣传者、倡导者、践行者。

【背景分析】

2023年5月31日，习近平总书记在北京育英学校看望慰问师生时强调："新时代生态文明建设要从娃娃抓起，通过生动活泼的劳动体验课程，让孩子亲自动手、亲身体验、自我感悟，让'绿水青山就是金山银山'的理念早早植入孩子的心灵。"党的二十大报告指出：中国式现代化是人与自然和谐共生的现代化。

大运河是北京城市副中心的美丽名片。"海绵城市"建设理念正是现代化维护水生态的新方向、新目标。北京市第五中学通州校区致力打造书香校园、梦想乐园、绿色家园。

学校高度重视环境保护问题，尤其关注水资源的"大循环"。八年级少先队员具有较强的组织光荣感和归属感，初具党、团、队衔接的政治意识，充满好奇心和探索欲，热爱家乡，关注家乡发展。

【活动准备】

辅导员准备：

1.确定团员、队员代表人选并下发家长告知书。

2.做好安全培训，购买外出保险。

3.与区海绵办协商时间、地点，做好前期筹备。

4.准备横幅、大队旗、扩音器、学习卡、宣传展板、学习手册等材料。

少先队员准备：

1.搜索大运河的历史发展相关知识。

2.查找"海绵城市"相关资料，制作学习卡片。

【活动形式和主要过程】

环节一：起点——追寻习爷爷足迹

1.介绍"引路人"，开启"寻访之旅"。

为深入、生动地开展教育实践活动，北京五中通州校区特聘请北京市通州区水务局海绵办办公室陈博主任为学校团队活动校外辅导员，带领队员开启本次校外寻访之旅。

2.介绍起点，登临月岛观景平台。

本次活动的起点为大运河森林公园月岛观景平台。北京五中通州校区共青团宣讲员们带领队员追寻习爷爷的足迹，领学习近平总书记关于北京城市副中心规划建设系列重要指示精神、党的二十大精神、北京市第十三次党代会精神等。

环节二：寻访——运河文化我传承

本阶段活动中，队员们跟随辅导员老师的专业讲解，深入学习运河文化。

队员们对大运河在水利技术和管理能力方面展现的杰出成就表示惊叹。了解到北京市连续实施三个"三年治污行动",落实北运河流域水系综合治理。

自2014年大运河成功申遗以来,北京一直在重点推进大运河文化的保护与传承。2021年6月26日,从甘棠闸至市界全长28.7公里的河道也实现了旅游通航,重现了当年漕运的风采。2022年6月24日,京杭大运河京冀段全线62公里实现互联互通,京冀协同发展再进一步。

环节三:体验——"海绵城市"共建设

1．"我们的海绵城市"之少先队员分享。

少先队员代表从"海绵城市"的建造材料、我国"海绵城市"建设现状、"海绵城市"的优点等角度入手,着眼于下雨时减少路面积水等生活细节,分享对"海绵城市"建设理念的认识。

2．"海绵城市"之通州堰分洪体系介绍。

校外辅导员陈博老师结合《北京城市总体规划(2016年—2035年)》等文件对北京城市副中心建设标准进行说明。"蓝绿交织、水城共融"的生态城市要同时保障副中心防洪标准达到百年一遇。陈博老师以四川都江堰为例,运用挂图为队员们详解"通州堰1+2+2"外围分洪体系,帮助队员们理解地处"九河末梢"的通州是如何借助温潮减河的方式,提前将温榆河洪水向潮白河分洪以减轻副中心防洪排涝压力,保障北京城市副中心防洪防涝安全的。

在校外辅导员的指导下,队员们对不同种类的透水性沥青材料、透水砖、自然型透

水材料等进行实物体验学习，观察渗水效果，了解材料的结构及性能。

环节四：行动——爱家乡志愿服务

1.党组织引领。学校党委书记就本次实践活动和队员们进行交流互动，队员代表畅谈感受。

2.爱家乡爱运河倡议。共青团员带领少先队员集体发出爱家乡、爱运河的深情倡议。

3.志愿服务行动落实。大队辅导员带领学生志愿者在大运河森林公园内开展"美丽家乡，有你有我"主题志愿服务活动。

【思想引导关键点和主要方式】

关键点1：学习习近平总书记关于北京城市副中心规划建设系列重要指示精神、党的二十大精神、市第十三次党代会精神等，强化政治引领。

引导方式：共青团员宣讲领学，帮助队员了解与本次活动主题相关的副中心发展定位、生态环境建设、三个文化带建设、中国式现代化等知识，提高思想认识。

关键点2：追溯运河历史，培育文化自信。

引导方式：校外辅导员运用挂图展示等形式，深度讲解运河历史文化和大运河申遗相关内容，团员、少先队员了解大运河漕运变迁，感受大运河在不同历史时期的重要作用。

关键点3：认识"海绵城市"，了解现代化城市治理。

引导方式：校外辅导员配合展板讲解"通州堰"分洪工程、"治污行动"以及副中心"海绵城市"的治理现状。队员与团员青年共同动手体验海绵砖的渗透技术，了解"海绵城市"不同的建造材料，增进对家乡河流、水利建筑、防洪措施等的认识，从城市现代化治理成效方面强化青少年建设家乡的使命担当。

【延伸活动设计】

活动结束后，少先队员们结合所学，绘制了同主题手抄报，并在各自的中队开展宣讲活动。队员讲"队课"，用自己的语言传递收获。在巩固知识、提升情感认同的同时，扩大了活动的影响力，深化了活动的教育意义。

【辅导反思】

当代青少年承担着国家治理现代化建设继往开来、薪火相传的使命，青少年的个人理想与国家发展联系最为紧密，应该把理想信念建立在对科学理论的理性认同上，建立在对历史规律的正确认识上，建立在对发展战略的准确把握上。本次活动选取"家门口"的大运河森林公园为实践地点，充分立足地域资源优势开展主题教育活动。活动体现了四个"注重"。一是注重大运河文化、"海绵城市"知识学习和现场实践体验、志愿服务之间的知行统一；二是注重校内辅导员和校外辅导员的育人合力；三是注重历史文化传承和现代化建设参与的教育引导；四是注重党建、团建、队建一体化，强化组织政治引领。

专家点评

王海燕：北京市通州区团队活动课研修员

本次少先队实践活动在内容上将理论学习与文化培育进行融合，在形式上关注团员、队员的宣讲和实践，在资源上发挥了校内、校外辅导员双向优势，立足区域运河文化资源，积极开展团、队一体化校外实践活动，发挥共青团和少先队组织的联动育人作用。

勇担责任　学做主人

北京市昌平区崔村中学团总支书记　谭畅

【活动目标】

知识目标：

通过真实感人的故事，引导队员知道"具有高度责任感的人，才是最美的人"。

情感目标：

引导队员在参与活动中明确责任的意义，培养良好的品格。

行为目标：

学会用恰当的方法和技巧，自我解决问题，为他人服务；在活动中，敢于承担责任，学做主人。

【背景分析】

自古至今，人们对社会责任感相当地重视。当今人们将"社会责任感、道德、身心健康、创新精神"列为队员终身发展最重要的基本素质，作为"德育主渠道"的初中新课程也十分强调初中生社会责任感的培养，明确要求初中生"增强社会责任感和民主法治观念"。梁启超说："少年强则国强。"适时地进行爱的教育和责任心的教育，引导队员培养良好习惯，在潜移默化中培养他们的自我责任意识，加强初中队员责任教育是提高未成年人思想道德建设水平的重要途径之一。

当前，精神文明领域方面存在着一些令人担忧的现象：一些人缺乏集体意识，只强调个人得失，随波逐流；人与人之间的距离越来越远，关系冷漠；朋友之间少了真诚的友情，多了索取；家庭关系紧张，亲情剧减；集体利益意识的淡薄……由此产生很多与"责任"有关的社会问题。这些社会问题和不良风气对队员有着严重的负面影响。

部分队员的表现令人失望：攻击性强，凡事以自我为中心，一言不合便开始谩骂甚至大打出手；对长辈没有礼貌，对同学没有热情；遇事只求自己合适，很少考虑到他人和集体；对班级集体漠不关心，集体观念不强，责任感差，存在"事不关己，高高挂起"的态度；认为值日、大扫除是苦差事，能逃则逃，能混则混；对自己学习的要求不高，成就需求低，认知需求缺乏，纪律意识淡薄，生活自理能力差，责任意识弱。

【活动准备】

准备关于责任的小故事，身边有责任心的榜样故事；整理关于责任的名人名言；制作PPT课件。

【活动形式和主要过程】

环节一：猜猜我是谁

辅导员：队员们，我们先一起来做一个"猜一猜"的游戏，好吗？

出示："猜猜我是谁"PPT页面。

1.不管是大风还是大雨，烈日还是暴雪，他总是出现在通行特别困难的地方。都说他是"马路吸尘器"。（交通警察）

2.每一次出动，都面临生与死的考验。他总在危急时刻出现，挽救人们的生命和财产。都说他是一名"危险的逆行者"，冲向人们逃出的地方。（消防员）

3.在人们还在梦乡时，他已经在马路上、小区里开始工作了。他不怨劳，不怨累，不怕脏，只为创造干净的生活环境。（清洁工）

4.他总是不厌其烦地为我们解难释惑。当我们犯错时，他是起航的明灯，他是我们的大朋友。他引领我们成长，带着我们不断前进。（教师）

引导小结：每个人都在自己的工作岗位上用行动诠释着自己的责任。

辅导员：今天，我们就一起来探讨有关责任的话题吧！（板书：责任）

环节二：说说"责任"是什么

辅导员：队员们，每一个人都有责任，说说你们的责任是什么。

队员纷纷回答。有的说自己的责任是努力学习；有的说有责任感是积极参与劳动；有的说服务大家，在红领巾岗位上认真服务就是有责任感的表现……

1.做好分内事，就是负责。

辅导员展示以下反面案例图片，并给队员分析这些"不负责"的行为。

（1）妈妈为孩子收拾乱七八糟的房间，孩子在一旁看书。

（2）一个八九岁模样的孩子，让妈妈喂饭吃。

（3）一个小队员，用手指着教室的玻璃，对爷爷说，那一块是需要爷爷擦的窗户。

各小队队员交流讨论。

引导小结：做好自己该做的事，就是对自己负责任。（板书）

2.为集体或他人服务，展现担当。

辅导员通过PPT展示以下情景。

（1）小A同学看见一个女生摔倒了，他赶紧离开。

（2）小D同学发现大家都离开了教室，可教室还没打扫。

（3）小O同学是中队长，对不遵守纪律的队员总是严肃地提出批评。

各小队队员交流讨论。

引导小结：为他人、集体服务，也是一份责任。（板书）

3.为社会服务，履行责任。

辅导员展示以下正面案例图片，并给队员分析如何履行"社会服务"责任。

（1）志愿者在服务。

（2）医生在看病。

（3）工人在劳动。

各小队队员交流讨论。

引导小结：长大后，为社会服务，履行责任。（板书）

4.保护大环境，人人有责。

辅导员通过PPT展示以下号召。

（1）垃圾分类，节约用纸，不使用一次性用品。

（2）"熄灯一小时"行动，少开一天车。

（3）爱护植被，植树造林，不排放污染物。

各小队队员交流讨论。

引导小结：保护环境，保护赖以生存的家园，人人有责。（板书）

辅导员：我们对自己、对他人、对社会、对自然，都需要负起责任。

【思想引导关键点和主要方式】

关键点1：初识责任。

引导方式：游戏导入。通过展示一个人所担任的职责，让队员猜不同人员的职业，以猜谜方式调动队员的积极性，带领队员进入课堂的学习状态，明白每一个人都有自己的责任。

关键点2：明确责任。

引导方式：图片和简单的文字呈现。队员在对责任的认识上似懂非懂，本环节通过一些图片和简单的文字呈现，明确地告诉队员，一个人该负起哪些责任，包括对自己、对他人、对社会、对环境的责任。通过讨论，让队员明白自己该怎么做。

关键点3：分析责任。

引导方式：真实案例。通过给队员讲述日常真实案例，引导队员辨析案例中每个人的行为是否负责，进一步促进队员勇于承担责任的品质，规范队员的日常行为。

关键点4：内省责任。

引导方式：出示情景。仅让队员明白责任的重要性是不够的，给队员行之有效的方法和技巧，帮助他们解决坚守岗位时所遇到的困惑，让队员在遇到一些左右为难的事件时，学会以主人翁的精神去履行责任。

关键点5：内化责任。

引导方式：出示名人名言。最后，通过吟诵名人名言，共读启迪人心的小诗《责任，是什么》，感悟责任的意义所在，助力队员收获精彩的人生。

【延伸活动设计】

延伸活动一：

辅导员：队员们，一个人非要负责任吗？

队员纷纷回答。

辅导员：我们来看一个真实的故事，也许你的体会更加深刻。

辅导员展示情景：

一天早上值日，肖同学正在擦水池，谭老师进来检查时，提醒肖同学说："看到饮水机旁和池子边上的地面上有一大片脏东西了吗？注意要擦干净。"她回答："好的。"老师也同样对王同学说："都做完之后，要记得检查。"他也回答："知道了。"

辅导员：若你就是那两个同学中的一个，心情会怎样？会怎样表现？

队员纷纷表达自己的想法。

辅导员继续展示情景：

老师走后，王同学说："快上早读了，大家赶紧做值日。"肖同学想："反正也快

上早读了，老师应该也不会检查了。"她墩完地后，王同学不想踩脏刚墩完的地面，所以他没有检查。

辅导员：队员们可以评价一下这两个人的表现。

队员们一致认为两个人的行为都是不负责任的。

辅导员：你们觉得结果会是如何？

各小队队员交流讨论。

辅导员继续展示情景：到中队后，负责任的谭老师带着王同学去检查，发现地面像原来一样，像没有擦过。

队员讨论。

引导小结：两位队员不负责任的行为致使更多问题出现。

延伸活动二：

辅导员：队员们，在你平时的学习生活中，遇到过让你困惑的、左右为难的事情吗？你是怎么解决的？

假如出现这些情况，你会怎么做？

1.上课铃响了，同桌还在和别人聊天，你会……

2.晚自习时，同学们都在认真写作业，他却在边玩边写，并且课间还找其他同学借练习本，如果你是他的好朋友，你会……

3.做值日时，你看到他只把表面扫了一下，犄角旮旯儿的地方根本没扫，你会……

各小队队员交流，解决日常生活中所遇到的困惑。

辅导员：通过以上话题讨论，你明白什么是责任了吗？

引导小结：每一个人都有责任来共同维护班级的利益，我们都是班级小主人。

延伸活动三：

辅导员：关于责任，从古到今，有许许多多的名人名言，它们阐明了责任的意义，更诠释了人生的意义。让我们一起赏析一条名言吧！

辅导员通过PPT展示名言：

人生须知负责任的苦处，才能知道尽责任的乐趣。——梁启超

辅导员：是的，每个人都要有责任意识。虽然我们肩膀小，却也能扛起大责任，去做时代

集合在星星火炬旗帜下

268

的小主人。

辅导员通过PPT展示文字：责任，是什么？责任，是先做该做的事，再做喜欢的事。责任，是把事情记在心上，还付诸行动。责任，是服务他人，服务社会，尽心尽责。责任，是善待环境，家园因此变得更加美丽。责任，就是你负责，你也终将收获人生大礼。

引导小结：希望通过这节队课的学习，队员们能够用自己小小的肩膀扛起大责任，努力学会做时代的主人。

【辅导反思】

1.此次少先队活动由"对自己的责任""对集体或他人的责任""对社会的责任""对环境的责任"四大板块构成。活动牢牢把握住了培育社会主义核心价值观的大背景，从队员发展的实际出发，符合初中少先队员身心发展特点。

2.活动中，队员能够积极思考，寻找解决问题的方法，将争做有责任感的好队员化为动力，用实际行动践行良好品格。

专家点评

邱立君：北京市昌平区教师进修学校副校长

此次活动课主题明确，贴近队员现实生活，通过学情分析，结合班级实际问题确定了主题。主题聚焦，目标明确。

活动精心设计，形式上力求多样。整个活动课"初识责任—明确责任—分析责任—内省责任—内化责任"环节清晰，结构紧凑，衔接自然。从队员的身边事入手，采用游戏、情景再现、组内交流等方式，激发队员的责任意识。

辅导员点拨恰当，体现师生互动性原则，辅导员主导性和队员主体性也得到了充分体现。延伸活动设计选材于日常学校生活，更好地培养了队员的责任意识和服务意识。

播撒信仰火种
引领队员成长

北京市房山区坨里中学少先队大队辅导员　杜思瑶

【活动目标】

1.让少先队员了解团的基础知识，初步认识共青团的先进性，使队员进步的方向更明确、动力更充足。

2.增强少先队员组织认同感，明确入团动机，激发队员政治上追求进步的积极性，为共青团组织发展奠定思想基础和组织基础。

3.探索共青团员的优秀品质，以实际行动落实习近平总书记的希望和要求，争取早日加入共青团组织。

【背景分析】

习近平总书记在庆祝中国共产主义青年团成立100周年大会上指出，在实现中华民族伟大复兴的征程上，中国共产党是先锋队，共青团是突击队，少先队是预备队。入队、入团、入党，是青年追求政治进步的"人生三部曲"。八年级的中学生朝气蓬勃，思维较为活跃，参与意识和自主探究意识较强。根据《少先队活动课程指导纲要（2021年版）》初中学段（7-8年级）"组织认同"模块中"了解共青团，学习团的基本知识"，帮助队员初识共青团，在价值观形成的关键期播撒信仰火种，激发队员"追求政治进步"的情感要求，鼓励他们结合自身实际，主动向共青团靠拢，为共青团源源不断地提供新鲜血液。

【活动准备】

辅导员准备：

1.联系优秀共青团员，沟通访谈提纲。

2.联系队员寻访的"青年突击队"队员，指导队员安排好合理路线。

少先队员准备：

1.搜集团的基础知识，包括团的历史、性质、任务、标识等图片、文字资料。

2.搜集"全国第一支青年突击队"图片、视频、文字资料。

3.每个小队准备团徽尺寸坐标图、彩色卡纸、素描纸、水彩笔、水粉、蜡笔、剪刀。设计、制作"信仰卡"。

4.准备一个大笔记本。

【活动形式和主要过程】

环节一："红领巾"逐梦想——向往光荣组织

1.成立观察分享团：参观共青团活动室，了解团的历史、性质、任务、标识和团歌等方面的知识，以小队为单位进行重点知识、历史事件、人物故事等信息分享，形成观察记录，激发队员对共青团的无限向往。

2.访谈优秀共青团员：根据辅导员设计的访谈提纲，访问身边优秀的共青团员，更好地了解共青团员的责任与使命，近距离地感受和学习优秀团员的先进性。

提纲内容：

（1）谈谈对中国共产主义青年团的认识。

（2）加入中国共产主义青年团组织需要什么条件和准备？

（3）中国共产主义青年团经常组织哪些活动？

（4）应该如何发挥共青团员的模范带头作用？

3.共绘团徽：利用各小队准备的团徽尺寸坐标图、水粉、水彩笔、蜡笔进行团徽的绘制上色，加深队员对团徽的历史、含义、使用规范的深刻理解，表达对共青团的热爱之情。

辅导点拨：

在党的二十大召开后的首个"六一"国际儿童节到来之际，习近平总书记强调，少年儿童是祖国的未来，是中华民族的希望。从少先队到共青团的过渡，是队员褪去稚气、绽放青春的成长阶段。加入共青团是紧跟党走的必由之路。让每一个队员在主动探索中了解、学习团的基础知识，进一步增强队员对于共青团的思想认同、组织认同和情感认同，为共青团组织发展奠定思想基础和组织基础。

环节二："红领巾"学先锋——追寻信仰之光

1.故事会：队员分享"全国第一支青年突击队"的故事，并以小队为单位分享感受，学习他们不畏艰险、冲锋在前、勇挑重担、不辱使命的报国情怀和蓬勃力量。

2.寻访青年榜样：对"青年突击队"队员进行寻访，追身边最闪亮的"星"，做好寻访记录，感受团员青年担当作为、团结奋斗的精神，播撒信仰的火种。

3.制作"信仰卡"：每名队员从"青年突击队"的事迹中汲取精神力量，总结他们身上的优秀品质，归纳整理后制作"信仰卡"，作为日后努力的方向，以实际行动落实习近平总书记的希望和要求。

辅导点拨：

少年当立凌云志，报效祖国会有时。习近平总书记在纪念五四运动100周年大会上指出，青年是整个社会力量中最积极、最有生气的力量。作为少先队员要在政治上追求进步，不断向团组织靠拢，用实际行动向青年先锋学习，立志为党成才、为国奉献，在信仰的旗帜下，不断学习知识技能、充实自己，用拼搏奋斗书写理想新篇章。

【思想引导关键点和主要方式】

关键点1：让少先队员了解团的基础知识，初步认识共青团的先进性。

引导方式：在辅导员的引导下，少先队员们参观团员活动室，在自主探索中了解团的组织架构、历史和任务等基础知识，感受团组织的氛围。队员们访谈优秀团员，通过问题式互动与思维碰撞，初步了解共青团的先进性，激发入团热情。

关键点2：增强少先队员组织认同感，激发队员政治上追求进步的积极性。

引导方式：引导队员们共同绘制团徽，了解团徽的象征意义和设计元素，从而更深入地了解团组织，增强对团组织的认同感。在分享"青年突击队"的事迹后，引导队员进行"信仰卡"制作，让队员们明确自己的入团动机，激发其对政治进步的追求，为后续的团队活动和思想引导提供有力的支持。

关键点3：探索共青团员的优秀品质，以实际行动落实习近平总书记的希望和要求。

引导方式：通过故事会的方式，让队员们了解"全国第一支青年突击队"当先锋、打头阵的精神。同时，组织队员对身边的"青年突击队"队员进行面对面的交流和探访，记录突击队队员们的先进事迹、成长经历、感人瞬间等，深入探索共青团员的优秀品质，从小树立理想信念，以实际行动落实习近平总书记的希望和要求。

【延伸活动设计】

在活动课后，组织队员们参加一些与共青团相关的延伸活动。

1.学习团章：引导队员们进行详细的团章学习，了解团的基本制度和规定，更加深入地了解共青团的组织结构和运作方式。

2.团史寻访活动：组织队员通过寻访老团员、参观团史展览、参观北大红楼等方式，了解团的历史和发展，记录下自己的寻访经历和感受，形成团史寻访报告。

3.志愿服务活动：组织队员们参与团员志愿服务活动，如环保清洁、帮扶老人、义务讲解等，感受团员的责任和使命，培养社会责任感和公民意识。

红领巾逐梦想·向往光荣组织
共绘团徽

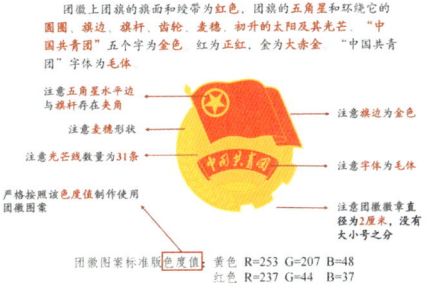

团徽尺寸坐标图

中国共产主义青年团团徽的内容为团旗、齿轮、麦穗、初升的太阳及其光芒，写有"中国共青团"五字的绶带。它象征着共青团在党的思想的光辉照耀下，团结各族青年，朝着党所指引的方向奋勇前进。

4.先锋岗实践：组织队员们到团员先锋岗进行实践，如参加志愿服务活动、参与社区治理活动等，让队员在实际工作中感受团员的先进性和示范作用，增强队员的组织认同感和归属感。

5.共青团基础知识竞赛活动：组织少先队员参加知识竞赛活动，让队员通过竞赛了解更多关于团的历史和发展情况，激发少先队员对团组织的热爱和敬仰。

【辅导反思】

本节少先队活动课旨在引导少先队员了解中国共产主义青年团的历史、性质、任务和先进性，增强少先队员对共青团组织的认同感和归属感。尊重队员的主体地位，在活动过程中，引导队员们积极参与各个环节，充分发挥主动性。用共绘团徽、专题探访、制作"信仰卡"等队员喜闻乐见的形式，充分发挥小队的作用，合理利用区域资源，让队员在活动中加深对共青团的认识和理解，激发队员对于共青团的向往，持续助力队员成长。但是队员们在整理观察内容、访谈记录等方面还有所欠缺，在日后的课程中，辅导员将继续完善引导方式。

专家点评

张志坤：首都师范大学初等教育学院副院长

本次少先队活动课以"入团教育"为主题，内容符合《少先队活动课程指导纲要（2021年版）》中"组织认同"的内容模块，活动主体为八年级的队员。活动主旨明确，立意清晰，紧紧围绕共青团成立百年的精神，引导队员认真学习团的知识和优良传统；以青年人"入队、入团、入党"的追求政治进步"人生三部曲"为导引，鼓舞队员们接续奋进。活动注重理论联系实际，让队员们访谈身边的优秀团员、了解优秀事迹，从身边发现成长的力量、接受帮助。最后，以制作"信仰卡"为活动高潮，让队员表达内心的决心和行动的方向。

后记

习近平总书记深刻指出，新时代，少先队要高举队旗跟党走，传承红色基因，培育时代新人，团结、教育、引领广大少先队员做共产主义事业接班人，为坚持和发展中国特色社会主义、实现中华民族伟大复兴的中国梦时刻准备着。做好少年儿童和少先队工作，是关系到党的事业后继有人、红色基因永续传承的重大课题，是共青团、少先队全面履行好为党育人主责主业的光荣使命。

本书精选的理论文章、活动案例，很好地呈现了少先队做好党的少年儿童和少先队工作的研究探索和实践创新，希望这些工作思路、工作内容等能够为各级少先队组织开展相关工作提供有益借鉴。

为保证图书质量，本书的出版经过了公开征稿、严格筛选、出版社三审三校等过程。作为图书的主编单位之一，北京市少工委办公室在公开征稿阶段，得到相关省市少工委，北京市各区、校少工委的大力支持，稿件也得到了少先队有关专家的指导与把关。在此，谨向所有为本书编辑出版工作提供支持和帮助的单位、个人表示衷心的感谢！

因编者水平有限，书中难免有疏漏、不妥之处，恳请广大读者批评指正。

本书编委会

2024年4月